高职语文教学改革系列教材

高职语文学业水平测试合集

主编 朱洁颖 施慧敏

东南大学出版社
SOUTHEAST UNIVERSITY PRESS
·南京·

内 容 提 要

本教材共包括四册重点课文内容的知识点总结，入选篇目各有特色，大多为古今中外名篇佳作，每单元以文体来组合。

本教材的编辑体例归纳为：(1) 课文选录，以配套教材为标准，选取精读课文，致力于详解；(2) 知识点的归纳，包括文学常识、字词积累、文本细读。

本教材主要面向江苏省五年制高职与三年制中职语文学业水平测试而编写，这套复习资料知识点全，要点突出，学生使用后，必将有助于将来的复习迎考。

图书在版编目(CIP)数据

高职语文学业水平测试合集/朱洁颖，施慧敏主编. —南京：东南大学出版社，2016.9
高职语文教学改革系列教材
ISBN 978-7-5641-6676-2

Ⅰ.①高… Ⅱ.①朱…②施… Ⅲ.①大学语文课-高等职业教育-习题集 Ⅳ.①H193.9-44

中国版本图书馆 CIP 数据核字(2016)第 197517 号

高职语文学业水平测试合集

主　　编	朱洁颖　施慧敏	电　　话	(025)83795627/83362442(传真)
责任编辑	陈　跃	电子邮箱	chenyue58@sohu.com
出版发行	东南大学出版社	出 版 人	江建中
地　　址	南京市四牌楼2号	邮　　编	210096
销售电话	(025)83794121/83795801		
网　　址	http://www.seupress.com	电子邮箱	press@seupress.com
经　　销	全国各地新华书店	印　　刷	江苏省地质测绘院
开　　本	787mm×1092mm　1/16	印　　张	18.25
字　　数	467千字		
版印次	2016年9月第1版　2016年9月第1次印刷		
书　　号	ISBN 978-7-5641-6676-2		
定　　价	46.00元		

* 本社图书若有印装质量问题，请直接与营销部联系。电话：025-83791830

高职语文教学改革系列教材

教学资源建设指导小组

组　　长：景圣琪

副组长：刘海涛　张成国

组　　员：孙晓榴　张红梅　朱洁颖

　　　　　　施慧敏　周晓庆　黄　凯

　　　　　　夏明珠　吴慧娟　蒋伶霞

　　　　　　韩留永

前　言

为贯彻落实国家及江苏省中长期教育改革和发展规划纲要，深化高等职业教育教学改革，全面提高高等职业教育教学质量，建立和完善高等职业教育教学质量监控和评价体系，全面提高高等职业学校学生综合素质，根据《江苏省高等职业教育学业水平语文测试大纲》要求，语文教研室同仁认真分析了我校高职学生的现状，编写了此书。

本教学辅导书面向高职学校学生，是以四册配套教材为标准，结合《江苏省高等职业教育学业水平语文测试大纲》要求，进行分析、归纳和总结而形成的。旨在帮助高职学生理解《测试大纲》，提高学习效果，帮助其顺利地通过语文学业测试，从而最终提高学生理解和运用母语语言文字的能力。该书具有很强的针对性和实用性，是高职学生必备的一本学业测试复习指导用书。

本教学辅导书认真研读了江苏省职业教育教学改革创新指导委员会审定的《语文》一——四册各单元知识点，紧扣考纲，依照达标性、过关性考试的要求，进行考点系统梳理，注重语文学法指导。该书包括四册重点课文内容的知识点总结，以文体来组元。第一、二册重点课文侧重于基本的语文素养，属于必修内容，也就是考核的核心部分；第三册侧重于专业学习，第四册着眼于终身发展，都属于限定选修内容。四册复习合集的体例大体如下：先选录精讲篇目课文内容，然后进行知识点的归纳，依次是文学常识（作者简介、背景）、字词积累（难读字注音、难解字释义）、文本细读（课文主旨、结构分析、课文赏析），在编纂的过程中由编者灵活把握处理，不追求体例上的完美与整齐划一。

本教材在编写过程中参考了有关大学、高职、中职、中学教材，还引用了网络的诸多资料，在此一并致谢。本教材作为我校语文教研室同仁第二次尝试编纂之作，难免有疏漏之处，祈请读者指正。

《语文》教参编写组
2016 年 9 月

目录 Contents

第一册

第一单元　诗歌单元　飞扬的诗情

沁园春·长沙 ……………………………………………………………… 3

再别康桥 …………………………………………………………………… 5

面朝大海　春暖花开 ……………………………………………………… 7

假如生活欺骗了你 ………………………………………………………… 9

第二单元　散文单元　自然的心迹

荷塘月色 …………………………………………………………………… 13

长江三峡 …………………………………………………………………… 16

我的空中楼阁 ……………………………………………………………… 19

第三单元　说明文单元　格物而致知

景泰蓝的制作 ……………………………………………………………… 25

伯格曼法则在北极 ………………………………………………………… 29

现代自然科学中的基础学科 ……………………………………………… 32

第四单元　古诗单元　千古流芳一诗心

静女 ………………………………………………………………………… 37

归园田居五首(其一) ……………………………………………………… 39

将进酒 ……………………………………………………………………… 41

旅夜书怀 …………………………………………………………………… 43

第五单元　议论文单元　精神的追求

  在马克思墓前的讲话 ··· 47
  拿来主义 ··· 50
  获得教养的途径 ··· 53

第六单元　小说单元　悲喜人生

  药 ··· 59
  警察与赞美诗 ··· 64

第二册

第一单元　散文单元　生活的滋味

  我的母亲 ··· 71
  多年父子成兄弟 ··· 75
  化装舞会 ··· 78
  过去的年 ··· 81

第二单元　唐五代两宋词单元　心灵的歌吟

  虞美人 ··· 87
  雨霖铃 ··· 89
  念奴娇　赤壁怀古 ··· 91
  永遇乐·京口北固亭怀古 ··· 93

第三单元　说明文单元　天道与人为

  蝉 ··· 97
  动物身上会进化出轮子来吗？ ··· 101
  寂静的春天 ··· 104

第四单元　议论文单元　文化的思考

  传统文化与文化传统 ··· 109
  咬文嚼字 ··· 114
  麦当劳中的中国文化表达 ··· 118

第五单元　古文单元　文采若云月

子路、曾皙、冉有、公西华侍坐 …… 125

鸿门宴 …… 127

师说 …… 130

六国论 …… 132

第六单元　戏剧文学单元　舞台大社会

雷雨(节选) …… 137

茶馆 …… 147

第三册

第一单元　诗歌单元　理想之光

我来到这个世界为的是看太阳 …… 159

寻梦者 …… 161

金黄的稻束 …… 163

采石工 …… 165

第二单元　议论文单元　思想的力量

贵在一个"新"字——略谈独立思考 …… 169

工商文明的基因 …… 174

东方和西方的科学 …… 177

第三单元　散文单元　生命的芦笛

记念刘和珍君 …… 181

我所敬仰的蔡元培先生 …… 185

亡人逸事 …… 188

第四单元　随笔单元　艺林漫步

小树林中的泉水 …… 195

五月的鲜花 …… 198

千篇一律与千变万化——音乐、绘画、建筑之间的通感 …… 202

第五单元　文言文单元　文言文的津渡

　　劝学 ·· 207
　　过秦论(上) ·· 209
　　赤壁赋 ·· 212

第四册

第一单元　散文单元　思想的路径

　　春末闲谈 ·· 217
　　假如给我三天光明 ·· 221
　　文学是灯 ·· 227

第二单元　古诗单元　大珠小珠落玉盘

　　山居秋暝 ·· 233
　　琵琶行(并序) ·· 234
　　八声甘州 ·· 236
　　青玉案·元夕 ··· 237

第三单元　说明文单元　发现与创造

　　《物种起源》绪论 ·· 241
　　南州六月荔枝丹 ·· 244
　　"可燃冰"将解千年能源忧? ·· 247

第四单元　散文单元　悠远的情思

　　回忆鲁迅先生 ·· 253
　　故都的秋 ·· 258
　　神的一滴 ·· 261

第五单元　小说单元　世相百态看人生

　　林黛玉进贾府 ·· 267
　　祝福 ·· 273

第一册

第一单元

诗歌单元　飞扬的诗情

本单元选文主要是现代诗歌,现代诗歌的主流是新诗,新诗是1919年"五四"时期始创和发展起来的一种以白话作为基本语言手段的新体诗。

欣赏现代诗歌的要点:第一,揣摩意境;第二,把握情感;第三,赏析手法;第四,品味语言。

沁园春·长沙

　　独立寒秋,湘江北去,橘子洲头。看万山红遍,层林尽染;漫江碧透,百舸争流。鹰击长空,鱼翔浅底,万类霜天竞自由。怅寥廓,问苍茫大地,谁主沉浮?
　　携来百侣曾游,忆往昔峥嵘岁月稠。恰同学少年,风华正茂;书生意气,挥斥方遒。指点江山,激扬文字,粪土当年万户侯。曾记否,到中流击水,浪遏飞舟?

一、文学常识

(一) 关于词

　　词是一种诗的别体,是隋唐时兴起的一种新的文学样式。到了宋代,经过长期不断地发展,进入到词的全盛时期。
　　词的分类:按字数的多少可分为小令(58字以内)、中调(59~90字)、长调(91字以上)。按词的意境和情感角度可分为豪放派和婉约派,豪放派的代表人物是苏轼和辛弃疾,婉约派代表有柳永、李清照。

(二) 作者简介

　　毛泽东(1893—1976),字润之,笔名子任。诗人,伟大的马克思主义者,无产阶级革命家、战略家和理论家。

(三) 解题

　　本文选自《毛泽东诗词选》,"沁园春"是词牌名,"长沙"是题目,这个题目与词的内容相关。

(四) 背景

　　这首词作于1925年,当时全国工农运动正蓬勃发展。10月,毛泽东去广州主持农民运动讲习所,途经长沙,重游橘子洲,面对湘江上美丽动人的自然秋景,联想当时的革命形势,回忆过去的战斗岁月,便以"长沙"为题写下了这首《沁园春·长沙》。

二、字词积累

(一) 难读字正音

沁(qìn)园春　　　橘(jú)子洲　　　百舸(gě)　　　寥(liáo)廓

峥(zhēng)嵘(róng)　　稠(chóu)　　挥斥方遒(qiú)　　浪遏(è)飞舟

(二) 难解词释义

1. 舸：大船。文中泛指船只。
2. 怅：原意是失意，这里用来表达由深思而引发激昂慷慨的心绪。
3. 寥廓：指广阔的宇宙。
4. 峥嵘：不平凡，不寻常。
5. 挥斥方遒：挥斥，奔放。遒，强劲有力。
6. 遏(è)：阻止。
7. 万类霜天竞自由：万物在秋光中竞相自由生活。万类：指一切生物。霜天：指深秋。
8. 谁主沉浮：主，主宰。沉浮，这里指兴衰。这句问话在这里可以理解为：在这军阀统治下的中国，到底应该由谁来主宰国家兴衰和人民祸福的命运呢？
9. 粪土当年万户侯：把当时的军阀官僚看得同粪土一样。粪土，作动词用，视……如粪土。万户侯，这里指大军阀、大官僚。

三、文本细读

(一) 课文主旨

这首词通过对湘江秋景的描绘和对青年时代斗争生活的回忆，抒发出革命青年对国家、民族前途命运的感慨和蔑视反动统治者，以天下为己任、改造旧中国的豪情壮志。

(二) 课文赏析

重点词句分析

(1) 上阕抓住了哪些典型景物来写？具有什么特点？

写的景物有山、林、江、河、舸、鹰、鱼——万物，由点到面。特点是绚丽多彩、生机盎然。

(2) "携来百侣曾游,忆往昔峥嵘岁月稠"在全文结构中起什么作用？

过渡作用。上阕是旧地重游，作者由眼前看到的景色，自然而然想到以前与"同学"一起来游的情景，于是过渡到对往昔生活及"同学少年"的回忆中，过渡自然，衔接巧妙。

(3) 如何理解"曾记否,到中流击水,浪遏飞舟"？

意思是：还记得吗？当年我们一同到江心游泳，激起的浪花几乎阻止了江面上飞快行驶的船只。"曾记否"：既是设问，又是回答，实际上是对"谁主沉浮"的巧妙回答。"中流击水，浪遏飞舟"，采取象征手法，形象地表达了一代革命青年的凌云壮志以及在新时代的大潮中，乘风破浪，鼓帆前进，立誓振兴中华的气概豪情。

再别康桥

轻轻的我走了,
　　正如我轻轻的来;
我轻轻地招手,
　　作别西天的云彩。

那河畔的金柳,
　　是夕阳中的新娘;
波光里的艳影,
　　在我的心头荡漾。

软泥上的青荇,
　　油油的在水底招摇;
在康河的柔波里,
　　我甘心做一条水草!

那榆荫下的一潭,
　　不是清泉,是天上虹;
揉碎在浮藻间,
　　沉淀着彩虹似的梦。

寻梦?撑一支长篙,
　　向青草更青处漫溯;
满载一船星辉,
　　在星辉斑斓里放歌。

但我不能放歌,
　　悄悄是别离的笙箫;
夏虫也为我沉默,
　　沉默是今晚的康桥!

悄悄的我走了,

正如我悄悄的来；
我挥一挥衣袖，
不带走一片云彩。

一、文学常识

(一) 关于新月派

新月派是现代新诗史上一个重要的诗歌流派，受泰戈尔《新月集》影响，他们提倡新格律诗，主要追求闻一多提倡的三美："音乐美""绘画美""建筑美"。

(二) 作者简介

徐志摩(1896—1931)，浙江海宁人，现代诗人、散文家，新月派代表诗人。著有诗集《志摩的诗》《云游》，散文集《落叶》《秋》，小说散文集《轮盘》，戏剧《卞昆冈》等。

(三) 背景

康桥，即英国剑桥大学所在地。诗人1928年秋再次到英国访问，故地重游。康河的水，开启了诗人的性灵，唤醒了久蛰在他心中的激情。《再别康桥》是诗人献给母校——剑桥大学的一曲恋歌，表达了作者离别母校时的殷殷的挚爱和深深的依恋之情。

二、字词积累

(一) 难读字正音

青荇(xìng)　　榆荫(yīn)　　浮藻(zǎo)　　笙(shēng)箫(xiāo)
沉淀(diàn)　　漫溯(sù)　　河畔(pàn)　　长篙(gāo)

(二) 难解词释义

1. 青荇：一种多年生草本植物，叶子略呈圆形，浮在水面，根生在水底，花黄色。
2. 招摇：故意大张声势，引人注意。诗中是摇摆、摆动的意思。
3. 篙：用竹竿或杉木等制成的撑船工具。

三、文本细读

课文主旨

全诗以"轻轻地""走""来""招手""作别云彩"起笔，接着用虚实相间的手法，描绘了一幅幅流动的画面，构成了一处处美妙的意境，细致入微地体现了诗人对康桥的爱恋，对往昔生活的怀念，对眼前的无可奈何的离愁。

面朝大海　春暖花开

从明天起,做一个幸福的人
喂马、劈柴,周游世界
从明天起,关心粮食和蔬菜
我有一所房子,面朝大海,春暖花开

从明天起,和每一个亲人通信
告诉他们,我的幸福
那幸福的闪电告诉我的
我将告诉每一个人

给每一条河每一座山取一个温暖的名字
陌生人,我也为你祝福
愿你有一个灿烂的前程
愿你有情人终成眷属
愿你在尘世获得幸福
我只愿面朝大海,春暖花开

一、文学常识

(一) 作者简介

海子(1964—1989),原名查海生,中国现代诗人。在农村长大,1979 年 15 岁时考入北京大学法律系,大学期间开始诗歌创作。1983 年自北大毕业后分配至北京中国政法大学哲学教研室工作。1989 年 3 月 26 日在河北省山海关卧轨自杀。作品有《土地》《海子的诗》等。

(二) 背景

这首诗写于 1989 年 1 月 13 日,距诗人在同年 3 月卧轨自杀只有两个多月的时间。作者是属于"黑夜给了我黑色的眼睛,我却用它寻找光明"的"一代人",亲身经历了从 20 世纪六七十年代扼杀物欲、只讲精神,到 80 年代末期的摒弃精神、物欲横流的社会转型过程。面对现实,理想主义者的作者困惑了,希望破灭了,觉得不能"诗意地栖居于世"了。

二、文本细读

（一）课文主旨

这首诗以朴素明朗而又隽永清新的语言，唱出一个诗人的真诚善良。诗歌拟想了尘世新鲜可爱、充满生机活力的幸福生活，表达了诗人愿每个人在尘世中获得幸福，也暗含诗人的痛苦、寂寞，以及与尘世幸福的背离。

（二）课文赏析

1. 分析诗歌中与幸福有关的意象。

第一节用喂马、劈柴、周游世界、关心粮食和蔬菜及一所面朝大海的房子等等意象，表现了诗人既向往最简单的尘世幸福，又追求精神的独立与自由。

第二节用"和每一个亲人通信"等意象，表达诗人希望能与他人交流、分享幸福。

第三节的意象主要有：为山河取温暖的名字，为陌生人祝福，有情人终成眷属、在尘世获得幸福。诗人表达对生活、自然、人类充满博爱，而自己仍然坚守理想，追求精神上的幸福。

2. 这首诗两处提到"从明天起"，那么明天的生活与今天、昨天的生活有什么区别？

昨天与今天的海子没有诗中描绘的那些幸福，他无法融入尘世。"从明天起"表达了海子肯定尘世的幸福，也祝福所有人拥有尘世的幸福。但是结尾"我只愿面朝大海，春暖花开"，流露出诗人不愿去寻找世俗生活的幸福，他要坚守自己的理想。诗人这种热爱生活又背离尘世的矛盾思想，表现了他孤傲超俗、独守清高的性格特点。

3. 本诗的核心意象是什么？为何以"面朝大海，春暖花开"为题目？

本诗的核心意象是"大海"。诗人以《面朝大海，春暖花开》为题，因为这个内容是他拟想的幸福生活图景的重要组成部分，也是最亮丽的部分。当然也是与其他内容难以协调的一部分，但恰是这种不协调表达了诗人的真胸臆，也是这首诗表达的重点所在。

4. 如何理解"面朝大海，春暖花开"？

"面朝大海"是实景。"面朝大海"本来是面对空旷、虚无，但海子独具慧眼，竟然看出了"春暖花开"。"春暖花开"是虚景。"春暖花开"是诗人的"心画"，是梦想的温柔之乡，寄托着诗人无限渺远的情思遐想。

假如生活欺骗了你

假如生活欺骗了你，
不要悲伤，不要心急！
忧郁的日子里需要镇静：
相信吧，快乐的日子将会来临。
心儿永远向往着未来；
现在却常是忧郁。
一切都是瞬息，
一切都将会过去；
而那过去了的，
就会成为亲切的怀恋。

一、文学常识

（一）作者简介

普希金(1799—1837)，俄国诗人。俄罗斯文学中，他是积极浪漫主义的开创者，也是批判现实主义文学的奠基人。普希金对俄罗斯文学的发展有很大的影响，被高尔基誉为"俄国文学之始祖"。普希金虽然出身贵族，却反对专制农奴制度，热爱、追求自由，因此遭到沙皇政府的迫害。普希金有形式多样、题材广泛的作品，诗体小说《叶甫盖尼·奥涅金》是他最著名的作品。

（二）背景

该诗写于1825年，正值诗人流放期间。面对12月党人起义前后剧烈动荡的社会风云，普希金不仅同火热的斗争相隔绝，而且与众多亲密无间的挚友亲朋相分离。这首诗就是为奥西波娃15岁的女儿姬姬所写的，题写在她的纪念册上。

二、文本细读

课文主旨

这首诗阐明了一种积极乐观的人生态度，表明了"心儿永远向着未来"的积极人生态度，并告诉人们，当越过艰难困苦之后，再回首那段往事时，那过去的一切便会变得美好起来。

第一册

第二单元

散文单元　自然的心迹

　　本单元选文主要是写景抒情散文。写景抒情散文主要有如下特点:一是取材上往往大处着眼,小处落笔;二是表现上注重情真意切,意在境中;三是思路和结构上注重"自由""随便",不拘一格。

　　散文常见的艺术表现手法有:象征、衬托、对比、借景抒情、托物言志、寓理于事、融情于事、先抑后扬、以小见大等。

荷 塘 月 色

  这几天心里颇不宁静。今晚在院子里坐着乘凉,忽然想起日日走过的荷塘,在这满月的光里,总该另有一番样子吧。月亮渐渐地升高了,墙外马路上孩子们的欢笑,已经听不见了;妻在屋里拍着闰儿,迷迷糊糊地哼着眠歌。我悄悄地披了大衫,带上门出去。

  沿着荷塘,是一条曲折的小煤屑路。这是一条幽僻的路;白天也少人走,夜晚更加寂寞。荷塘四面,长着许多树,蓊蓊郁郁的。路的一旁,是些杨柳,和一些不知道名字的树。没有月光的晚上,这路上阴森森的,有些怕人。今晚却很好,虽然月光也还是淡淡的。

  路上只我一个人,背着手踱着。这一片天地好像是我的;我也像超出了平常的自己,到了另一个世界里。我爱热闹,也爱冷静;爱群居,也爱独处。像今晚上,一个人在这苍茫的月下,什么都可以想,什么都可以不想,便觉是个自由的人。白天里一定要做的事,一定要说的话,现在都可不理。这是独处的妙处;我且受用这无边的荷香月色好了。

  曲曲折折的荷塘上面,弥望的是田田的叶子。叶子出水很高,像亭亭的舞女的裙。层层的叶子中间,零星地点缀着些白花,有袅娜地开着的,有羞涩的打着朵儿的;正如一粒粒的明珠,又如碧天里的星星,又如刚出浴的美人。微风过处,送来缕缕清香,仿佛远处高楼上渺茫的歌声似的。这时候叶子与花也有一丝的颤动,像闪电般,霎时传过荷塘的那边去了。叶子本是肩并肩密密的挨着,这便宛然有了一道凝碧的波痕。叶子底下是脉脉的流水,遮住了,不能见一些颜色;而叶子却更见风致了。

  月光如流水一般,静静地泻在这一片叶子和花上。薄薄的青雾浮起在荷塘里。叶子和花仿佛在牛乳中洗过一样;又像笼着轻纱的梦。虽然是满月,天上却有一层淡淡的云,所以不能朗照;但我以为这恰是到了好处——酣眠固不可少,小睡也别有风味的。月光是隔了树照过来的,高处丛生的灌木,落下参差的斑驳的黑影,峭楞楞如鬼一般;弯弯的杨柳的稀疏的倩影,却又像是画在荷叶上。塘中的月色并不均匀,但光与影有着和谐的旋律,如梵婀玲上奏着的名曲。

  荷塘的四面,远远近近,高高低低的都是树,而杨柳最多。这些树将一片荷塘重重围住;只在小路一旁,漏着几段空隙,像是特为月光留下的。树色一例是阴阴的,乍看像一团烟雾;但杨柳的丰姿,便在烟雾里也辨得出。树梢上隐隐约约的是一带远山,只有些大意罢了。树缝里也漏着一两点路灯光,没精打采的,是渴睡人的眼。这时候最热闹的,要数树上的蝉声与水里的蛙声;但热闹是它们的,我什么也没有。

  忽然想起采莲的事情来了。采莲是江南的旧俗,似乎很早就有,而六朝时为盛,从诗歌里可以约略知道。采莲的是少年的女子,她们是荡着小船,唱着艳歌去的。采莲人不用说很多,还有看采莲的人。那是一个热闹的季节,也是一个风流的季节。梁元帝《采莲赋》里说得好:

于是妖童媛女，荡舟心许；鹢首徐回，兼传羽杯；棹将移而藻挂，船欲动而萍开。尔其纤腰束素，迁延顾步；夏始春余，叶嫩花初，恐沾裳而浅笑，畏倾船而敛裾。

可见当时嬉游的光景了。这真是有趣的事，可惜我们现在早已无福消受了。

于是又记起《西洲曲》里的句子：

采莲南塘秋，莲花过人头；低头弄莲子，莲子清如水。

今晚若有采莲人，这儿的莲花也算得"过人头"了；只不见一些流水的影子，是不行的。这令我到底惦着江南了。——这样想着，猛一抬头，不觉已是自己的门前；轻轻地推门进去，什么声息也没有，妻已睡熟好久了。

一、文学常识

（一）作者简介

朱自清(1898—1948)，原名自华，字佩弦，号秋实，现代著名散文家、诗人、学者，又是民主战士、爱国知识分子。主要作品有《背影》《踪迹》等，本文节选自《朱自清散文全集》。

（二）背景

本文写于1927年7月，正是蒋介石发动"四一二"反革命政变之后，白色恐怖笼罩着中国大地，这时，蒋介石叛变革命，中国处于一片黑暗之中。此时的作者既做不到投笔从戎，拿起枪来革命，但又始终平息不了对黑暗现实产生的不满与憎恶，作者对生活感到惶惑矛盾，内心是抑郁的，是始终无法平静的。

二、字词积累

（一）难读字正音

蓊(wěng)蓊郁郁　　踱(duó)　　　　　弥(mí)望　　　　袅(niǎo)娜(nuó)

棹(zhào)　　　　　峭(qiào)楞(léng)楞　鹢(yì)首　　　　媛(yuàn)女

敛裾(jū)　　　　　参(cēn)差(cī)　　　脉脉(mò)　　　　煤屑(xiè)

（二）难解词释义

1. 蓊蓊郁郁：树木茂盛的样子。

2. 踱：慢慢地走。

3. 弥望：满眼。弥，满。

4. 田田：形容荷叶相连的样子。

5. 袅娜：细长柔美的样子。

6. 脉脉：这里形容水没有声音，好像饱含深情的样子。

7. 风致：美好的容貌或举止。

8. 丰姿：风度,仪态,一般指美好的姿态。也写作"风姿"。
9. 妖童媛女：俊俏的少年和美丽的少女。妖,艳丽。媛,女子。
10. 鹢首：船头。古代画鹢鸟于船头。
11. 纤腰束素：形容女子腰肢细柔。束,系。素,白色的绸子。
12. 迁延顾步：形容走走退退不住回视自己动作的样子,有顾影自怜之意。顾,回头看。
13. 敛裾：指收起衣裳。

三、文本细读

(一) 课文主旨

本文以作者感情的变化为线索,通过对柔美的月下荷塘、朦胧和谐的荷塘月色、清冷的荷塘四周等景物描写,抒发了不满现实,又想超脱现实,追求美好自由生活的愿望和感情。

(二) 课文赏析

1. 全文的"文眼"是哪句？在文中有何作用？

文眼：这几天心里颇不宁静。

作用：这是社会现实的剧烈动荡在作者心中激起的波澜,放在篇首,为全文定下抒情基调。有了"不宁静"力求"排遣",才想起荷塘,引起下文。

2. 本文在写景上有何特色？

第4段体现在两个方面：一是动静结合,二是虽不写"月"字,却处处有"月"。

第5段体现在两个方面：一是虚实结合,二是衬托手法。

第6段体现在两个方面：一是浓淡相间,二是巧用量词。

3. 作者借荷塘月色要表达怎样的复杂感情？

作者由于"这几天心里颇不宁静",而出门散步赏景。走在幽僻的小路上,感觉"这一片天地好像是我的；我也像超出了平常的自己,到了另一个世界里""便觉得是个自由的人"等等,可见作者是要努力寻找一个理想世界,寻找一种慰藉和寄托,以摆脱现实世界里的烦愁、苦闷,获得宁静和超脱。

4. 第七段采莲与文章主体有什么关系？为什么会想起采莲的事情？

以采莲的热闹衬托自己的孤寂,且荷莲同物,作者又是扬州人,对江南习俗很了解。写采莲表现了作者对美好生活的向往,对现实的不满。

5. 本文的艺术特色

(1) 作者调动一切艺术手法,着意创造一个诗意盎然、情景交融的境界。

(2) 精于构思、巧于布局。全文的写景抒情过程,都是随着作者的脚步和视线的移动逐步深化的。行文中以荷塘、月色为中心,又适当点染周围背景。布局上层次清晰分明,详略得当,疏密相间,自然舒展。

(3) 语言典雅清丽、新颖自然。

长江三峡

在信中，我这样叙说："这一天，我像在一支雄伟而瑰丽的交响乐中飞翔。我在海洋上远航过，我在天空中飞行过，但在我们的母亲河流长江上，第一次，为这样一种大自然的威力所吸引了。"

曚昽中听见广播说到了奉节。停泊时天已微明。起来看了一下，峰峦刚刚从黑夜中显露出一片灰蒙蒙的轮廓。"江津号"启碇续行，我来到休息室里，只见前边两面悬崖绝壁，中间一条狭狭的江面，船已进入瞿塘峡了。江随壁转，前面天空上露出一片金色阳光，像横着一条金带，其余各处还是云海茫茫。瞿塘峡口为三峡最险处。杜甫《夔州歌》云："白帝高为三峡镇，瞿塘险过百牢关。"古时歌谣说："滟滪大如马，瞿塘不可下；滟滪大如猴，瞿塘不可游；滟滪大如龟，瞿塘不可回；滟滪大如象，瞿塘不可上。"这滟滪堆指的是一堆黑色巨礁，它对准峡口。万水奔腾着冲进峡口，便直奔巨礁而来，你可以想象得到那真是雷霆万钧。船如离弦之箭，稍差分厘，便会撞得个粉碎。现在，巨礁虽已炸掉。但瞿塘峡中仍激流澎湃，涛如雷鸣，江面形成无数漩涡，船从漩涡中冲过，只听得一片哗啦啦的水声。过了八公里长的瞿塘峡，乌沉沉的云雾突然隐去，峡顶上一道蓝天，浮着几小片金色浮云，一注阳光像闪电样落在左边峭壁上。右面峰顶上一片白云像银片样发亮了，但阳光还没有降临。这时，远远的前方，层峦叠嶂之上，迷蒙云雾之中，忽然出现一团红雾。你看，绛紫色的山峰衬托着这一团雾，真美极了，就像那深谷之中向上反射出红色宝石的闪光，令人仿佛进入了神话境界。这时，你朝江流上望去，也是色彩缤纷：两面巨崖，倒影如墨；中间曲曲折折，却像有一条闪光的道路，上面荡着细碎的波光；近处山峦，则碧绿如翡翠。时间一分钟一分钟过去，前面那团红雾更红更亮了。船越驶越近，渐渐看清有一高峰亭亭笔立于红雾之中，渐渐看清那红雾原来是千万道强烈的阳光。八点二十分，我们来到这一片明朗的金黄色朝晖之中。

抬头望处，已到巫山。上面阳光垂照下来，下面浓雾滚涌上去，云蒸霞蔚，颇为壮观。刚从远处看到的那个笔直的山峰，就站在巫峡口上，山如斧削，俊秀娴娜。人们告诉我，这就是巫山十二峰的第一峰。它仿佛在招呼上游来的客人说："你看，这就是巫山巫峡了。""江津号"紧贴山脚，进入峡口。红彤彤的阳光恰在此时射进玻璃厅中，照在我的脸上。峡中，强烈的阳光与乳白色云雾交织一处，数步之隔，这边是阳光，那边是云雾，真是神妙莫测。几只木船从下游上来，帆篷经阳光照得像透明的白色羽翼。山峡越来越狭，前面两山对峙，看去连一扇大门那么宽也没有，而门外，完全是白雾。

八点五十分，满船人都在仰头观望。我也跑到甲板上，看到万仞高峰之巅，有一细石耸立，如一人对江而望，那就是充满神奇传说的神女峰了。据说一个渔人在江中打鱼，突遇狂风暴雨，船覆灭顶。他的妻子抱了小孩从峰顶眺望，盼他回来，一天一天，一月一月，他终未回来，而她却依然不顾晨昏，不顾风雨，站在那儿等候着他——至今还在那儿等着他呢。

如果说瞿塘峡像一道闸门,那么巫峡简直像江上一条迂回曲折的画廊。船随山势左一弯,右一转,每一曲,每一折,都向你展开一幅绝好的风景画。两岸山峰奇绝,连绵不断,巫山十二峰各有各的姿态,人们给它们以很高的评价和美的命名,给我们的江山增加了诗意。而诗意又是变化无穷的。突然是深灰色石岩从高空直垂而下浸入江心,令人想到一个巨大的惊叹号;突然是绿茸茸的草坡,像一支充满幽情的乐曲;特别好看的是悬崖上那一堆堆给秋霜染得红艳艳的野草,简直像是满山的杜鹃。峡陡江急,江面布满大大小小的漩涡,船只能缓缓行进,像一个在崇山峻岭之间慢步前行的旅人。但这正好使远方来的人有充裕的时间,欣赏这莽莽苍苍、浩浩荡荡的长江上大自然的壮美。苍鹰在高峡上盘旋,江涛追随着山峦激荡,山影云影,日光水光,交织成一片。

　　十点,江面渐趋广阔,"江津号"急流稳渡,穿过了巫峡。十点十五分到巴东,已入湖北境。十点半到牛口,江浪汹涌,把船推在浪头上,摇摆着前进。江流刚奔出巫峡,还没来得及喘息,又冲入第三峡——西陵峡了。

　　西陵峡比较宽阔,但是江流至此变得特别凶恶,处处是急流,处处是险滩。船一下像随着怒涛冲去,一下又绕着险滩迂回前进。最著名的三个险滩是:泄滩、青滩和崆岭滩。初下泄滩,那万马奔腾的江水会让你突然感到它简直是在旋转不前。一千个、一万个旋涡,使得"江津号"剧烈震动起来。这一节江流虽险,却流传着无数优美的传说。十一点十五分到秭归。秭归是屈原故乡,是楚先王熊绎始封之地。后来屈原被流放到汨罗江,死在那里。民间流传着:屈大夫死日,有人在汨罗江畔看见他峨冠博带,骑一匹白马飘然而去。又传说:屈原死后,被一条大鱼驮回秭归,终于从流放之地回归楚国。这一切初听起来过于神奇怪诞,却正反映了人民对屈原的无限怀念之情。

　　秭归正面有一大片铁青色礁石,森然耸立于江面,经过很长一段急流才绕过泄滩。在最急峻的地方,"江津号"用尽全副精力,战抖着、震颤着前进。急流刚刚滚过,看见前面有一奇峰突起,船身沿着这山峰右面驶去,而山峰左面却又出现一道河流,原来这就是王昭君的诞生地香溪。它一下就令人记起杜甫的诗:"群山万壑赴荆门,生长明妃尚有村。"我们遥望了一下香溪,船便沿着山峰进入一道无比险峻的长峡——兵书宝剑峡。这儿完全是一条窄巷,我到船头上,抬头仰望,只见黄石碧岩,高与天齐。再驶行一段就到了青滩。江面陡然下降,波涛汹涌,浪花四溅,你还没来得及仔细观看,船已像箭一样迅速飞下,巨浪被船头劈开,旋卷着,合在一起,一下又激荡开去。江水像滚沸了一样,到处是泡沫,到处是浪花。船上的同志指着岩上一个乡镇告诉我:"长江航船上很多领航人都出生在这儿……每只木船要想渡过青滩,都得请这儿的人引领过去。"这时我正注视着一只逆流而上的木船,看起来这青滩的声势十分吓人,但人们只要从汹涌浪涛中掌握了一条前进的途径,也就战胜大自然了。

　　中午,我们来到了崆岭滩跟前。长江上的人都知道:"泄滩青滩不算滩,崆岭才是鬼门关。"可见其凶险了。眼看一片灰色礁石布满水面,"江津号"抛锚停泊了。原来崆岭滩一条狭窄航道只能过一只船,这时有一只江轮正在上行,我们只好等着,谁知竟等了那么久,可见那上行的船只是如何小心翼翼了。当我们驶下崆岭滩时,果然是一片乱石林立,我们简直不像在浩荡的长江上,而是在苍莽的丛林中寻找小径跋涉前进了。

一、文学常识

（一）作者简介

刘白羽（1916—2005），现代作家，北京人。他的作品以散文为主，有散文集《早晨的太阳》《红太阳颂》等，亦有小说《五台山下》《政治委员》等。刘白羽的作品，跳动着时代的脉搏，充满着强烈的战斗气息，感情炽热，气势雄伟，语言丰富畅达，色彩绚丽，具有独特的艺术风格。

（二）背景

作者于1960年11月中旬，乘"江津号"顺流而下，从重庆到武汉。一路上，作者被"大自然威力所吸引"，写下了日记体游记《长江三日》。《长江三峡》是《长江三日》的第二部分，题目是编者加的。《长江三日》收在《刘白羽散文选》中。

二、字词积累

（一）难读字正音

启碇(dìng)　　夔(kuí)州　　滟(yàn)滪(yù)　　对峙(zhì)　　草坂(bǎn)
崆(kōng)岭滩　　秭(zǐ)归　　汨(mì)罗　　澎(péng)湃(pài)　　万仞(rèn)

（二）难解词释义

1. 启碇：起锚，开船。碇，锚。
2. 莽莽苍苍：形容山上草木苍翠茂密。
3. 雷霆万钧：形容威力极大，无法阻挡。雷霆：响雷。钧：古代重量单位。
4. 神妙莫测：神奇巧妙达到难以猜测的程度。
5. 小心翼翼：小心谨慎，一点也不敢疏忽。翼翼：严肃、谨慎的样子。
6. 森然耸立：繁密高高地直立。
7. 云蒸霞蔚：像云霞一样升腾弥漫，形容景物灿烂美丽。蒸，升腾；蔚，弥漫。
8. 层峦叠嶂：形容山峰多而险峻。峦，连着的山。嶂，直立像屏障的山峰。
9. 峨冠博带：高的帽子，宽的衣带。古代士大夫的装束。

三、文本细读

课文主旨

课文以"江津号"的航程为顺序，记叙了作者航行过三峡时的见闻感受，描写了三峡气象万千的瑰奇景象，抒发了对祖国山河的深情挚爱，同时通过航程艰险的记叙，启示人们认识生活和革命的航船就是要在急流险滩中破浪前进的哲理。

我的空中楼阁

山如眉黛，小屋恰似眉梢的痣一点。

十分清新，十分自然，我的小屋玲珑地立于山脊一个柔和的角度上。

世界上有很多已经很美的东西，还需要一些点缀，山也是。小屋的出现，点破了山的寂寞，增加了风景的内容。山上有了小屋，好比一望无际的水面飘过一片风帆，辽阔无边的天空掠过一只飞雁，是单纯的底色上一点灵动的色彩，是山川美景中的一点生气，一点情调。

小屋点缀了山，什么来点缀小屋呢？那是树！

山上有一片纯绿色的无花树；花是美丽的，树的美丽也不逊于花。花好比人的面庞，树好比人的姿态。树的美在于姿势的清健或挺拔、苗条和婀娜，在于活力，在于精神！

有了这许多树，小屋就有了许多特点。树总是轻轻摇动着。树的动，显出小屋的静；树的高大，显出小屋的小巧；而小屋别致出色，乃是由于满山皆树，为小屋布置了一个美妙的绿的背景。

小屋后面有一棵高过屋顶的大树，细而密的枝叶伸展在小屋的上面，美而浓的树荫把小屋笼罩起来。这棵树使小屋给予人另一种印象，使小屋显得含蓄而有风度。

换个角度，近看改为远观，小屋却又变换位置，出现在另一些树的上面，这个角度是远远地站在山下看。首先看到的是小屋前面的树，那些树把小屋遮掩了，只在树与树之间露出一些建筑的线条，一角活泼翘起的屋檐，一排整齐的图案式的屋瓦。一片蓝，那是墙；一片白，那是窗。我的小屋在树与树之间若隐若现，凌空而起，姿态翩然。本质上，它是一幢房屋；形势上，却像鸟一样，蝶一样，憩于枝头，轻灵而自由！

小屋之小，是受了土地的限制。论"领土"，只有有限的一点。在有限的土地上，房屋比土地小，花园比房屋小，花园中的路又比花园小，这条小路是我袖珍型的花园大道。和"领土"相对的是"领空"，论"领空"却又是无限的，足以举目千里，足以俯仰天地，左顾有山外青山，右盼有绿野阡陌。适于心灵散步，眼睛旅行，也就是古人说的游目骋怀。这个无限的"领空"，是我开放性的院子。

有形的围墙围住一些花，有紫藤、月季、喇叭花、圣诞红之类。天地相连的那一道弧线，是另一重无形的围墙，也围住一些花，那些花有朵状，有片状，有红，有白，有绚烂，也有飘落。也许那是上帝玩赏的牡丹或芍药，我们叫它云或霞。空气在山上特别清新，清新的空气使我觉得呼吸的是香！

光线以明亮为好，小屋的光线是明亮的，因为屋虽小，窗很多。例外的只有破晓或入暮，那时山上只有一片微光，一片柔静，一片宁谧。小屋在山的怀抱中，犹如在花蕊中一般，慢慢地花蕊绽开了一些，好像群山后退了一些。山是不动的，那是光线加强了，是早晨来到了山中。当花瓣微微收拢，那就是夜晚来临了。小屋的光线既富于科学的时间性，也富于浪漫的文学性。

山上的环境是独立的,安静的。身在小屋享受着人间的清福,享受着充足的睡眠,以及一天一个美梦。

出入的环境要道,是一条类似苏花公路的山路,一边傍山,一边面临稻浪起伏的绿海和那高高的山坡。山路和山坡不便于行车,然而便于我行走。我出外,小屋是我快乐的起点;我归来,小屋是我幸福的终站。往返于快乐与幸福之间,哪儿还有不好走的路呢?我只觉得出外时身轻如飞,山路自动地后退;归来时带几分雀跃的心情,一跳一跳就跳过了那些山坡。我替山坡起了个名字,叫幸福的阶梯,山路被我唤做空中走廊!

我把一切应用的东西当做艺术,我在生活中的第一件艺术品——就是小屋。白天它是清晰的,夜晚它是朦胧的。每个夜幕深垂的晚上,山下亮起灿烂的万家灯火,山上闪出疏落的灯光。山下的灯把黑暗照亮了,山上的灯把黑暗照淡了,淡如烟,淡如雾,山也虚无,树也缥缈。小屋迷于雾失楼台的情景中,它不再是清晰的小屋,而是烟雾之中、星点之下、月影之侧的空中楼阁!

这座空中楼阁占了地利之便,可以省去许多室内设计和其他的装饰。

虽不养鸟,每天早晨有鸟语盈耳。

无需挂画,门外有幅巨画——名叫自然。

一、文学常识

作者简介

李乐薇(1930—),祖籍江苏南京,台湾散文作家。他的散文作品,文笔清丽脱俗,语言优美动人,风格柔和、温婉、含蓄,善于运用有声、有光、有色、有味、有形的物象幻化暗示出微妙的"自我的情绪",透露着浓郁的现代派艺术信息。

二、字词积累

(一)难读字正音

眉黛(dài)　　山脊(jǐ)　　休憩(qì)　　游目骋(chěng)怀

宁谧(mì)　　树荫(yīn)　　花蕊(ruǐ)

(二)难解词释义

1. 游目骋怀:纵目四望,开阔心胸。游目,目光由近到远,随意观览瞻望;骋怀,尽情放开胸怀。

2. 空中楼阁:悬在半空中的阁楼。比喻虚幻的事物或脱离实际的空想。

3. 俯仰天地:为人正直坦荡,抬头无愧于天,低头无愧于人,不做任何有愧于人的事。

4. 凌空:高高地在空中或高升到空中。凌,升高,在空中。

5. 阡陌：田间纵横交错的小路。
6. 宁谧：安宁而静谧。
7. 雾失楼台：雾霭沉沉，楼台消失在浓雾之中。

三、文本细读

(一) 课文主旨

课文通过对"立于山脊"的小屋及其周围环境的多角度多侧面的描写，寄托了对"独立的、安静的"生活的向往，抒发了热爱大自然，追求自然的美好感情。

(二) 课文赏析

1. 本文是怎样多角度地描写景物的？

作者以心爱的小屋为焦点，从多个角度进行观察和描绘。

(1) 近看：树点缀了小屋，给小屋设置了一个美妙的绿的背景，使小屋"含蓄而有风度"。

(2) 远观：小屋在树之间若隐若现，凌空而起，"轻灵而自由"。

(3) 仰视："山如眉黛，小屋恰似眉梢的痣一点"。

(4) 俯瞰："小屋在山的怀抱中，犹如在花蕊中一般"。

把小屋放在变化着的光线下写：

(5) 早晨：光线强了，(小屋如)花蕊慢慢绽开。

(6) 傍晚：光线减弱了，花瓣慢慢收拢。

(7) 深夜：(山上)灯光疏落，小屋在如烟似雾的灯光中；(山下)万家灯火，月色朦胧、星光点点之下。

2. 标题"我的空中楼阁"有几层含义？其中寄托了作者怎样的思想感情？

标题有两层含义：一是实指建在山脊的小屋；二是寄托了作者对"独立的、安静的"生活的向往

"空中楼阁"一语双关：既指"我"居住的"小屋"建于山上，在烟雾迷蒙中，犹如耸入天际的楼阁，又指幻景中的"空中楼阁"，理想中的远离喧嚣、安宁的独立的生活环境，它寄托了作者对快乐自由生活以及独立人格的追求。再者，从作者对"远离喧嚣"生活的肯定、追求和讴歌中，可以隐约地感觉到作者对都市生活的厌恶，对现代文明束缚人自由、隔离人与大自然交融的消极一面的批判。

3. 怎样理解"无须挂画，门外有幅巨画——名叫自然"？

作者运用暗喻，将大自然比成一幅巨画，意境阔大。同时，把自然说成是天成的巨画，也暗含着作者热爱自然、回归自然的情怀。

第一册

第三单元

说明文单元　格物而致知

　　本单元选文为说明文,说明文是客观地说明事物的一种文体,目的在于给人以知识,或说明事物状态、性质、功能,或阐明事理。写说明文要根据说明对象和写作目的,选择不同的说明方法。常见说明顺序有时间顺序、空间顺序、逻辑顺序。说明文的语文方面的特点有:内容上的科学性、结构上的条理性、语言上的准确性。

景泰蓝的制作

一天下午，我们去参观北京市手工业公司实验工厂，粗略地看了景泰蓝的制作过程。景泰蓝是多数人喜爱的手工艺品，现在把它的制作过程说一下。

景泰蓝拿红铜做胎，为的红铜富于延展性，容易把它打成预先设计的形式，要接合的地方又容易接合。一个圆盘子是一张红铜片打成的，把红铜片放在铁砧上尽打尽打，盘底就凹了下去。一个比较大的花瓶的胎分作几截，大概瓶口、瓶颈的部分一截，瓶腹鼓出的部分一截，瓶腹以下又是一截。每一截原来都是一张红铜片。把红铜片圈起来，两边重叠，用铁椎尽打，两边就接合起来了。要圆筒的哪一部分扩大，就打哪一部分，直到符合设计的意图为止。于是让三截接合起来，成为整个的花瓶。瓶底可以焊上去，也可以把瓶腹以下的一截打成盘子的形状，那就有了底，不用另外焊了。瓶底下面的座子，瓶口上的宽边，全是焊上去的。至于方形或是长方形的东西，像果盒、烟卷盒之类，盒身和盖子都用一张红铜片折成，只要把该接合的转角接合一下就是，也不用细说了。

制胎的工作其实就是铜器作的工作，各处城市大都有这种铜器作，重庆还有一条街叫打铜街。不过铜器作打成一件器物就完事，在景泰蓝的作场里，这只是个开头，还有好多繁复的工作在后头呢。

第二步工作叫掐丝，就是拿扁铜丝（横断面是长方形的）粘在铜胎表面上。这是一种非常精细的工作。掐丝工人心里有谱，不用在铜胎上打稿，就能自由自在地粘成图画。譬如粘一棵柳树吧，干和枝的每条线条该多长，该怎么弯曲，他们能把铜丝恰如其分地剪好曲好，然后用钳子夹着，在极稠的白芨浆里蘸一下，粘到铜胎上去。柳树的每个枝子上长着好些叶子，每片叶子两笔，像一个左括号和一个右括号，那太细小了，可是他们也要细磨细琢地粘上去。他们简直是在刺绣，不过绣在铜胎上而不是绣在缎子上，用的是铜丝而不是丝线、绒线。

他们能自由地在铜胎上粘成山水、花鸟、人物种种图画，当然也能按照美术家的设计图样工作。反正他们对于铜丝好像画家对于笔下的线条，可以随意驱遣，到处合适。美术家和掐丝工人的合作，使景泰蓝器物推陈出新，博得多方面人士的爱好。

粘在铜胎上的图画全是线条画，而且一般是繁笔，没有疏疏朗朗只用少数几笔的。这里头有道理可说。景泰蓝要涂上色料，铜丝粘在上面，涂色料就有了界限。譬如柳条上的每片叶子由两条铜丝构成，绿色料就可以填在两条铜丝中间，不至于溢出来。其次，景泰蓝内里是铜胎，表面是涂上的色料，铜胎和色料，膨胀率不相同。要是色料的面积占得宽，烧过后冷却的时候就会裂。还有，一件器物的表面要经过几道打磨的手续，打磨的时候着力重，容易使色料剥落。现在在表面粘上繁笔的铜丝图画，实际上就是把表面分成无数小块，小块面积小，无论热胀冷缩都比较细微，又比较禁得起外力，因而就不至于破裂、剥落。通常谈文艺有一句话，叫内容决定形式。咱们在这儿套用一下，是制作方法和物理决定了景泰蓝掐丝的形式。咱们看见有些景泰蓝上面的图案画,在图案画以外,或是红地,或是蓝地,只要占的面积相当宽,那里就嵌几条曲成图案形的铜丝。为什么一色中间还要嵌铜丝呢?无非使较宽的表面分成小块罢了。

粘满了铜丝的铜胎是一件值得惊奇的东西。且不说自在画怎么生动美妙,图案画怎么工整细致,单想想那么多密密麻麻的铜丝没有一条不是专心一志粘上去的,粘上去以前还得费尽心思把它曲成最适当的笔画,那是多么大的工夫!一个二尺半高的花瓶,掐丝就要花四五十个工。咱们的手工艺品往往费大工夫,刺绣,缂丝,象牙雕刻,全都在细密上显能耐。掐丝跟这些工作比起来,可以说不相上下,半斤八两。

刚才说铜丝是蘸了白芨浆粘在铜胎上的,白芨浆虽然稠,却经不住烧,用火一烧就成了灰,铜丝就全都落下来了,所以还得焊。现在沾满了铜丝的铜胎上喷水,然后拿银粉、铜粉、硼砂三种东西拌和,均匀地筛在上边,放到火里一烧,白芨成了灰,铜丝就牢牢地焊在铜胎上了。

随后就是放到稀硫酸里煮一下,再用清水洗。洗过以后,表面的氧化物和其他脏东西得去掉了,涂上的色料才可以紧贴着红铜,制成品才可以结实。

于是轮到涂色料的工作了,他们管这个工作叫点蓝。图上的色料有好些种,不只是一种蓝色料,为什么单叫做点蓝呢?原来这种制作方法开头的时候多用蓝色料,当时叫点蓝,就此叫开了(我们苏州管银器上涂色料叫发蓝,大概是同样的理由)。这种制品从明朝景泰年间(十五世纪中叶)开始流行,因而总名叫景泰蓝。

用的色料就是制颜色玻璃的原料,跟涂在瓷器表面的釉料相类。我们在作场里看见的是一块块不整齐的硬片,从山东博山运来的。这里头基本质料是硼砂、硝石和碱,因所含的金属矿质不同,颜色也就各异。大概含铁的作褐色,含铀的作黄色,含铬的作绿色,含锌的作白色,含铜的作蓝色,含金含硒的作红色……

他们把那些硬片放在铁臼里捣碎研细,筛成细末应用。细末里头不免搀和着铁臼上磨下来的铁屑,他们利用吸铁石除掉它。要是吸得不干净,就会影响制成品的光彩。看来研磨色料的方法得讲求改良。

各种色料的细末都盛在碟子里,和着水,像画家的画桌上一样,五颜六色的碟子一大堆。点蓝工人用挖耳似的家伙舀着色料,填到铜丝界成的各种形式的小格子里。大概是熟极了的缘故,不用看什么图样,自然知道哪个格子里该填哪种色料。湿的色料填在格子里,比铜丝高一些。整个表面填满了,等它干燥以后,就拿去烧。一烧就低了下去,于是再填,原来红色的地方还是填红色料,原来绿色的地方还是填绿色料。要填到第三回,烧过以后,色料才跟铜丝差不多高低。

现在该说烧的工作了。涂色料的工作既然叫点蓝,不用说,烧的工作当然叫烧蓝。一个烧得挺旺的炉子,燃料用煤,炉膛比较深,周围不至于碰着等着烧的铜胎。烧蓝工人把涂好色料的铜胎放在铁架子上,拿着铁架子的弯柄,小心地把它送到炉膛里去。只要几分钟工夫,提起铁架子来,就看见铜胎全体通红,红得发亮,像烧得正旺的煤。可是不大工夫红亮就退了,涂上的色料渐渐显出它的本色,红是红绿是绿的。

涂了三回烧了三回以后,就是打磨的工作了。先用金刚砂石水磨,目的在使成品的表面平整。所谓平整,一是铜丝跟涂上的色料一样高低,二是色料本身也不许有一点儿高高洼洼。磨过以后又烧一回，再用磨刀石水磨。最后用椴木炭水磨，目的在使成品的表面光润。椴木木质匀净，用它的炭来水磨，成品的表面不起丝毫纹路，越磨越显得鲜明光滑。旁的木炭都不成。

椴木炭磨过，看来晶莹灿烂，没有一点儿缺憾，成一件精制品了，可是全部工作还没完，还得镀金。金镀在全部铜丝上，方法用电镀。镀了金，铜丝就不会生锈了。

全部工作是手工，只有待打磨的成品套在转轮上，转轮由马达带队的皮带转动，算是借一点儿机械力。可是拿着蘸水的木炭、磨刀石挨着转动的成品，跟它摩擦，还得靠打磨工人的两只手。起瓜棱的花瓶就不能套在转轮上打磨，因为表面有高有低，洼下去的地方磨不着，那非纯用手工打磨不可。

一、文学常识

（一）作者简介

叶圣陶(1894—1988)，现代著名作家、教育家。他写作态度严肃认真、风格朴素自然、语言洗练优美，有"优秀的语言艺术家"之称。代表作有：童话《稻草人》、说明文《苏州园林》、短篇小说《多收了三五斗》及长篇小说《倪焕之》。

（二）解题

景泰蓝，也叫"铜胎掐丝珐琅"，是我国特种工艺品之一，用红铜做成器物的胎，把铜丝掐成各种花纹焊在铜胎上，填上珐琅彩釉，然后烧成。因这种制品是明朝景泰年间（十五世纪中叶）在北京开始大量制造流行，珐琅彩釉多用蓝色，故得名。清代以后远销国外，品种有碗、瓶、盘、烟具、台灯、糖罐、奖杯等。

（三）背景

《景泰蓝的制作》写于1955年3月22日。作者对手工业制品很感兴趣，曾经想写一组文章，把每种手工业品的制作过程记录下来，结果只写了两篇，即本文和《荣宝斋的彩色木刻画》。该厂设备非常简陋，几乎全部靠手工操作。

二、字词积累

（一）难读字正音

| 铜器作(zuō) | 白芨(jī)浆 | 缂(kè)丝 | 硼(péng)砂 | 釉(yòu)料 |
| 铁臼(jiù) | 椴(duàn)木 | 铀(yóu) | 铬(gè) | 硒(xī) |

（二）难解词释义

1. 延展性：文中指红铜可以在锤击作用下被打成薄片、改变形状但不破裂的特点。

2. 随意驱遣：文中指是任意安排，自由运用。本意是随意驱使、调遣。

3. 推陈出新：文中指在原有基础上进行改进，创新设计。一般指对旧文化进行批判地继承，剔除其糟粕，吸取其精华，创造出新的文化。

4. 半斤八两：一个半斤，一个八两。比喻彼此一样，不相上下。八两，即旧制的半斤。

5. 恰如其分：恰，正好。指办事和说话正合分寸。

6. 各有千秋：千秋，千年，引申为久远。各有各的存在价值。比喻各人有各人的长处，个人有个人的特色。

三、文本细读

（一）课文主旨

文章详细地说明了景泰蓝的制作过程和方法，介绍了景泰蓝制作中手工操作的特点，说明景泰蓝手工制作的繁复和精细，赞美了手工艺工人的精湛技艺、劳动和智慧，从而赞颂了我们民族的伟大创造才能。

（二）课文赏析

1. 请精读课文主题部分，完成下列表格，体会景泰蓝的精巧技艺。

制作过程	衔接词	操作程序	操作特点
制胎	开头	捶打 结合	打
掐丝	第二步	粘铜丝 烧焊 煮、洗	粘
点蓝	轮到	研磨原料 填色	填
烧蓝	该说	上铁架 送炉膛 烧	烧
打磨	以后	金刚砂石水磨 磨刀石水磨 椴木炭水磨	磨
镀金	没完	电镀	镀

2. 作者在介绍景泰蓝的制作过程中，对六道工序的介绍不是平均用力，而是有详有略，突出重点。请简要分析，并说明这样安排的原因。

对"掐丝"和"点蓝"这两道工序介绍比较详细，其他工序则介绍得比较简略。因为"掐丝"和"点蓝"是景泰蓝独有的一种艺术方式，这两道工序最复杂、精细，是决定景泰蓝风格及其珍贵之处的主要工序，也是决定景泰蓝制品质量的关键工序。

3. 文章综合运用了多种说明方法，请以第四小节为例，简要分析。

本文综合运用了下定义、打比方、作比较、举例子、列数字等说明方法。第一句话说明什么是掐丝，"掐丝就是拿扁铜丝（横断面是长方形的）粘在铜胎表面上"，是下定义。以粘一棵柳树为例，说明如何掐丝，是举例子。"每片叶子两笔，像一个左括号和一个右括号"，是打比方。最后把掐丝和刺绣比较，说明掐丝的对象和材料，则是作比较。由于多种说明方法互相补充和配合，使"掐丝"这道关键工序的说明比较完整、具体。

伯格曼法则在北极

在北极的一天早晨,我睡得正香,突然远处传来几声枪响,起来看时,原来是一头北极熊进入了村子,几个爱斯基摩人放着枪,正在把它往海边赶去。北极熊很不高兴,一面跑,一面回头张望,嘴里吭哧吭哧,像是在嘟哝着什么,极不情愿地跳进了水里。望着它那圆圆的身影,像是一个绒球似的,我不禁觉得好笑,于是想起了伯格曼法则。

生物学家伯格曼对不同地方的生物个体进行比较,发现了一个有趣的现象,即同一物种,在越冷的地方,个体越大,而且越接近于圆形。这就是伯格曼法则。他认为,其原因可能有二。一是因为寒冷的气候不仅能够延缓恒温动物的生长速度,而且也使其性成熟的时间较晚,所以个子也就长得更大一些。这是生理上的原因。二是因为同一种物质,在同等温度下,体积愈大,散热愈慢。例如,一碗开水要比一桶开水冷得快。同样的,在三维空间中,以球形的表面积为最小,所以动物的身体愈接近于球形,散热面积也就会愈小。这是物理机制。

生物学家艾伦对伯格曼法则作了有趣的补充,根据他对动物的观察发现,同一种动物,在越冷的地方,其四肢和附器"例如耳朵和尾巴等"也就越短或越小,这叫做艾伦推论,或艾伦法则。这是因为,四肢和附器就像是散热片一样,越短或越小,散热也就越少。

在北极,可以验证伯格曼法则和艾伦推论的现象很多,北极熊就是一个极好的例子。如果把北极熊与其他地方的狗熊比较一下,就会发现,它那圆圆的身体,粗短的四肢,小小的耳朵,几乎已经退化了的尾巴,简直就像是专为验证伯格曼法则和艾伦推论而生似的。

还有狐狸,它那长脸、尖嘴和尖长耳朵的形象早已深入人心,成为狡猾的象征。但是在北极,当我第一次看到狐狸时却闹了一个大笑话,以为那是野猫。因为,北极狐狸不仅耳朵变小,成为圆形,而且连那嘴巴也大大地缩短,变成了圆脸,而在世界其他地方,是不可能找到圆脸狐狸的。

其他动物也是如此。北极狼不仅比温带地区的狼个子大,而且也要肥一些,身体更接近圆形。西伯利亚虎不仅比孟加拉虎大得多,而且也是所有猫科动物中个子最大的。北极兔子平均身长为90厘米,而生活在苏格兰的同一种兔子,平均身长却只有70厘米。西伯利亚的北极旅鼠,平均身长为10~11厘米,稍微再往南一点,生活在北极边缘地区的旅鼠,平均身长却只有8厘米。

至于艾伦推论,例子就更多了。北极燕鸥,虽然在体态上与生活在温带地区的燕鸥极为相似,但它们的腿却要短得多,成为明显的区分标志。北极野兔,虽然身子比南方的同类大,但其耳朵和四肢却要小和短得多。最明显的也许是麝牛,它们的躯体虽然十分魁梧,但耳朵特小,四肢奇短,几乎没有尾巴,看上去圆鼓鼓的,不伦不类,样子滑稽可笑。

甚至连昆虫也受到了伯格曼法则的影响。北极的苍蝇个大无比,圆圆的身子,飞起来像一架B2型轰炸机,但它不咬人。最可怕的还是蚊子,就像小蜻蜓似的,而且多得要命,勇敢无比,成群结队,轮番攻击,伸手一摸,就会抓到好几个,攥在手里,沉甸甸的。它们特别爱往头发里钻,咬起的大包,小核桃似的,至少需要十几天才能消下去。

说到这里,也许有人会提出问题说,我们人类怎么样呢?是否也遵循伯格曼法则?如果是这样,那么爱斯基摩人是不是比我们要大很多?要解释这个问题,首先得回顾一下人类演化的历史。

简单地说,因为人类是在非洲演化出来的,大约是几百万年以前。但要等到学会制作衣服和帐篷之后进入寒冷地区,大概只是几万年以前的事。而进入西伯利亚北极,大约是在两三万年以前,进入阿拉斯加北极,最早的证据是在一万两千年前。在如此短的时间里,伯格曼法则是发挥不了什么作用的。尽管如此,如果仔细观察一下,伯格曼法则在人类身上似乎还是留下了某些痕迹。例如,白人是在欧洲比较靠北的地方演化出来的,所以个子较大。而黄种人是在亚洲温带地区演化出来的,所以个子比白人要小一些。同样的,在中国,北方人比南方人个子就要大一些,也许这也是伯格曼法则发挥作用的结果吧。

但是,以此类推到黑人似乎就有点矛盾了。按理说,黑人一直生活在热带,个子应该最小。然而,现在的黑人不仅比黄种人个子大,而且有的甚至比白人还高大,美国的篮球运动员,大部分都是黑人。不过,如果到非洲去看看,还是可以找出伯格曼法则的蛛丝马迹来。在非洲中部的热带雨林地区,生活着一种黑人,叫做俾格米人,过着狩猎收集型的群体生活,他们与其他黑人的差别是:个子明显的小,平均一般只有1.3米左右,偶尔也有长到1.5米的,就算是"巨人"了。他们的皮肤颜色浅而发红,不像一般的黑人那么黑,面部长而体毛多,额部、眼睛和牙齿都比较往前突出,更接近于人类的原始面貌,所以被称之为"矮黑人"。按照伯格曼法则来推断,也许这种黑人才真正代表着原始的黑人,其他黑人可能都是后来的变种。如果真是这样的话,那么伯格曼法则在人类身上的表现还是很明显的。

在北极,还有一个证据。就在现代的爱斯基摩人之前,美洲的北极地区曾经生活着一种更加古老的爱斯基摩人,叫做"多塞特"人,是现代的爱斯基摩人的祖先。据说,多塞特人个子很大,一个人就能把几乎有一吨重的海象扛起来,而且可以走很长的路。而现在的爱斯基摩人,一个人恐怕连一只海豹也搬不起来。由此可见,多塞特人可能就是伯格曼法则在人类演化的过程中发挥了作用的结果。可惜的是,他们因为落后,后来都被新发展起来的现代爱斯基摩人所代替。

遗憾的是,艾伦推论在人类身上似乎找不出什么明显的证据。这大概是因为人类毕竟是最高级的动物,所以体态都比较匀称,如果耳朵七大八小,四肢七长八短,岂不有碍风度?况且,据《圣经》上说,人是由上帝照着自己的样子造出来的。如果把人造得七高八矮,耳朵大小不一,岂不坏了上帝的形象?连上帝自己也会觉得没有面子。所以,为了上帝的面子,艾伦推论在人类身上也就只好作罢了。当然,这只是一句玩笑话。

一、文学常识

（一）作者简介

位梦华（1940—），1962年考入北京地质学院，攻读地球物理勘探专业。1981年，作为访问学者赴美国进修，并于1982年10月去南极考察，从此与两极结下了不解之缘，曾7次亲赴南北两极考察。中国首次远征北极点科学考察队由位梦华任总领队，1995年5月6日胜利到达北极点。

（二）解题

本文属科普读物。科普类文章是一种以科学知识为题材，用文艺性的笔调写成的文章。它兼有说明文和散文两种文体类型的特征和性质。就其写作来看，主要是运用说明文的说明方法和结构，或形象生动，或通俗易懂，或亦庄亦谐的语言来介绍科普知识。

二、字词积累

（一）难读字正音

吭（kēng）哧（chī）　　绒（róng）球　　嘟（dū）哝（nong）　　滑稽（jī）　　麝（shè）
遵循（xún）　　帐篷（péng）　　恒（héng）温　　魁（kuí）梧

（二）难解词释义

1. 蛛丝马迹：比喻与事物根源有联系的线索。
2. 狩猎：捕杀或猎杀野生动物。
3. 不伦不类：伦，不同类。既非这一类，又非那一类。形容人的着装不得体或说话没有道理，颠三倒四。现也形容不成样子或不规范。

三、文本细读

课文主旨

本文通过一系列具体详实的材料，向我们讲述了北极动物许多鲜为人知的有趣现象，验证了"伯格曼法则"和"艾伦推论"，但科学家也发现这两条规律在人类身上体现得不明显。

现代自然科学中的基础学科

现代自然科学,不是单单研究一个个事物,一个个现象,而是研究事物、现象的变化发展过程,研究事物相互之间的关系。这就使自然科学发展成为严密的综合起来的体系。这是现代自然科学的重要特点。

工程技术的科学叫做应用科学,是应用自然科学中基础学科的理论来解决生产斗争中出现的问题的学问。当然,基础学科中也有好多道理是从生产实践中总结提高而来的;而且没有工农业生产,基础学科研究也无法搞下去。所以基础学科之为基础是就其在现代自然科学体系中的位置而言的。我们一般提六门基础学科:天文,地学,生物,数学,物理,化学。这六门是不是都是一样的基础呢?也不是。从严密的综合科学体系讲,最基础的是两门学问。一门物理,是研究物质运动基本规律的学问。一门数学,是指导我们推理、演算的学问。

先说化学。化学是研究分子变化的。20世纪30年代后出现了量子化学,用量子力学的原理来解决化学问题,使化学变成应用物理的一门学问。近来,由于电子计算机的运用,又出现了计算化学。从前人们认为化学就是用些瓶瓶罐罐做实验。现在由于掌握了物质世界里头的原子的运动规律,就可以靠电子计算机去计算。有朝一日化学研究会主要靠电子计算机计算,而且可以"设计"出我们要的分子,"设计"出造这种分子或化合物的化学过程。到那时做化学实验只是为了验证一下计算的结果而已。

天文学也是物理。现在的天文学,不是光研究太阳、月亮、星星在天上的位置和运行规律,还要研究星星里头的变化,研究宇宙的演化。比如研究太阳内部、恒星内部。人去不了,怎么研究?一是研究可见光,把可见的星光分成光谱,把不同频段的光摄下来进行研究。再就是研究看不见的频段,如波长比较长的红外线、无线电波,波长很短的紫外线、X光,波长更短的 γ 射线等。这么一研究,就发现天上可是热闹——到处有星的爆发,一颗星爆发像氢弹爆炸一样。一个爆发的过程是一两个月、几个月。中国古书上有所谓客星,实际上就是星的爆发。爆发时亮了,就看得见,天上来了"客人";过一段时间爆发过程结束,看不见了,就以为是"客人"走了。天上还有一些更怪的现象。如中子星,是由中子组成的密度非常大的星,一颗芝麻点大小的中子星物质就有几百万吨重,而且转得很快,转时发出的X光强度不一样,变化周期不到一秒。还有一种星,名叫"黑洞",其实不是洞,是光出不来的星。这种星密度更高,引力场特别强,强到光线被吸住射不出来,只有当其他物质被吸引掉进去时才发光,发射出X线。不但恒星会爆发,而且由亿万颗恒星组成的星系,像我们所在的银河星系,中心也会爆发,还会爆发得更强烈。一颗恒星爆发起来产生的能量等于十万亿亿个氢弹爆炸的能量,而一个星系爆发起来的能量等于亿亿个恒星爆发的能量。要了解这些天文现象没有物理学是不行的。

地学也是靠物理。地学家们讲,研究地学有三个时代。第一时代是18世纪末到20世纪初,研究地质年代时引入了生物观念(化石观念),用生物的化石来断定地质年代,称为生物学地球观。第二时代是20世纪初,开始研究地球上地壳和海洋的化学成分的变化,矿物元素的分布,借此来推论地球在地质年代中的演化,称为化学地球观。现在是第三时代。地学上最大的发展是所谓板块理论,发现地球的外壳(包括大陆和海洋)是一块块拼起来的,像七巧板似的。块与块之间有相互作用。这主要是根据海底岩石的地磁走向推论出来的。有了这种理论就可以解释火山带、地震带的形成了。这一些理论,加上研究地球深处的情况,都要靠物理学,所以称为物理学地球观。

生物学的发展,现在达到了研究分子的水平,也要归结到物理上面。分子生物学,不是过去那样研究细胞核、细胞膜、细胞质,而是一直追到分子,把生命现象看作是分子的运动,分子的组合和变化过程。最近生物学上有一个轰动世界的发现,就是可以把影响遗传的信息,挂在一种叫脱氧核糖核酸的高分子化合物的某一段上传下去。这就是把这种高分子人为地变化一下,把一个高分子的某一段遗传信息切下来,接到另一个上面,改变遗传的某一特性,创造新的物种,这样,就有可能打破植物动物的界限,把植物的某一特性接到动物上面。这样,不但能使细胞内部发生变化,而且使细菌发生变化,如把胰岛素的遗传信息切下来,接到容易繁殖的大肠杆菌上面去,使产生出来的新的大肠杆菌能制造大量胰岛素。这项技术叫做遗传工程,用它建立了一门新的工业。

所以,天、地、生、化四门基础学科,用现代科学技术体系的观点看,都可以归结到物理和数学。根本的基础学科,就是研究物质运动基本规律的物理,加上作科学技术工具的数学。数学不只是演算,也包括逻辑的推理。靠六门基础学科的现代工程技术,也靠物理和数学这两门基础作为支柱。所以,物理和数学也可以称为现代自然科学体系的基础。当然,说物理和数学是基础,并不是说物理和数学可以代替其他学科,在此之上还有天文学、地学、生物学和化学这些基础学科,以及各种分支学科,如力学等;再在上面是工程技术学科,如工程结构、电力技术、电子技术、农业技术等。这就是现代自然科学体系的构成。

一、文学常识

(一) 作者简介

钱学森(1911—2009),中国著名物理学家,享誉海内外的杰出科学家和中国航天事业的奠基人。钱学森是中国两弹一星功勋奖章获得者之一。被誉为"中国导弹之父""中国火箭之父""导弹之王"。

(二) 解题

本文选自《现代科学技术》,属于事理说明文。事理说明文以分析事物的因果关系、介绍科学道理为主。它的语言特点是:内容上的科学性、结构上的条理性、语言上的准确性。

二、字词积累

(一) 难读字正音

频(pín)段　　繁殖(zhí)　　氢(qīng)弹　　光谱(pǔ)　　中(zhōng)子

亘(gèn)古　　恒(héng)星　　地(qiào)壳　　覆(fù)盖

(二) 难解词释义

1. 体系：是指若干有关事物或某些意识相互联系的系统而构成的一个有特定功能的有机整体，如工业体系、思想体系、作战体系等。

2. 验证：经过检验得到的证实。

3. 能量：度量物质的一种物理量。相应于同形式的运动，能量分为机械能、分子内能、电能、化学能、原子能等。亦简称能。

三、文本细读

(一) 课文主旨

本文指出了现代自然科学的重要特点，简要地介绍了现代自然科学体系的构成，重点介绍了化学、天文学、地学、生物学的发展和它们跟物理、数学的关系，从而强调物理和数学这两门根本的基础学科在现代自然科学体系中的重要作用。

(二) 课文赏析

1. 试分析本文如何从多种事物的相互关系中选择了恰当的顺序进行说明的。

顺序：从整体到局部，又从局部回到整体。第一段介绍自然科学的重要特点是整体；第二段根据这一特点说明自然科学体系中应用科学与基础科学的关系，从而引出六门具体的学科，这是从整体讲到局部；第三至六段具体说明，是局部说明；第七段再总结自然科学体系，从局部回到整体。

2. 开头排列四门基础学科顺序是天、地、生、化，可是课文在分说时，却按"化、天、地、生"的顺序说明，为什么？

原因是："天、地、生、化"是人们的一般说法，而具体说明时，按照与物理、数学有关的新兴学科出现的时间先后顺序来排列。这样的顺序安排符合事物发生和发展的规律，是依照逻辑顺序进行说明的。

第一册

第四单元

古诗单元　千古流芳一诗心

就文学体裁而言,古典格律诗歌是以汉语言文言文为载体,以语言节奏的最高和谐性再现生活抒情言志的语言艺术。古典格律诗歌包括近体诗(律绝、律诗和排律)、词、曲。古典格律诗歌格律严谨,在字数、句数、平仄、对仗、用韵等方面都有明确的要求。本单元主要选入的诗歌有《诗经·邶风·静女》、陶渊明《归园田居五首》(其一)、李白《将进酒》、杜甫《旅夜书怀》,皆为各个时代的名家名作。鉴赏古诗重在朗读,借助语音的轻重、高低、长短变化,品味语言、把握情感、揣摩意境。

静　女

静女其姝，俟我于城隅。
爱而不见，搔首踟蹰。

静女其娈，贻我彤管。
彤管有炜，说怿女美。

自牧归荑，洵美且异。
匪女之为美，美人之贻。

一、文学常识

　　《诗经》是汉族文学史上最早的一部诗歌总集，收入自西周初期到春秋中叶约五六百年间的诗歌。相传为孔子所编定，现存诗305篇。《诗经》是汉族诗歌现实主义传统的源头。它最初称为《诗》《诗三百》《三百篇》。从内容看，这些诗被编为"风""雅""颂"三个部分。"风"又叫做"国风"，共160篇，大都是各地的歌谣，是《诗经》的精华部分。"雅"分《大雅》《小雅》，共105篇，多是西周王室贵族文人的作品，也有少数民谣，内容大都是记述周贵族历史，歌功颂德的。"颂"分《周颂》《鲁颂》《商颂》，共40篇，多为贵族统治者祭祀用的乐歌舞曲。到西汉被尊称为儒家经典之后，才有《诗经》之称。

　　《诗经》按其表现手法可以分为"赋""比""兴"三种。赋，指铺陈排比，直言其事，使诗歌显得整齐匀称，有气势。比，即比喻，是《诗经》开创的修辞方法。兴，即由此物引起他物，是借助其他事物作为诗歌的发端，以引起所要歌咏的内容，一般用于一首诗或一章诗的开头。《静女》采用的就是"兴"这种手法。《诗经》诗篇形式以四言为主，间杂五、六、七言等。

二、字词积累

（一）难读字正音

姝（shū）　　俟（sì）　　城隅（yú）　　踟（chí）蹰（chú）
娈（luán）　　贻（yí）　　彤（tóng）管　　炜（wěi）
说（yuè）怿（yì）　　归（kuì）荑（tí）　　洵（xún）

（二）通假字

1. 爱：通"薆"，ài，隐藏，遮掩。

2. 见：通"现"，xiàn，出现。
3. 说：通"悦"，yuè，喜悦。
4. 女：通"汝"，rǔ，你。这里指代"彤管"。
5. 归：通"馈"，kuì，赠送。
6. 匪：通"非"，fēi，不是。

(三) 难解词释义

1. 其姝：姝，美丽。其，形容词词头。下面"静女其娈"的"其"用法相同。
2. 俟：等待，等候。
3. 城隅：城上的角楼。一说是城边的角落。
4. 踟躇：形容诗中男子由于心急而抓耳挠腮的样子。
5. 娈：面目姣好，与"姝"同义，用以形容诗中静女之美。
6. 贻：赠送。
7. 彤管：红色的管草。即民间用"荑"制作的红色土乐器。
8. 炜：鲜明有光的样子。
9. 归荑：赠送荑草。荑，初生的茅草。古时有赠白茅草以示爱恋的习俗。

三、文本细读

(一) 课文主旨

《静女》描绘了一幅青年男女相会的画面，语言简单淳朴，画面清晰自然，人物活泼直率，没有矫饰的成分。因而，把它看成一首爱情歌谣更符合诗的本意。表现了存在于青年男女之间的健康的爱情，反映了古代广大人民对自由婚姻和美好、幸福的爱情生活的追求与向往。

(二) 课文赏析

1. "爱而不见，搔首踟躇"这两处细节描写表现了怎样的情景？刻画了人物怎样的性格？
(1) 恋人初会时的情景，趣味盎然，富有浓郁的生活气息。
(2) 女子活泼俏皮、多情率真；男子憨厚朴实。

2. 什么是双关？"说怿女美"语带双关，请问是如何体现出来的？
双关指的是利用词语同音或多义等条件，有意使一个语句在特定的语言环境中同时兼有两种意思，表面上说的是甲义，实际上说的是乙义，即言在此而意在彼。本意是说：漂亮的彤管草真让"我"喜欢，还有一层指的是眼前的姑娘也让人喜欢——简单真诚、清新淳朴。小伙子托物抒情，表面上赞美彤管，实际上是赞美赠彤管给他的姑娘。

归园田居五首(其一)

少无适俗韵,性本爱丘山。
误落尘网中,一去三十年。
羁鸟恋旧林,池鱼思故渊。
开荒南野际,守拙归园田。
方宅十余亩,草屋八九间。
榆柳荫后檐,桃李罗堂前。
暧暧远人村,依依墟里烟。
狗吠深巷中,鸡鸣桑树颠。
户庭无尘杂,虚室有余闲。
久在樊笼里,复得返自然。

一、文学常识

作者简介

陶渊明(352 或 365—427),又名潜,字元亮,别号"五柳先生",是东晋最杰出诗人。死后世人称他为"靖节先生"。流传至今的诗词有 125 首,他的作品大多写退隐后的生活,表现农村风物、劳动生活,表示对黑暗现实的不满。开创了田园诗一体,为古典诗歌开辟了一个新的境界。

二、字词积累

(一) 难读字正音

羁(jī)鸟	手镯(zhuó)	榆(yú)柳	荫(yīn)蔽
暧暧(ài)	樊(fán)笼	后檐(yán)	墟(xū)里
犬吠(fèi)	深巷(xiàng)	树巅(diān)	天性(xìng)

(二) 难解词释义

1. 少无适俗韵:少,少年时代。适,迎合。韵:本性。
2. 尘网:这里指官场。
3. 羁鸟恋旧林:羁,束缚。
4. 守拙归园田:守拙,固守节操,不随波逐流。

5. 榆柳荫后檐：荫，遮蔽。
6. 桃李罗堂前：罗，排列。
7. 暧暧：昏暗，模糊。

三、文本细读

（一）课文主旨

本诗主要写诗人摆脱污浊官场来到清新农村后的自由生活和愉快心情，表现了"不为五斗米折腰"的浩然傲气和鄙弃官场、厌恶功名的高洁情怀。

（二）课文赏析

1. 本诗"归"是诗眼。

（1）从何而归？（官场）

诗中作者把官场比喻成尘网、樊笼，把自己比喻成羁鸟、池鱼，羁鸟是笼中鸟，池鱼是池中鱼，诗人这样比喻表达了对官场的厌恶。

（2）为何而归？（少无适俗韵,性本爱丘山）

诗人说自己误入尘网中，一去三十年，入仕做官并非本性使然，而是一个大失误。在封建社会，人们要建功立业，要实现政治思想，只能为官入仕。而此时作者已经深刻感受到在那样的门阀制度森严、官场黑暗的年代，要建功立业，实现政治思想只能是一个美丽的幻想。一个"误"字显示出作者是那么的悔恨和痛恨，"三十年"应为"十三年"，夸大的说法说明了时间之长，痛苦之长。

（3）归向何处？（开荒南野际,守拙归园田）

诗人反对机巧圆滑，反对官场生活中的八面玲珑、尔虞我诈，这样一个正直清高的人为了保证自己精神上的自由和独立只有选择离开，选择归隐。

（4）归去何处？（户庭无尘杂,虚室有余闲。久在樊笼里,复得返自然）

诗人的心情是喜悦闲适的。最后这四句表达了诗人厌恶官场，热爱田园生活，追求精神上的自由和独立，不与世俗同流合污的高洁品格。

2. 诗人描写到了哪些田园景色？他又是按怎样的顺序来描绘的呢？

诗人描写了方宅、草屋、榆柳、桃李、村庄、炊烟、狗吠、鸡鸣。这些都是非常普通平常的农村生活场景，在诗人笔下却显得那么美。简朴、空阔、恬静、幽静、和谐、朦胧，这么美的田园生活，作者是向往、追求的。

全景：方宅十余亩,草屋八九间。
近景：榆柳荫后檐,桃李罗堂前。
远景：暧暧远人村,依依墟里烟。
画外音：狗吠深巷中,鸡鸣桑树颠。
动静结合的手法："方宅十余亩,草屋八九间。榆柳荫后檐,桃李罗堂前。暧暧远人村,依依墟里烟"是静景。"狗吠深巷中,鸡鸣桑树颠"是动景。以动衬静,以无声衬有声。

将 进 酒

君不见,黄河之水天上来,奔流到海不复回。
君不见,高堂明镜悲白发,朝如青丝暮成雪!
人生得意须尽欢,莫使金樽空对月。
天生我材必有用,千金散尽还复来。
烹羊宰牛且为乐,会须一饮三百杯。
岑夫子,丹丘生,将进酒,杯莫停。
与君歌一曲,请君为我倾耳听。
钟鼓馔玉不足贵,但愿长醉不复醒。
古来圣贤皆寂寞,唯有饮者留其名。
陈王昔时宴平乐,斗酒十千恣欢谑。
主人何为言少钱,径须沽取对君酌。
五花马,千金裘,呼儿将出换美酒,与尔同销万古愁。

一、文学常识

(一)作者简介

李白(701—762),字太白,号青莲居士,唐代著名的浪漫主义诗人,后世称他为"诗仙",又自称"酒中仙"。代表作有《蜀道难》《行路难》《静夜思》《梦游天姥吟留别》等诗篇。

(二)背景

《将进酒》原是汉乐府短篇铙歌的曲调,多以饮酒放歌为内容,题目意译即"劝酒歌"。作者这首"填之以申己意"的名篇,约作于天宝十一载(752年)。由于受到排挤,李白离开长安,开始了以东鲁、梁国为中心的第二次漫游。当时,他与友人岑勋在嵩山另一好友元丹丘的颍阳山居为客。他们登高畅饮,对酒当歌,畅抒满腔不平之情。此作就是他咏酒抒情的佳作。

李白这首诗虽用了旧题,却能跳出前人窠臼,自创新意,把饮酒和对黑暗现实的批判结合起来。本诗豪迈狂放的诗情,主要是通过长短句错杂的句式、铿锵有力的韵律等表现出来的。

二、字词积累

(一) 难读字正音

将(jiāng)进酒　　　金樽(zūn)　　　烹(pēng)羊　　　岑(cén)夫子

钟鼓馔(zhuàn)玉　　宴平乐(lè)　　　恣(zì)欢谑(xuè)　　径须沽(gū)取

千金裘(qiú)　　　呼儿将(jiāng)出

(二) 难解词释义

1. 将进酒：蜀汉乐府旧题。内容多写饮酒放歌时的情景。将，请。
2. 高堂：指的是父母。
3. 青丝：黑发。此句意为年迈的父母明镜中看到了自己的白发而悲伤。
4. 钟鼓：富贵人家宴会中奏乐使用的乐器。
5. 馔玉：美好的食物。形容食物如玉一样精美。馔，饮食。玉，像玉一样美好。
6. 陈王：即曹植，曾封陈王。
7. 恣：放纵，无拘无束。
8. 谑：玩笑。
9. 径须：干脆，只管。

三、文本细读

(一) 课文主旨

"钟鼓馔玉不足贵,但愿长醉不复醒"二句是诗的主旨,有统摄全诗的作用。诗人借题发挥,尽吐郁积在胸口的不平之气,也流露了施展抱负的愿望,表达了诗人貌似消极行乐实则渴望用世的复杂情感。

(二) 结构分析

第一部分(从"君不见"到"会须一饮三百杯"):劝君痛饮。(第一次)

第二部分(从"岑夫子"到全诗结束):劝君痛饮。(第二次)

行文线索(明):明镜悲白发→得意须尽欢→进酒杯莫停→长醉不复醒→将出换美酒。

感情线索(暗):悲哀→欢乐→狂放→愤激→愁情。

感情脉络的四个层次:

(1) 悲伤之情:如"君不见"两句。

(2) 欢乐之情:如"人生得意须尽欢——会须一饮三百杯"。

(3) 愤激之情:如"钟鼓馔玉不足贵——斗酒十千恣欢谑"。

(4) 狂放之情:如"主人何为言少钱——与尔同销万古愁"。

旅夜书怀

细草微风岸，危樯独夜舟。
星垂平野阔，月涌大江流。
名岂文章著，官应老病休。
飘飘何所似，天地一沙鸥。

一、文学常识

（一）羁旅行役诗

本文属于羁旅行役类诗歌，谓"羁旅"，长久寄居他乡之意。在古代，有的诗人，长期客居在外，滞留他乡，或漂泊异地，或谋求仕途，或被贬赴任途中，或游历名山大川，或探亲访友。这类诗，多抒发绵绵的乡愁，对亲人无尽的思念和郁郁不得志之情。

（二）作者简介

杜甫（712—770），字子美，祖籍襄阳（今湖北襄樊），出生于巩县（今属河南）。安史之乱爆发，为叛军所俘，脱险后赴灵武见唐肃宗，被任命为左拾遗，又被贬为华州司功参军。后来弃官西行，客居秦州，又到四川定居成都草堂。一年后严武去世，杜甫移居夔州。后来出三峡，漂泊在湖北、湖南一带，死于舟中。杜甫历经盛衰离乱，饱受艰难困苦，写出了许多反映现实、忧国忧民的诗篇，诗作被称为"诗史"；他集诗歌艺术之大成，是继往开来的伟大现实主义诗人。

（三）背景

这是一首五言律诗，这种诗体在字数、声韵、对仗方面有比较严格的规定，称为格律诗，也叫近体诗或今体诗。律诗限定每首八句四联，依次为首联、颔联、颈联尾联。

"旅夜书怀"顾名思义就是旅途中夜里抒写自己的情怀。唐代宗广德二年（764年）春天，杜甫携家人再次回到成都，给严武做节度参谋，生活暂时安定下来。但不料第二年四月严武忽然死去，他不得不再次离开成都草堂，乘舟东下，在岷江、长江一带飘泊，这首诗是杜甫乘舟行经渝洲、忠州时写下的。当时的杜甫已53岁，且常年有病，国家时局不稳，自己生活没有着落，又行无定踪，因此一路上他心情十分沉重，这首诗集中表现了他的这种心情。

二、字词积累

(一) 难读字正音

危樯(qiáng)　　　沙鸥(ōu)

(二) 难解词释义

1. 危樯：高高的樯杆。危，高耸之意。在此，也有高耸孤立之意。就像诗人心情：随处飘泊，无依无靠，摇摇欲坠，好像永远也找不到自己依靠的港湾。樯，船上挂帆的樯杆。
2. 名岂文章著：名，名声。岂，难道。著，著名。此句实为反问之意，体现出诗人对自己文章的自豪。
3. 何所似：像什么呢？
4. 沙鸥：一鸟名。应该是海鸥的一种。作者自比沙鸥，且在苍茫的天地之间，一只孤零零的小鸟，倍感渺小、孤寂。无依无靠、孤苦伶仃，居无定所、恍如惊弓。

三、文本细读

(一) 文意梳理

1. **主旨揭示**

这首五言律诗，通过描写羁旅途中看到的夜景，表达了诗人内心漂泊无依的伤感，抒发了诗人怀才不遇的愤懑与无奈，从侧面揭示了当时朝廷政治的腐败。

2. **课文翻译**

微风习习，吹拂着江岸上如丝的细草，那立着高高樯杆的小船在夜里孤独地在水面上漂泊着，不知所往。星星垂挂在天际，显出平野的辽阔、孤寂；月光随波涌动在汹涌奔流的大江中。有点名声，哪里是因为我的文章好呢？但官职的确是因老且多病而不得不永远休止了。如此人生落拓，到处飘泊，像个什么？就像那天地之间到处飘飞的一只孤零零的沙鸥。

(二) 课文赏析

首联和颔联描写了哪些景物？这些景物构成了一幅什么样的画面？表达了作者什么样的情感？

景物：细草、微风、岸、危樯、舟、星、平野、月、江流。

画面：孤弱的细草在无边的风里飘摇不定，孤立突兀的危樯和孤独的小舟对抗漫漫的长夜；星空低垂愈显原野辽阔无边，明朗的月空下江水汹涌澎湃奔流不息。

情感：首联之景是近景，衬托了诗人暮年漂泊的凄苦景况，表现了诗人孤寂落寞的心情。颔联之景为远景，境界阔大雄浑，"垂"，将天地的距离拉开了，诗人只身一人的孤独感由此增强。"涌"，将动荡沉浮的意境表象出来，将诗人漂泊无依、心绪难平的情感反衬出来。这是采用了以乐景写哀情的手法。

第一册

第五单元

议论文单元　精神的追求

1. 议论文定义：是对某个问题或某件事进行分析、评论，表明自己的观点、立场、态度、看法和主张的一种文体。

2. 议论文的三要素：

(1) 论点的要求：观点正确，有实际意义；

(2) 论据的要求：真实可靠，充分典型；

(3) 论证的要求：推理必须符合逻辑。

常见的论证方式有比喻论证、对比论证、举例论证、引用论证。

在马克思墓前的讲话

3月14日下午两点三刻,当代最伟大的思想家停止思想了。让他一个人留在房间里不过两分钟,当我们再进去的时候,便发现他在安乐椅上安静地睡着了——但已经是永远地睡着了。

这个人的逝世,对于欧美战斗着的无产阶级,对于历史科学,都是不可估量的损失。这位巨人逝世以后所形成的空白,不久就会使人感觉到。

正像达尔文发现有机界的发展规律一样,马克思发现了人类历史的发展规律,即历来为繁芜丛杂的意识形态所掩盖着的一个简单事实:人们首先必须吃、喝、住、穿,然后才能从事政治、科学、艺术、宗教等等;所以,直接的物质的生活资料的生产,从而一个民族或一个时代的一定的经济发展阶段,便构成基础,人们的国家设施、法的观点、艺术以至宗教观念,就是从这个基础上发展起来的,因而,也必须由这个基础来解释,而不是像过去那样做得相反。

不仅如此,马克思还发现了现代资本主义生产方式和它所产生的资产阶级社会的特殊的运动规律。由于剩余价值的发现,这里就豁然开朗了,而先前无论资产阶级经济学家或社会主义批评家所做的一切研究都只是在黑暗中摸索。

一生中能有这样两个发现,该是很够了。即使只能作出一个这样的发现,也已经是幸福的了。但是马克思在他所研究的每一个领域,甚至在数学领域,都有独到的发现,这样的领域是很多的,而且其中任何一个领域他都不是浅尝辄止。

他作为科学家就是这样。但是这在他身上远不是主要的。在马克思看来,科学是一种在历史上起推动作用的、革命的力量。任何一门理论科学中的每一个新发现——它的实际应用也许还根本无法预见——都使马克思感到衷心喜悦,而当他看到那种对工业、对一般历史发展产生革命性影响的发现的时候,他的喜悦就非同寻常了。例如,他曾经密切地注视电学方面各种发现的发展情况,不久以前,他还密切注视了马赛尔·德普勒的发现。

因为马克思首先是一个革命家。他毕生的真正使命,就是以这种或那种方式参加推翻资本主义社会及其所建立的国家设施的事业,参加现代无产阶级的解放事业,正是他第一次使现代无产阶级意识到自身的地位和需要,意识到自身解放的条件。斗争是他的生命要素。很少有人像他那样满腔热情、坚韧不拔和卓有成效地进行斗争。最早的《莱茵报》(1842年),巴黎的《前进报》(1844年),《德意志—布鲁塞尔报》(1847年),《新莱茵报》(1848—1849年),《纽约每日论坛报》(1852—1861年),以及许多富有战斗性的小册子,在巴黎、布鲁塞尔和伦敦各组织中的工作,最后,作为全部活动的顶峰,创立伟大的国际工人协会,——老实说,协会的这位创始人即使没有别的什么建树,单凭这一成果也可以自豪。

正因为这样,所以马克思是当代最遭嫉恨和最受诬蔑的人。各国政府——无论专制政府或共和政府,都驱逐他;资产者——无论保守派或极端民主派,都竞相诽谤他,诅咒他。他对这一切毫不在意,把它们当作蛛丝一样轻轻拂去,只是在万不得已时才给以回敬。现在他逝世了,在整个欧洲和美洲,从西伯利亚矿井到加利福尼亚,千百万革命战友无不对他表示尊敬、爱戴和悼念。而我可以大胆地说:他可能有过许多敌人,但未必有一个私敌。

他的英名和事业将永垂不朽!

一、文学常识

(一) 关于悼词

悼词就是对死者表示哀悼的话。悼词结构一般分三个部分:开头、主体、结尾。
开头——述其哀—悼念:一般介绍死者逝世的时间、地点、原因、身份和职务。
主体——赞其功—评价:概述死者生前的功绩及生者对其功绩的评价。
结尾——颂其德—悼念:对死者的哀悼以及对参加悼念仪式的人提出希望和要求。

(二) 作者简介

恩格斯(1820—1895),德国思想家,马克思主义创始人之一,科学共产主义的创始人,全世界无产阶级的导师和领袖,马克思的亲密战友。马克思和恩格斯共拟《共产党宣言》,合作《资本论》。列宁对他们的评价:他们的友谊"超过了古人关于人类友谊的一切最动人的传说","在马克思之后,恩格斯是整个文明世界中最卓越的学者和现代无产阶级导师"。

(三) 背景

马克思(1818—1883),科学共产主义的创始人,伟大的无产阶级革命导师。他发现了人类历史的发展规律,发现了资本主义社会特殊的运动规律,伟大著作《资本论》就是这方面研究的结晶。1883年3月14日在英国伦敦逝世,3月17日,安葬于伦敦城北的海格特公墓。本文是恩格斯作为马克思的亲密战友在马克思葬礼上用英语发表的一篇演说,代表全世界无产阶级对于马克思逝世的深切哀悼,高度评价了马克思作为科学理论家和革命实践家的伟大贡献。

二、字词积累

(一) 难读字正音

不可估量(liáng)　　繁芜(wú)丛杂　　豁(huò)然开朗　　肤(fū)浅
浅尝辄(zhé)止　　　卓(zhuó)有成效　　嫉(jí)恨　　　　诽谤(fěi bàng)
诅咒(zǔ zhòu)　　　给(jǐ)予答复　　　诬(wū)蔑　　　　悼(dào)词

(二) 难解词释义

1. 不可估量:不可以估计。形容数量大或程度重。估量,估计、推算、计算。

2. 繁芜丛杂：文中比喻以前形形色色的观点错误且杂乱。
3. 豁然开朗：从黑暗狭窄变得宽敞明亮。比喻突然领悟了一个道理。
4. 浅尝辄止：略微尝试一下就停止。比喻不肯下工夫深入钻研。有时也用于形容不深入说明，点到为止。
5. 卓有成效：成绩、效果显著。卓，卓越，特别。
6. 诽谤：说别人的坏话。
7. 永垂不朽：指姓名、事迹、精神等永远流传，不会磨灭。垂，流传。朽，磨灭。
8. 坚韧不拔：形容信念坚定，意志顽强，不可动摇。

三、文本细读

（一）课文主旨

本文概括阐述并高度评价马克思为人类作出的伟大贡献，颂扬了马克思为人类历史前进奋斗终生的崇高精神，表达了全世界无产阶级和劳动人民对马克思无比崇敬、爱戴和深切悼念之情。

（二）课文赏析

1. 内容高度凝练、概括。

如：文章中追述马克思逝世的情景，概括马克思一生的主要革命实践活动。

2. 语言准确严密，处处对照呼应。

如：第1节中用"当代最伟大的思想家停止思想了""永远地睡着了"来说马克思的逝世，这是"讳饰"的修辞手法，表露出对马克思的崇敬、挚爱和哀悼，体现语言的准确性。

3. 议论、记叙、抒情融为一体，使事、理、情三者水乳交融，既具有深刻的理性的说服力，又给人以感情上的强烈震撼。

如：第1节叙述马克思逝世的情景，那看似平静的叙述中却整合了崇高的评价和深沉而又丰富的感情。

拿来主义

中国一向是所谓"闭关主义",自己不去,别人也不许来。自从给枪炮打破了大门之后,又碰了一串钉子,到现在,成了什么都是"送去主义"了。别的且不说罢,单是学艺上的东西,近来就先送一批古董到巴黎去展览,但终"不知后事如何";还有几位"大师"们捧着几张古画和新画,在欧洲各国一路的挂过去,叫做"发扬国光"。听说不远还要送梅兰芳博士到苏联去,以催进"象征主义",此后是顺便到欧洲传道。我在这里不想讨论梅博士演艺和象征主义的关系,总之,活人替代了古董,我敢说,也可以算得显出一点进步了。

但我们没有人根据了"礼尚往来"的仪节,说道:拿来!

当然,能够只是送出去,也不算坏事情,一者见得丰富,二者见得大度。尼采就自诩过他是太阳,光热无穷,只是给与,不想取得。然而尼采究竟不是太阳,他发了疯。中国也不是,虽然有人说,掘起地下的煤来,就足够全世界几百年之用,但是,几百年之后呢?几百年之后,我们当然是化为魂灵,或上天堂,或落了地狱,但我们的子孙是在的,所以还应该给他们留下一点礼品。要不然,则当佳节大典之际,他们拿不出东西来,只好磕头贺喜,讨一点残羹冷炙做奖赏。这种奖赏,不要误解为"抛来"的东西,这是"抛给"的,说得冠冕些,可以称之为"送来",我在这里不想举出实例。

我在这里也并不想对于"送去"再说什么,否则太不"摩登"了。我只想鼓吹我们再吝啬一点,"送去"之外,还得"拿来",是为"拿来主义"。

但我们被"送来"的东西吓怕了。先有英国的鸦片,德国的废枪炮,后有法国的香粉,美国的电影,日本的印着"完全国货"的各种小东西。于是连清醒的青年们,也对于洋货发生了恐怖。其实,这正是因为那是"送来"的,而不是"拿来"的缘故。

所以我们要运用脑髓,放出眼光,自己来拿!

譬如罢,我们之中的一个穷青年,因为祖上的阴功(姑且让我这么说说罢),得了一所大宅子,且不问他是骗来的,抢来的,或合法继承的,或是做了女婿换来的。那么,怎么办呢?我想,首先是不管三七二十一,"拿来"!但是,如果反对这宅子的旧主人,怕给他的东西染污了,徘徊不敢走进门,是孱头;勃然大怒,放一把火烧光,算是保存自己的清白,则是昏蛋。不过因为原是羡慕这宅子的旧主人的,而这回接受一切,欣欣然地蹩进卧室,大吸剩下的鸦片,那当然更是废物。"拿来主义"者是全不这样的。

他占有,挑选。看见鱼翅,并不就抛在路上以显其"平民化",只要有养料,也和朋友们像萝卜白菜一样的吃掉,只不用它来宴大宾;看见鸦片,也不当众摔在茅厕里,以见其彻底革命,只送到药房里去,以供治病之用,却不弄"出售存膏,售完即止"的玄虚。只有烟枪和烟灯,虽然形式和印度、波斯、阿剌伯的烟具都不同,确可以算是一种国粹,倘使背着周游世界,一定会有人看,但我想,除了送一点进博物馆之外,其余的是大可以毁掉的了。还有一群姨太太,也大以请她们各自走散为是,要不然,"拿来主义"怕未免有些危机。

总之,我们要拿来。我们要或使用,或存放,或毁灭。那么,主人是新主人,宅子也就会成为新宅子。然而首先要这人沉着,勇猛,有辨别,不自私。没有拿来的,人不能自成为新人,没有拿来的,文艺不能自成为新文艺。

六月四日

一、文学常识

(一) 关于杂文

杂文是一种文艺性议论文,主要指"五四"以来,以鲁迅为代表的那种精辟、犀利,带有浓烈的文艺色彩的议论文章。鲁迅的杂文"嘻笑怒骂皆成文章",犀利、幽默、讽刺是其语言风格;因果论证、比喻论证是其突出的论证方法。

(二) 作者简介

本文选自《鲁迅全集》。鲁迅(1881—1936),原名周树人,字豫才,浙江绍兴人,是我国现代伟大的文学家、思想家、革命者。1918年第一次以"鲁迅"为笔名发表中国现代文学史上第一篇白话小说《狂人日记》;1921年《阿Q正传》;代表作有:散文集《朝花夕拾》,散文诗集《野草》,小说集《呐喊》《彷徨》,历史小说《故事新编》及大量的杂文集,如:《坟》《华盖集》《华盖集续编》《而已集》《且介亭杂文》《南腔北调集》《二心集》等16部。

(三) 背景

本文写在中华民族灾难深重的年代。1931年"九一八"事变,日本帝国主义占领我国东北三省之后,妄图进一步占领华北地区,中华民族面临严重危机,而蒋介石反动统治集团越来越依附英美帝国主义,出卖民族利益,讨好帝国主义,全面奉行卖国投降路线。当时文化界各种思潮泛滥,在对待外国文化问题上,存在着一些混乱的认识。反动文人叫嚷"发扬国光",主张"复古主义",而一些资产阶级买办文人,极力鼓吹"全盘西化"完全否定我国的文化传统,另外一些人盲目排外。由此可以看出。当时在如何对待文化遗产的问题上,存在着种种错误思潮和糊涂观念。

为了揭露和打击敌人,为了澄清认识,鲁迅先生于1934年写了这篇《拿来主义》,揭露帝国主义侵略政策和反动派的卖国罪行,阐明了马克思主义批判地继承文化遗产的原理和方法,旗帜鲜明地提出了实行"拿来主义"的口号。

二、字词积累

(一) 难读字正音

礼尚(shàng)往来　　冠冕(miǎn)堂皇　　自诩(xǔ)　　残羹(gēng)冷炙(zhì)

吝(lìn)啬(sè)　　　　骨髓(suǐ)　　　　蹩(bié)进　　　　孱(càn)头

(二) 难解词释义

1. 礼尚往来：礼节上重在有来有往。尚，崇尚、重视。
2. 自诩：夸耀，说大话。
3. 残羹冷炙：吃剩的饭菜，借指权贵的施舍。炙，烤肉。
4. 冠冕堂皇：很体面、有气派。冕，古代帝王、高官的礼帽。
5. 孱头：懦弱无能的人。
6. 国粹：原指国家文化中的精华，这里是反语。

三、文本细读

(一) 课文主旨

文章批判了国民党反动派的主义政策和一些人对待文化遗产的错误态度，阐明了马克思主义关于批判地继承文化遗产的基本思想，指出了正确的继承和借鉴乃是建设民族文化的必不可少的条件。

(二) 课文赏析

1. 论证结构：先破后立，破立结合。
先破"闭关主义""送去主义"后立"拿来主义"。
2. 论证方法：比喻论证，化艰深为浅显，化枯燥为生动，化抽象为具体，深入浅出。
大宅子比喻文化遗产（占有，挑选）。
鱼翅比喻文化遗产中的精华部分（使用，吃掉）。
鸦片比喻文化遗产中的糟粕，但也有某些有益的成分（存放，供治病）。
烟枪、烟灯、姨太太比喻文化遗产中的糟粕（毁掉）。
3. 语言风格：语言犀利、幽默、讽刺。
例：① 几位"大师"捧着几张古画和新画，在欧洲各国一路的挂过去叫作"发扬国光"。
"大师"暗含讥讽，"捧"表现"大师们"恭敬的媚态，"几张"显得相当贫乏，却一路张扬，显得多么寒伧可怜，可悲可笑。
② "活人替代了古董"，"算得显出一点进步了"。
反语。讽刺反动政府媚外求荣的行为愈演愈烈。
③ "一者见得丰富，二者见得大度"。
"丰富""大度"是说送去的东西多而又慷慨大方，反语讽刺某些人的不切实际的幻想和可笑的"自诩"。

获得教养的途径

（一）

　　真正的修养不追求任何具体的目的，一如所有为了自我完善而作出的努力，本身便有意义。对于"教养"也即精神和心灵的完善的追求，并非是向某些狭隘目标的艰难跋涉，而是我们的自我的意识的增强和扩展，使我们的生活更加丰富多彩，享受更多更大的幸福。因此，真正的修养一如真正的体育，同时既是完成又是激励，随处都可到达终点却从不停歇，永远都在半道上，都与宇宙共振，生存于永恒之中。它的目的不在于提高这种或那种能力和本领，而在于帮助我们找到生活的意义，正确认识过去，以大无畏的精神迎接未来。

　　为获得真正的教养可以走不同的道路。最重要的途径之一，就是研读世界文学，就是逐渐地熟悉掌握各国的作家和思想家的作品，以及他们在作品中留给我们的思想、经验、象征、幻象和理想的巨大财富。这条路永无止境，任何人也不可能在什么时候将它走到头；任何人也不可能在什么时候将哪怕仅仅只是一个文化发达的民族的全部文学通通读完并有所了解，更别提整个人类的文学了。然而，对每一部思想家或作家的杰作的深入理解，却都会使你感到满足和幸福——不是因为获得了僵死的知识，而是有了鲜活的意识和理解。对于我们来说，问题不在于尽可能地多读和多知道，而在于自由地选择我们个人闲暇时能完全沉溺其中的杰作，领略人类所思、所求的广阔和丰盈，从而在自己与整个人类之间，建立起息息相通的生动联系，使自己的心脏随着人类心脏的跳动而跳动。这，归根到底是一切生活所赋予的意义，如果活着不仅仅为了满足那些赤裸裸的需要的话。读书绝不是要使我们"散心消遣"，而是要使我们集中心智；不是要用虚假的慰藉来麻痹我们，使我们对无意义的人生视而不见，而是正好相反，要帮助我们将自己的人生变得越来越充实、高尚，越来越有意义。

　　世界文学的辉煌殿堂对每一位有志者都敞开着，谁也不必对它收藏之丰富望洋兴叹，因为问题不在于数量。有的人一生中只读过十来本书，却仍然不失为真正的读书人。还有人见书便生吞下去，对什么都能说上几句，然而一切努力全都白费。因为教养得有一个可教养的客体作前提，那就是个性或人格。没有这个前提，教养在一定意义上便落了空，纵然能积累某些知识，却不会产生爱和生命。没有爱的阅读，没有敬重的知识，没有心的教养，是戕害性灵的最严重的罪过之一。

　　当今之世，对书籍已经有些轻视了。为数甚多的年轻人，似乎觉得舍弃愉快的生活而埋头读书，是既可笑又不值得的；他们认为人生太短促、太宝贵，却又挤得出时间一星期去泡六次咖啡馆，在舞池中消磨许多时光。是啊，"现实世界"的大学、工场、交易所和游乐地不管多么生气蓬勃，可整天呆在这些地方，难道就比我们一天留一两个小时去读古代哲人和诗人的作品，更能接近真正的生活么？不错，读得太多可能有害，书籍可能成为生活的竞争对手。但尽管如此，我仍然不反对任何人倾心于书。让我们每个人都从自己能够理解和喜爱的作品开始阅读吧！

但单靠报纸和偶然得到的流行文学，是学不会真正意义上的阅读的，而必须读杰作。杰作常常不像时髦读物那么适口，那么富于刺激性。杰作需要我们认真对待，需要我们在读的时候花力气、下功夫……

我们先得向杰作表明自己的价值，才会发现杰作的真正价值。

（二）

每一年，我们都看见成千上万的儿童走进学校，开始学写字母，拼读音节。我们总发现多数儿童很快就把会阅读当成自然而无足轻重的事，只有少数儿童才年复一年，十年又十年地对学校给予自己的这把金钥匙感到惊讶和痴迷，并不断加以使用。他们为新学会的字母而骄傲，继而又克服困难，读懂一句诗或一句格言，又读懂第一则故事，第一篇童话。当多数缺少天赋的人将自己的阅读能力很快就只用来读报上的新闻或商业版时，少数人仍然为字母和文字的特殊魅力所风魔（因为它们古时候都曾经是富有魔力的符箓和咒语）。这少数人就将成为读书家。他们儿时便在课本里发现了诗和故事。但在学会阅读技巧之后并不背弃它们，而是继续深入书的世界，一步一步地发现这个世界是何等广大恢宏，何等气象万千和令人幸福神往！最初，他们把这个世界当成一所小小的美丽幼儿园，园内有种着郁金香的花坛和金鱼池；后来，幼儿园变成了城里的大公园，变成了城市和国家。变成了一个洲乃至全世界，变成了天上的乐园和地上的象牙海岸，永远以新的魅力吸引着他们，永远放射着异彩。昨天的花园、公园或原始密林，今天或明天将变为一座庙堂，一座有着无数的殿宇和院落的庙堂；一切民族和时代的精神都聚集其中，都等待着新的召唤和复苏。对于每一位真正的阅读者来说，这无尽的书籍世界都会是不同的样子，每一个人还将在其中寻觅并且体验到他自己。这个从童话和印地安人故事出发，继续摸索着走向莎士比亚和但丁；那个从课本里第一篇描写星空的短文开始，走向开普勒或者爱因斯坦……通过原始密林的路有成千上万条，要达到的目的也有成千上万个，可没有一个是最后的终点，在眼前的终点后面，又将展现出一片片新的广阔的原野……

这儿还根本未考虑世界上的书籍在不断地增多！不，每一个真正的读书家都能将现有的宝藏再研究苦读几十年和几百年，并为之欣悦无比，即使世界上不再增加任何一本书。我们每学会一种新的语言，都会增长新的体验——而世界上的语言何其多啊！……可就算一个读者不再学任何新的语言，甚至不再去接触他以前不知道的作品，他仍然可以将他的阅读无休止地进行下去，使之更精、更深。每一位思想家的每一部著作，每一位诗人的每一个诗篇，过一些年都会对读者呈现出新的、变化了新的面貌，都将得到新的理解，在他心中唤起新的共鸣。我年轻时初次读歌德的《亲和力》只是似懂非懂，现在我大约第五次重读它了，它完全成了另一本书！这类经验的神秘和伟大之处在于：我们越是懂得精细、深入和举一反三地阅读，就越能看出每一个思想和每一部作品的独特性、个性和局限性，看出它全部的美和魅力正是基于这种独特性和个性——与此同时，我们却相信自己越来越清楚看到，世界各民族的成千上万种声音都追求同一个目标，都以不同的名称呼唤着同一些神灵，怀着同一些梦想，忍受着同样的痛苦。在数千年来不计其数的语言和书籍交织成的斑斓锦缎中，在一些个突然彻悟的瞬间，真正的读者会看见一个极其崇高的超现实的幻象，看见那由千百种矛盾的表情神奇地统一起来的人类的容颜。

一、文学常识

作者简介

赫尔曼·黑塞(1877—1962),20世纪德国作家,1923年46岁入瑞士籍,是一位漂泊、孤独、隐逸的诗人、小说家。爱好音乐与绘画,黑塞的诗有很多充满了浪漫的气息,以致后来被人称为"德国浪漫派最后的一个骑士",1946年获诺贝尔文学奖。主要作品有《彼得·卡门青》《荒原狼》《东方之旅》《玻璃球游戏》《黑塞说书》等。《荒原狼》曾轰动欧美,被托马斯·曼誉为德国的《尤利西斯》。

二、字词积累

(一)难读字正音

闲暇(xiá)　　斑斓(lán)　　狭隘(ài)　　慰藉(jiè)

麻痹(bì)　　戕(qiāng)害　　符箓(lù)

(二)难解词释义

1. 无足轻重:没有它并不轻些,有它也并不重些。指无关紧要。足,够得上,值得。
2. 气象万千:形容景象或事物壮丽而多变化。气象,情景。
3. 望洋兴叹:本意指在伟大的事物面前感叹自己的渺小,现多比喻要做一件事情而力量不够,而感到无可奈何。望洋,指抬头向上看的样子。兴,产生。
4. 举一反三:列举一件事情,进而以此类推知道其他许多事情。比喻善于学习,能够由此知彼。反,类推。

三、文本细读

(一)课文主旨

文章认为读书是获得教养的主要途径,赞美了读书的作用,建议人们用心研读经典作品,在书籍中发现世界,认识社会,完善自我修养。

(二)课文赏析

1. 文章阐述读书是获得教养的途径,高视阔步,既有理性思考,也富有感染力,以亲身体验说明问题,许多论述充溢着对读书的感情。
2. 紧扣中心话题,多角度论证,如把不同的阅读品位作对比,以人成长的不同追求作对比等。
3. 文章用的是谈话方式,亲切自然,语言富有哲理和诗意。

第一册

第六单元

小说单元　悲喜人生

1. 小说的定义：以刻画人物形象为中心，通过完整的故事情节和环境描写来反映社会生活的文学体裁。

2. 小说的三要素：

(1) 人物形象：核心是人物的思想性格。刻画人物的方法有：心理描写、动作描写、语言描写、外貌描写、神态描写。

(2) 故事情节：是指作品所描写的事件发展、演变的全过程，其结构为序幕—开端—发展—高潮—结局—(尾声)。

(3) 环境描写：是指对人物活动的环境和事情发生的背景作描写，分为自然环境和社会环境。

自然环境描写指对人物活动的时间、地点、季节、气候及花草鸟虫的描写。作用：① 渲染故事气氛；② 烘托人物形象；③ 推动情节发展；④ 暗示社会环境；⑤ 深化作品主题。

社会环境描写是指对人物活动的具体背景、处所、氛围以及人际关系等作描写。作用：① 交代人物的生存环境；② 交代人物的社会关系；③ 交代作品的时代背景。

3. 小说与诗歌、散文、戏剧，并称"四大文学体裁"。

药

（一）

秋天的后半夜，月亮下去了，太阳还没有出，只剩下一片乌蓝的天；除了夜游的东西，什么都睡着。华老栓忽然坐起身，擦着火柴，点上遍身油腻的灯盏，茶馆的两间屋子里，便弥满了青白的光。

"小栓的爹，你就去么？"是一个老女人的声音。里边的小屋子里，也发出一阵咳嗽。

"唔。"老栓一面听，一面应；一面扣上衣服；伸手过去说，"你给我罢。"

华大妈在枕头底下掏了半天，掏出一包洋钱，交给老栓，老栓接了，抖抖地装入衣袋，又在外面按了两下；便点上灯笼，吹熄灯盏，走向里屋子去了。那屋子里面，正在窸窸窣窣地响，接着便是一通咳嗽。老栓候他平静下去，才低低的叫道，"小栓……你不要起来。……店么？你娘会安排的。"

老栓听得儿子不再说话，料他安心睡了；便出了门，走到街上。街上黑沉沉的一无所有，只有一条灰白的路，看得分明。灯光照着他的两脚，一前一后的走。有时也遇到几只狗，可是一只也没有叫。天气比屋子里冷多了；老栓倒觉爽快，仿佛一旦变了少年，得了神通，有给人生命的本领似的，跨步格外高远。而且路也愈走愈分明，天也愈走愈亮了。

老栓正在专心走路，忽然吃了一惊，远远里看见一条丁字街，明明白白横着。他便退了几步，寻到一家关着门的铺子，蹩进檐下，靠门立住了。好一会，身上觉得有些发冷。

"哼，老头子。""倒高兴……。"

老栓又吃一惊，睁眼看时，几个人从他面前过去了。一个还回头看他，样子不甚分明，但很像久饿的人见了食物一般，眼里闪出一种攫取的光。老栓看看灯笼，已经熄了。按一按衣袋，硬硬的还在。仰起头两面一望，只见许多古怪的人，三三两两，鬼似的在那里徘徊；定睛再看，却也看不出什么别的奇怪。

没有多久，又见几个兵，在那边走动；衣服前后的一个大白圆圈，远地里也看得清楚，走过面前的，并且看出号衣上暗红的镶边。——一阵脚步声响，一眨眼，已经拥过了一大簇人。那三三两两的人，也忽然合作一堆，潮一般向前进；将到丁字街口，便突然立住，簇成一个半圆。

老栓也向那边看，却只见一堆人的后背；颈项都伸得很长，仿佛许多鸭，被无形的手捏住了的，向上提着。静了一会，似乎有点声音，便又动摇起来，轰的一声，都向后退；一直散到老栓立着的地方，几乎将他挤倒了。

"喂！一手交钱，一手交货！"一个浑身黑色的人，站在老栓面前，眼光正像两把刀，刺得老栓缩小了一半。那人一只大手，向他摊着；一只手却撮着一个鲜红的馒头，那红的还是一点一点的往下滴。

老栓慌忙摸出洋钱,抖抖的想交给他,却又不敢去接他的东西。那人便焦急起来,嚷道,"怕什么?怎的不拿!"老栓还踌躇着;黑的人便抢过灯笼,一把扯下纸罩,裹了馒头,……

"这给谁治病的呀?"老栓也似乎听得有人问他,但他并不答应;他的精神,现在只在一个包上,仿佛抱着一个十世单传的婴儿,别的事情,都已置之度外了。他现在要将这包里……

(二)

老栓走到家,店面早经收拾干净,一排一排的茶桌,滑溜溜的发光。但是没有客人;只有小栓坐在里排的桌前吃饭,大粒的汗,从额上滚下,夹袄也帖住了脊心,两块肩胛骨高高……

"得了么?"

"得了。"

两个人一齐走进灶下,商量了一会;华大妈便出去了,不多时,拿着一片老荷叶回来,摊在桌上。老栓也打开灯笼罩,用荷叶重新包了那红的馒头。小栓也吃完饭,他的母亲慌忙……

"好香!你们吃什么点心呀?"这是驼背五少爷到了。这人每天总在茶馆里过日,来得最早,去得最迟,此时恰恰蹩到临街的壁角的桌边,便坐下问话,然而没有人答应他。"炒……

"小栓进来罢!"华大妈叫小栓进了里面的屋子,中间放好一条凳,小栓坐了。他的母亲端过一碟乌黑的圆东西,轻轻说:

"吃下去罢,——病便好了。"

小栓撮起这黑东西,看了一会,似乎拿着自己的性命一般,心里说不出的奇怪。十分小心的拗开了,焦皮里面窜出一道白气,白气散了,是两半个白面的馒头。——不多工夫,已……

"睡一会罢,——便好了。"

小栓依他母亲的话,咳着睡了。华大妈候他喘气平静,才轻轻地给他盖上了满幅补丁的夹被。

(三)

店里坐着许多人,老栓也忙了,提着大铜壶,一趟一趟地给客人冲茶;两个眼眶,都围着一圈黑线。

"老栓,你有些不舒服么?——你生病么?"一个花白胡子的人说。

"没有。"

"没有?——我想笑嘻嘻的,原也不像……"花白胡子便取消了自己的话。

"老栓只是忙。要是他的儿子……"驼背五少爷话还未完,突然闯进了一个满脸横肉的人,披一件玄色布衫,散着纽扣,用很宽的玄色腰带,胡乱捆在腰间。刚进门,便对老栓嚷道:

"吃了么?好了么?老栓,就是运气了你!你运气,要不是我信息灵……。"

老栓一手提了茶壶,一手恭恭敬敬的垂着;笑嘻嘻的听。满座的人,也都恭恭敬敬的听。华大妈也黑着眼眶,笑嘻嘻的送出茶碗茶叶来,加上一个橄榄,老栓便去冲了水。

"这是包好!这是与众不同的。你想,趁热的拿来,趁热的吃下。"横肉的人只是嚷。

"真的呢,要没有康大叔照顾,怎么会这样……"华大妈也很感激的谢他。

"包好,包好!这样的趁热吃下。这样的人血馒头,什么痨病都包好!"

华大妈听到"痨病"这两个字,变了一点脸色,似乎有些不高兴;但又立刻堆上笑,搭讪着走开了。这康大叔却没有觉察,仍然提高了喉咙只是嚷,嚷得里面睡着的小栓也合伙咳……

"原来你家小栓碰到了这样的好运气了。这病自然一定全好;怪不得老栓整天的笑着呢。"花白胡子一面说,一面走到康大叔面前,低声下气的问道,"康大叔——听说今天结果……

"谁的?不就是夏四奶奶的儿子么?那个小家伙!"康大叔见众人都竖起耳朵听他,便格外高兴,横肉块块饱绽,越发大声说,"这小东西不要命,不要就是了。我可是这一回一……"

小栓慢慢的从小屋子里走出,两手按了胸口,不住的咳嗽;走到灶下,盛出一碗冷饭,泡上热水,坐下便吃。华大妈跟着他走,轻轻的问道,"小栓,你好些么?——你仍旧只是……"

"包好,包好!"康大叔瞥了小栓一眼,仍然回过脸,对众人说,"夏三爷真是乖角儿,要是他不先告官,连他满门抄斩。现在怎样?银子!——这小东西也真不成东西!关在劳……"

"阿呀,那还了得。"坐在后排的一个二十多岁的人,很现出气愤模样。

"你要晓得红眼睛阿义是去盘盘底细的,他却和他攀谈了。他说:这大清的天下是我们大家的。你想:这是人话么?红眼睛原知道他家里只有一个老娘,可是没有料到他竟会这么……"

"义哥是一手好拳棒,这两下,一定够他受用了。"壁角的驼背忽然高兴起来。

"他这贱骨头打不怕,还要说可怜可怜哩。"

花白胡子的人说,"打了这种东西,有什么可怜呢?"

康大叔显出看他不上的样子,冷笑着说,"你没有听清我的话;看他神气,是说阿义可怜哩!"

听着的人的眼光,忽然有些板滞;话也停顿了。小栓已经吃完饭,吃得满头流汗,头上都冒出蒸气来。

"阿义可怜——疯话,简直是发了疯了。"花白胡子恍然大悟似的说。

"发了疯了。"二十多岁的人也恍然大悟的说。

店里的坐客,便又现出活气,谈笑起来。小栓也趁着热闹,拚命咳嗽;康大叔走上前,拍他肩膀说:

"包好!小栓——你不要这么咳。包好!"

"疯了。"驼背五少爷点着头说。

(四)

西关外靠着城根的地面,本是一块官地;中间歪歪斜斜一条细路,是贪走便道的人,用鞋底造成的,但却成了自然的界限。路的左边,都埋着死刑和瘐毙的人,右边是穷人的丛冢……

这一年的清明,分外寒冷;杨柳才吐出半粒米大的新芽。天明未久,华大妈已在右边的一坐新坟前面,排出四碟菜,一碗饭,哭了一场。化过纸,呆呆的坐在地上;仿佛等候什……

小路上又来了一个女人,也是半白头发,褴褛的衣裙;提一个破旧的朱漆圆篮,外挂一串纸锭,三步一歇的走。忽然见华大妈坐在地上看他,便有些踌躇,惨白的脸上,现出些羞……

那坟与小栓的坟,一字儿排着,中间只隔一条小路。华大妈看他排好四碟菜,一碗饭,立着哭了一通,化过纸锭;心里暗暗地想,"这坟里的也是儿子了。"那老女人徘徊观望了……

华大妈见这样子,生怕他伤心到快要发狂了;便忍不住立起身,跨过小路,低声对他说,"你这位老奶奶不要伤心了,——我们还是回去罢。"

那人点一点头,眼睛仍然向上瞪着;也低声吃吃的说道,"你看,——看这是什么呢?"

华大妈跟了他指头看去,眼光便到了前面的坟,这坟上草根还没有全合,露出一块一块的黄土,煞是难看。再往上仔细看时,却不觉也吃一惊;——分明有一圈红白的花,围着那……

他们的眼睛都已老花多年了,但望这红白的花,却还能明白看见。花也不很多,圆圆的排成一个圈,不很精神,倒也整齐。华大妈忙看他儿子和别人的坟,却只有不怕冷的几点青……

"瑜儿,他们都冤枉了你,你还是忘不了,伤心不过,今天特意显点灵,要我知道么?"他四面一看,只见一只乌鸦,站在一株没有叶的树上,便接着说,"我知道了。——瑜儿……

微风早经停了;枯草支支直立,有如铜丝。一丝发抖的声音,在空气中愈颤愈细,细到没有,周围便都是死一般静。两人站在枯草丛里,仰面看那乌鸦;那乌鸦也在笔直的树枝……

许多的工夫过去了;上坟的人渐渐增多,几个老的小的,在土坟间出没。

华大妈不知怎的,似乎卸下了一挑重担,便想到要走;一面劝着说,"我们还是回去罢。"

那老女人叹一口气,无精打采的收起饭菜;又迟疑了一刻,终于慢慢地走了。嘴里自言自语的说,"这是怎么一回事呢?……"

他们走不上二三十步远,忽听得背后"哑——"的一声大叫;两个人都悚然的回过头,只见那乌鸦张开两翅,一挫身,直向着远处的天空,箭也似的飞去了。

一九一九年四月

一、文学常识

(一)解题

文题《药》有着揭示主题的作用,可以有三种理解:

(1) 蘸着革命者鲜血的馒头决不是愚昧的群众所想象的医治病者的良药;

(2) 资产阶级脱离群众的革命,也决不是疗救中国社会的良药;

(3) 只有唤醒群众,动员群众起来革命,才是取得革命胜利的一剂良药。通过夏瑜被反动统治阶级杀害及华老栓等群众对他牺牲的反应,揭示了旧民主主义革命脱离群众的致命弱点,显示出唤醒民众,使其摆脱封建阶级的精神毒害的重要,启示人们去探求疗救中国病态社会的良药。

(二) 作者简介

(鲁迅,前面已有,此处从略)

(三) 背景

　　这篇小说写于 1919 年 4 月 25 日,"五四"运动爆发前夕,小说以 1907 年资产阶级民主主义革命家秋瑾被害事件为背景,反映了辛亥革命前后中国的社会现实。

　　1907 年 7 月 6 日,安徽巡警学堂堂长、光复会成员徐锡麟准备在学堂毕业大会之际刺杀安徽巡抚恩铭,因弹尽事败被捕,恩铭的亲兵残酷地挖出徐的心脏炒食,是年 34 岁。紧接着,光复会的另一成员秋瑾被人告发,7 月 13 日清兵包围秋瑾主持的绍兴大通学堂,寡不敌众,终遭被捕,15 日,杀于绍兴城内"古轩亭口",时年 32 岁。

二、字词积累

(一) 难读字正音

鳖(bié)进　　窸窣(xī sū)　　胛(jiǎ)骨　　攫(jué)取
拗(ǎo)开　　搭讪(shàn)　　丛冢(zhǒng)　　瘐(yǔ)毙
悚(sǒng)然　　簇(cù)成　　纸锭(dìng)

(二) 难解词释义

1. 窸窸窣窣:拟声词,形容轻微的拆裂或摩擦声,这里形容穿衣服的声音。
2. 鳖进:躲躲闪闪地走进。
3. 攫取:抓取,掠夺。
4. 搭讪:为了想跟别人接近或敷衍尴尬的局面而找话说。
5. 瘐毙:旧时关在牢狱里的人因受刑或饥寒、疾病而死亡。
6. 丛冢:乱葬在一片地方的许多坟墓。冢:坟墓。
7. 褴褛:衣服破烂。
8. 悚然:惊惧的样子。
9. 拗开:用手掰开。

三、文本细读

课文主旨

　　本文通过对茶馆主人华老栓夫妇为儿子小栓买人血馒头治病的故事,揭露了封建统治阶级镇压革命、愚弄人民的罪行,颂扬了革命者夏瑜英勇不屈的革命精神,惋惜地指出了辛亥革命未能贴近群众的局限性,揭示了当时民众的麻木与无知。

警察与赞美诗

苏比躺在麦迪逊广场的那条长凳上，辗转反侧。每当雁群在夜空引吭高鸣，每当没有海豹皮大衣的女人跟丈夫亲热起来，每当苏比躺在街心公园长凳上辗转反侧，这时候，你就知道冬天迫在眉睫了。

一张枯叶飘落在苏比的膝头。这是杰克·弗洛斯特的名片。杰克对麦迪逊广场的老住户很客气，每年光临之前，总要先打个招呼。他在十字街头把名片递给"露天公寓"的门公佬"北风"，好让房客们有所准备。

苏比明白，为了抵御寒冬，由他亲自出马组织一个单人财务委员会的时候到了。为此，他在长凳上辗转反侧，不能入寐。

苏比的冬居计划并不过奢。他没打算去地中海游弋，也不想去晒南方令人昏昏欲睡的太阳，更没考虑到维苏威湾去漂流。他衷心企求的仅仅是去岛上度过三个月。整整三个月不愁食宿，伙伴们意气相投，再没有"北风"老儿和警察老爷来纠缠不清，在苏比看来，人生的乐趣也莫过于此了。

多年来，好客的布莱克威尔岛监狱一直是他的冬季寓所。正如福气比他好的纽约人每年冬天要买票去棕榈滩和里维埃拉一样，苏比也不免要为一年一度的"冬狩"作些最必要的安排。现在，冬狩时候到了。昨天晚上，他躺在古老的广场喷泉附近的长凳上，把三份星期天的厚报纸塞在上衣里，盖在脚踝和膝头上，都没有能挡住寒气。这就使苏比的脑海里迅速而鲜明地浮现出岛子的影子。他瞧不起慈善事业名下对地方上穷人所作的布施。在苏比眼里，法律比救济仁慈得多。他可去的地方多的是，有市政府办的，有救济机关办的，在那些地方他都能混吃混住。当然，生活不能算是奢侈。可是对苏比这样一个灵魂高傲的人来说，施舍的办法是行不通的。从慈善机构手里每得到一点点好处，钱固然不必花，却得付出精神上的屈辱来回报。正如恺撒对待布鲁图一样，真是凡事有利必有弊，要睡慈善单位的床铺，先得让人押去洗上一个澡；要吃他一块面包，还得先一五一十交代清个人的历史。因此，还是当法律的客人来得强。法律虽然铁面无私，照章办事，至少没那么不知趣，会去干涉一位大爷的私事。

既然已经打定主意去岛上，苏比立刻准备实现自己的计划。省事的办法倒也不少。最舒服的莫过于在哪家豪华的餐馆里美美地吃上一顿，然后声明自己不名一钱，这就可以悄悄地、安安静静地交到警察手里。其余的事，自有一位识相的推事来料理。

苏比离开长凳，踱出广场，穿过百老汇路和五马路汇合处那处平坦的柏油路面。他拐到百老汇路，在一家灯火辉煌的餐馆门前停了下来，每天晚上，这里汇集着葡萄、蚕丝与原生质的最佳制品。

苏比对自己西服背心最低一颗纽扣以上的部分很有信心。他刮过脸，他的上装还算过得去,他那条干干净净的活结领带是感恩节那天一位教会里的女士送给他的。只要他能走到餐桌边不引人生疑,那就是胜券在握了。他露出桌面的上半身还不至于让侍者起怀疑。一只烤野鸭,苏比寻思,那就差不离——再来一瓶夏白立酒然后是一份卡门贝干酪,一小杯浓咖啡,再来一支雪茄烟。一块钱一支的那种也就凑合了。总数既不会大得让饭店柜上发狠报复,这顿牙祭又能让他去冬宫的旅途上无牵无挂,心满意足。

可是苏比刚迈进饭店的门,侍者领班的眼光就落到他的旧裤子和破皮鞋上。粗壮利落的手把他推了个转身,悄悄而迅速地把他打发到人行道上,那只险遭暗算的野鸭的不体面命运也从而得以扭转。

苏比离开了百老汇路。看来靠打牙祭去那个日思夜想的岛是不成的了。要进地狱,还是想想别的办法。

在六马路拐角上有一家铺子,灯光通明,陈设别致,大玻璃橱窗很惹眼。苏比捡起块鹅卵石往大玻璃上砸去。人们从拐角上跑来,领头的是个巡警。苏比站定了不动,两手插在口袋里,对着铜纽扣直笑。

"肇事的家伙在哪儿?"警察气急败坏地问。

"你难道看不出我也许跟这事有点牵连吗?"苏比说,口气虽然带点嘲讽,却很友善,仿佛好运在等着他。

在警察的脑子里苏比连个旁证都算不上。砸橱窗的人没有谁会留下来和法律的差役打交道。他们总是一溜烟似地跑。警察看见半条街外有个人跑着去赶搭车子。他抽出警棍,去追那个倒霉的人。苏比心里窝火极了,他拖着步子走了开去。两次了,都砸了锅。

街对面有家不怎么起眼的饭馆。它投合胃口大钱包小的吃客。它那儿的盘盏和气氛都粗里粗气,它那儿的菜汤和餐巾都稀得透光。苏比挪动他那双暴露身份的皮鞋和泄露真相的裤子跨进饭馆时倒没遭到白眼。他在桌子旁坐下来,消受了一块牛排、一份煎饼、一份油炸糖圈,以及一份馅儿饼。吃完后他向侍者坦白:他无缘结识钱大爷,钱大爷也与他素昧平生。

"手脚麻利些,去请个警察来,"苏比说,"别让大爷久等。"

"用不着惊动警察老爷,"侍者说,嗓音油腻得像奶油蛋糕,眼睛红得像鸡尾酒里浸泡的樱桃,"喂,阿康!"

两个侍者干净利落地把苏比往外一叉,正好让他左耳贴地摔在铁硬的人行道上。他一节一节地撑了起来,像木匠在打开一把折尺,然后又掸去衣服上的尘土。被捕仿佛只是一个绯色的梦。那个岛远在天边。两个门面之外一家药铺前就站着个警察,他光是笑了笑,顺着街走开去了。

苏比一直过了五个街口,才再次鼓起勇气去追求被捕。这一回机会好极了,他还满以为十拿九稳,万无一失呢。一个衣着简朴颇为讨人喜欢的年轻女子站在橱窗前,兴味十足地盯着陈列的剃须缸与墨水台。而离店两码远,就有一位彪形大汉——警察,表情严峻地靠在救火龙头上。

苏比的计划是扮演一个下流的、讨厌的小流氓。他的对象文雅娴静,又有一位忠于职守的巡警近在咫尺,使他很有理由相信,警察那双可爱的手很快就会落到他身上,使他在岛上冬蛰的小安乐窝里吃喝不愁。

苏比把教会女士送的活结领带拉挺，把缩进袖口的衬衫袖子拉出来，把帽子往后一推，歪得马上要掉下来，向那女子挨将过去。他厚着面皮把小流氓该干的那一套恶心勾当一段段表演下去。苏比把眼光斜扫过去，只见那警察在盯住他。年轻女人挪动了几步，又专心致志地看起剃须缸来。苏比跟了过去，大胆地挨到她的身边，把帽子举了一举，说：

"啊哈，我说，贝蒂丽亚！你不是说要到我院子里去玩儿吗？"

警察还在盯着。那受人轻薄的女子只消将手指一招，苏比就等于进安乐岛了。他想象中已经感到了巡捕房的舒适和温暖。年轻的女士转过脸来，伸出一只手，抓住苏比的袖子。

"可不是吗，迈克，"她兴致勃勃地说，"不过你先得破费给我买杯啤酒。要不是那巡警老盯着，我早就要跟你搭腔了。"

那娘们像常春藤一样紧紧攀住苏比这棵橡树，苏比好不懊丧地在警察身边走了过去。看来他的自由是命中注定的了。

一拐弯，他甩掉女伴撒腿就走。他一口气来到一个地方，一到晚上，最轻佻的灯光，最轻松的心灵，最轻率的盟誓，最轻快的歌剧，都在这里荟萃。身穿轻裘大氅的淑女绅士在寒冷的空气里兴高采烈地走动。苏比突然感到一阵恐惧，会不会有什么可怕的魔法镇住了他，使他永远也不会被捕呢？这个念头使他有点发慌，但是当他遇见一个警察大模大样在灯火通明的剧院门前巡逻时，他马上就捞起"扰乱治安"这根稻草来。

苏比在人行道上扯直他那破锣似的嗓子，像醉鬼那样乱嚷嚷。他又是跳，又是吼，又是骂，用尽了办法大吵大闹。

警察让警棍打着旋，身子转过去背对苏比，向一个市民解释道：

"这是个耶鲁的小伙子在庆祝胜利，他们跟哈德福学院赛球，请人家吃了鸭蛋。够吵的，可是不碍事。我们有指示，让他们只管闹去。"

苏比怏怏地停止了白费气力的吵闹。难道就没有一个警察来抓他了吗？在他的幻想中，那岛已成为可望不可即的阿卡狄亚了。他扣好单薄的上衣以抵挡刺骨的寒风。

他看见雪茄烟店里一个衣冠楚楚的人对着摇曳的火头在点烟。那人进店时，将一把绸伞靠在门边。苏比跨进店门，拿起绸伞，慢吞吞地退了出去。对火的人赶紧追出来。

"我的伞。"他厉声说道。

"噢，是吗？"苏比冷笑说；在小偷小摸的罪名上又加上侮辱这一条。"好，那你干吗不叫警察？不错，是我拿的。你的伞！你怎么不叫巡警？那边拐角上就有一个。"

伞主人放慢了脚步，苏比也放慢脚步。他有一种预感：他又一次背运了。那警察好奇地瞅着这两个人。

"当然，"伞主人说，"嗯……是啊，你知道有时候会发生误会……我……要是这伞是你的我希望你别见怪……我是今天早上在一家饭店里捡的……要是你认出来这是你的，那么……我希望你别……"

"当然是我的。"苏比恶狠狠地说。

伞的前任主人退了下去。好警察急匆匆地跑去搀一位穿晚礼服的金发高个儿女士过马路，免得她被在两条街以外往这边驶来的电车撞着。

苏比往东走,穿过一条因为翻修而高低不平的马路。他忿忿地把伞扔进一个坑。他嘟嘟哝哝咒骂起那些头戴钢盔,手拿警棍的家伙来。因为他想落入法网,而他们偏偏认为他是个永远不会犯错误的国王。

最后,苏比来到通往东区的一条马路上,这儿灯光暗了下来,嘈杂声传来也是隐隐约约的。他顺着街往麦迪逊广场走去,因为即使他的家仅仅是公园里的一条长凳,他仍然有夜深知归的本能。

可是,在一个异常幽静的地段,苏比停住了脚步。这里有一座古老的教堂,建筑古雅,不很规整,是有山墙的那种房子。柔和的灯光透过淡紫色花玻璃窗子映射出来,风琴师为了练熟星期天的赞美诗,在键盘上按过来按过去。动人的乐音飘进苏比的耳朵,吸引了他,把他胶着在螺旋形的铁栏杆上。

明月悬在中天,光辉、静穆;车辆与行人都很稀少;檐下的冻雀睡梦中啁啾了几声——这境界一时之间使人想起乡村教堂边上的墓地。风琴师奏出的赞美诗使铁栏杆前的苏比入定了,因为当他在生活中有母爱、玫瑰、雄心、朋友以及洁白无瑕的思想与衣领时,赞美诗对他来说是很熟悉的。

苏比这时敏感的心情和老教堂的潜移默化会合在一起,使他灵魂里突然起了奇妙的变化。他猛然对他所落入的泥坑感到憎厌。那堕落的时光,低俗的欲望,心灰意懒,才能衰退,动机不良。这一切现在都构成了他的生活内容。

一刹那间,新的意境醍醐灌顶似地激荡着他。一股强烈迅速的冲动激励着他去向坎坷的命运奋斗。他要把自己拉出泥坑,他要重新做一个好样儿的人。他要征服那已经控制了他的罪恶。时间还不晚,他还算年轻,他要重新振作当年的雄心壮志,坚定不移地把它实现。管风琴庄严而甜美的音调使他内心起了一场革命。明天他要到熙熙攘攘的商业区去找事做。有个皮货进口商曾经让他去赶车。他明天就去找那商人,把这差使接下来。他要做个炬赫一时的人。他要——

苏比觉得有一只手按在他胳膊上。他霍地扭过头,只见是警察的一张胖脸。

"你在这儿干什么?"那警察问。

"没干什么。"苏比回答。

"那你跟我来。"警察说。

第二天早上,警察局法庭上的推事宣判道:"布莱克威尔岛,三个月。"

一、文学常识

(一) 解题

在西方,"警察"代表着世俗的政权,"赞美诗"代表宗教天国的精神牵引。在小说中,"警察"与"赞美诗"决定着主人公苏比的生存选择和命运转机,行使它们各自在现实社会中的作用。

(二)作者简介

欧·亨利(1862—1910),十九世纪美国批判现实主义作家,优秀短篇小说家。他的作品风格以描写纽约曼哈顿市民生活最为著名,他把那儿的街道、小饭馆、破旧的公寓气氛渲染得十分逼真,故有"曼哈顿的桂冠诗人"之称;他的作品构思新颖、语言诙谐、结尾常常出人意外,被誉为"美国生活的幽默百科全书"。代表作有《麦琪的礼物》《最后一片叶子》等,这些作品为他获得了世界声誉,欧·亨利与法国的莫泊桑、俄国的契诃夫并称为"世界三大短篇小说之王"。

(三)背景

19世纪末,美国资本主义迅速发展到垄断阶段,竞争残酷,经济危机日趋严重。一方面是一小撮亿万富翁,一方面是广大饥寒交迫的劳动者。作品取材于现实生活,反映了下层劳动人民的悲惨生活,揭露了垄断资产阶级残酷的本性,控诉了统治者对人民的迫害。

二、字词积累

(一)难读字正音

醍(tí)醐(hú)灌顶 烜(xuǎn)赫 咫(zhǐ)尺 肇(zhào)事 啁(zhōu)啾(jiū)

(二)难解词释义

1. 衣冠楚楚:形容穿戴得十分整齐漂亮。冠,帽子。楚楚,鲜明、整洁的样子。
2. 不名一钱:一个钱也没有,非常贫穷。名,拥有、占有。
3. 醍醐灌顶:比喻给人灌输智慧,使人彻底醒悟。醍醐,酥酪上聚集的油,味甘美。
4. 烜赫一时:名声很大,声势很盛。
5. 熙熙攘攘:形容人来人往,非常热闹。
6. 迫在眉睫:比喻事情临近眼前,十分紧迫。
7. 辗转反侧:形容心中有事,躺在床上翻来覆去地不能入睡。
8. 潜移默化:指思想或品性受环境等的影响,不知不觉地发生了变化。

三、文本细读

课文主旨

该文通过流浪汉苏比在冬天来临之际,想方设法到监狱过冬,他六次为非作歹,都没能如愿。而正当他听到赞美诗受到感化想要重新做人时,却莫名其妙被捕的遭遇,全方位地展示了美国社会的真实现状,深刻地揭示了资本主义社会世态炎凉、是非混淆、黑白颠倒的本质。

第二册

第一单元

散文单元 生活的滋味

本单元精选中外散文名篇,不同作家具有的不同的风格与个性在他们的作品中有明显的体现。学生通过具体作品的阅读,注重阅读中的情感体验,感受作品中的思想情感和艺术魅力,体会其中丰富内涵,加深和拓宽对亲情、社会、人生等问题的思考和认识。

我 的 母 亲

我小时身体弱,不能跟着野蛮的孩子们一块儿玩。我母亲也不准我和他们乱跑乱跳。小时不曾养成活泼游戏的习惯,无论在什么地方,我总是文绉绉的。所以家乡老辈都说我"像个先生样子",遂叫我做"穈先生"。这个绰号叫出去之后,人都知道三先生的小儿子叫做穈先生了。既有"先生"之名,我不能不装出点"先生"样子,更不能跟着顽童们"野"了。有一天,我在我家八字门口和一班孩子"掷铜钱",一位老辈走过,见了我,笑道:"穈先生也掷铜钱吗?"我听了羞愧得面红耳热,觉得太失了"先生"的身份!

大人们鼓励我装先生样子,我也没有嬉戏的能力和习惯,又因为我确是喜欢看书,故我一生可算是不曾享过儿童游戏的生活。每年秋天,我的庶祖母同我到田里去"监割"(顶好的田,水旱无忧,收成最好,佃户每约田主来监割,打下谷子,两家平分),我总是坐在小树下看小说。十一二岁时,我稍活泼一点,居然和一群同学组织了一个戏剧班,做了一些木刀竹枪,借得了几副假胡须,就在村口田里做戏。我做的往往是诸葛亮、刘备一类的文角儿;只有一次我做史文恭,被花荣一箭从椅子上射倒下去,这算是我最活泼的玩意儿了。

我在这九年(1895—1904)之中,只学得了读书写字两件事。在文字和思想的方面,不能不算是打了一点儿底子。但别的方面都没有发展的机会。有一次我们村"当朋"(八都凡五村,称为"五朋",每年一村轮着做太子会,名为"当朋")筹备太子会,有人提议要派我加入前村的昆腔队学习吹笙或吹笛。族里长辈反对,说我年纪太小,不能跟着太子会走遍五朋。于是我便失掉了这学习音乐的唯一机会。三十年来,我不曾拿过乐器,也全不懂音乐;究竟我有没有一点学音乐的天资,我至今还不知道。至于学图画,更是不可能的事。我常常用竹纸蒙在小说书的石印绘像上,摹画书上的英雄美人。有一天,被先生看见了,挨了一顿大骂,抽屉里的图画都被搜出撕毁了。于是我又失掉了学做画家的机会。

但这九年的生活,除了读书看书之外,究竟给了我一点儿做人的训练。在这一点上,我的恩师便是我的慈母。

每天天刚亮时,我母亲便把我喊醒,叫我披衣坐起。我从不知道她醒来坐了多久了。她看我清醒了,才对我说昨天我做错了什么事,说错了什么话,要我认错,要我用功读书。有时候她对我说父亲的种种好处,她说:"你总要踏上你老子的脚步。我一生只晓得这一个完全的人,你要学他,不要跌他的股。"(跌股便是丢脸、出丑。)她说到伤心处,往往掉下泪来。到天大明时,她才把我的衣服穿好,催我去上早学。学堂门上的锁匙放在先生家里;我先到学堂门口一望,便跑到先生家里去敲门。先生家里有人把锁匙从门缝里递出来,我拿了跑回去,开了门,坐下念生书。十天之中,总有八九天我是第一个去开学堂门的。等到先生来了,我背了生书,才回家吃早饭。

我母亲管束我最严,她是慈母兼任严父。但她从来不在别人面前骂我一句,打我一下。

我做错了事,她只对我一望,我看见了她的严厉眼光,便吓住了。犯的事小,她等到第二天早晨我睡醒时才教训我。犯的事大,她等到晚上人静时,关了房门,先责备我,然后行罚,或罚跪,或拧我的肉。无论怎样重罚,总不许我哭出声音来。她教训儿子不是借此出气叫别人听的。

有一个初秋的傍晚,我吃了晚饭,在门口玩,身上只穿着一件单背心。这时候我母亲的妹子玉英姨母在我家住,她怕我冷了,拿了一件小衫出来叫我穿上。我不肯穿,她说:"穿上吧,凉了。"我随口回答:"娘(凉),什么!老子都不老子呀。"我刚说了这句话,一抬头,看见母亲从家里走出,我赶快把小衫穿上。但她已听见这句轻薄的话了。晚上人静后,她罚我跪下,重重地责罚了一顿。她说:"你没了老子,是多么得意的事!好用来说嘴!"她气得坐着发抖,也不许我上床去睡。我跪着哭,用手擦眼泪,不知擦进了什么微菌,后来足足害了一年多的眼翳病。医来医去,总医不好。我母亲心里又悔又急,听说眼翳可以用舌头舔去,有一夜她把我叫醒,她真用舌头舔我的病眼。这是我的严师,我的慈母。

我母亲二十三岁做了寡妇,又是当家的后母。这种生活的痛苦,我的笨笔写不出万分之一二。家中经济本不宽裕,全靠二哥在上海经营调度。大哥从小就是败子,吸鸦片烟,赌博,钱到手就光,光了就回家打主意,见了香炉就拿出去卖,捞着锡茶壶就拿出去押。我母亲几次邀了本家长辈来,给他定下每月用费的数目。但他总不够用,到处都欠下烟债、赌债。每年除夕我家中总有一大群讨债的,每人一盏灯笼,坐在大厅上不肯去。大哥早已避出去了。大厅的两排椅子上满满的都是灯笼和债主。我母亲走进走出,料理年夜饭、谢灶神、压岁钱等事,只当做不曾看见这一群人。到了近半夜,快要"封门"了,我母亲才走后门出去,央一位邻舍本家到我家来,每一家债户开发一点钱。做好做歹的,这一群讨债的才一个一个提着灯笼走出去。一会儿,大哥敲门回来了。我母亲从不骂他一句。并且因为是新年,她脸上从不露出一点怒色。这样的过年,我过了六七次。

大嫂是个最无能而又最不懂事的人,二嫂是个很能干而气量很窄小的人。她们常常闹意见,只因为我母亲的和气榜样,她们还不曾有公然相骂相打的事。她们闹气时,只是不说话,不答话,把脸放下来,叫人难看;二嫂生气时,脸色变青,更是怕人。她们对我母亲闹气时,也是如此。我起初全不懂得这一套,后来也渐渐懂得看人的脸色了。我渐渐明白,世间最可厌恶的事莫如一张生气的脸;世间最下流的事莫如把生气的脸摆给旁人看,这比打骂更难受。

我母亲的气量大,性子好,又因为做了后母后婆,她更事事留心,事事格外容忍。大哥的女儿比我只小一岁,她的饮食衣料总是和我的一样。我和她有小争执,总是我吃亏,母亲总是责备我,要我事事让她。后来大嫂、二嫂都生了儿子了,她们生气时便打骂孩子来出气,一面打,一面用尖刻有刺的话骂给别人听。我母亲只装做没听见。有时候,她实在忍不住了,便悄悄走出门去,或到左邻立大嫂家去坐一会,或走后门到后邻度嫂家去闲谈。她从不和两个嫂子吵一句嘴。

每个嫂子一生气,往往十天半个月不歇,天天走进走出,板着脸,咬着嘴,打骂小孩子出气。我母亲只忍耐着,忍到实在不可再忍的一天,她也有她的法子。这一天的天明时,她便不起床,轻轻地哭一场。她不骂一个人,只哭她的丈夫,哭她自己命苦,留不住她丈夫来照管她。她先哭时,声音很低,渐渐哭出声来。我醒了起来劝她,她不肯住。这时候,我总听得见前堂(二嫂住前堂东房)或后堂(大嫂住后堂西房)有一扇门开了,一个嫂子走出房向厨房走去。不多一会,那位嫂子来敲我们的房门了。我开了房门,她走进来,捧着一碗热茶,送到母亲床前,劝她止哭,请她喝杯热茶。我母亲慢慢止住哭声,伸手接了茶碗。那位嫂子站着劝一会儿,才退出去,没有一句话提到什么人,也没有一个字提到这十天半个月来的气脸,然而各人心里明白,泡茶进来的嫂子总是那十天半个月来闹气的人。奇怪得很,这一哭之后,至少有一两个月的太平清静日子。

我母亲待人最仁慈,最温和,从来没有一句伤人感情的话。但她有时候也很有刚气,不受一点人格上的侮辱。我家五叔是个无正业的浪人,有一天在烟馆里发牢骚,说我母亲家中有事总请某人帮忙,大概总有什么好处给他。这句话传到了我母亲耳朵里,她气得大哭,请了几位本家来,把五叔喊来,她当面质问他,她给某人什么好处。直到五叔当众认错赔罪,她才罢休。

我在我母亲的教训之下住了九年,受了她的极大极深的影响。我十四岁(其实只有十二岁零两三个月)便离开她了。在这广漠的人海里独自混了二十多年,没有一个人管束过我。如果我学得了一丝一毫的好脾气,如果我学得了一点点待人接物的和气,如果我能宽恕人、体谅人——我都得感谢我的慈母。

一、文学常识

(一) 作者简介

胡适(1891—1962),字适之,安徽绩溪人。现代作家、学者,是中国白话文的倡导者,新文化运动的开拓者。1917年在《新青年》发表《文学改良刍议》,这是最早全面系统地提倡白话文的论文。1920年创作发表第一部新诗集《尝试集》,作品还有《中国哲学史大纲》《庐山游记》《南游杂忆》等。学术研究上提倡"大胆的假设,小心的求证"的治学方法。

(二) 解题

本文选自《胡适自传》,标题是编者加的。自传是传记的一种,以记叙人物生平事迹为主。自传则是以记述自己的生平事迹为主,一般用第一人称,也有用第三人称。作者通过具体的事例,回忆了母亲对自己的教育、关心以及与家人相处的情形,展示了母亲对自己的爱和母亲善良、宽容、有刚气的性格特征,表达了作者对母亲深沉而质朴的爱和感激、怀念之情。

二、字词积累

(一) 难读字正音

文绉绉(zhōu)　　绰(chuò)号　　庶(shù)祖母　　吹笙(shēng)

摹(mó)画	轻薄(bó)	眼翳(yì)	侮(wǔ)辱
宽恕(shù)	掷(zhì)钱	野蛮(mán)	牢骚(sāo)
广漠(mò)	糜(méi)先生	佃(diàn)户	

(二)难解词释义

1. 庶：宗法制度下家庭的旁支,与"嫡"相对。
2. 翳：眼睛角膜所生遮蔽视线影响视力的症状。
3. 待人接物：指跟别人往来接触。

三、文本细读

(一)课文主旨

该文是一篇自传体散文,课文回忆了小时侯母亲对"我"的管教、她作为当家的后母如何处理家庭的难事和矛盾以及她是如何对待他人对自己人格的侮辱。母亲既是"严师",亦是"慈母"。展现了母亲的爱子之心和优秀品质对我日后为人处事产生的深远影响,同时表达了自己对母亲的深深敬意和绵绵无尽的怀念。

(二)课文赏析

1. 本文以"我的母亲"为题,为什么开头三段要用大量的笔墨写童年的往事呢?

点明环境与教育对一个人性格养成所起的奠基作用,为写母亲起到很好的铺垫作用。开篇写童年生活的缺憾,在这一背景下,母亲"给了我做人的一点训练",这不仅弥足珍贵,而且对作者影响深远。

2. 作者主要写母亲是他的恩师,为什么除了写母亲怎样训导之外,还用更多的笔墨写她与家人相处的情形?

写母亲与家人相处的情形,是为了体现母亲平时的待人接物以及这些对我的影响。写她以身示范对我的耳濡目染、潜移默化的教育和影响。这不仅写母亲对我的"言教",更写了母亲对我的"身教"。

3. 《我的母亲》有着怎样独具的魅力?

首先,作者将人物放置在特殊的环境中进行刻画。

胡适的母亲23岁便成了寡妇,母亲一方面要把胡适抚养成人,同时,作为后母后婆,她还要照管丈夫前妻留下的与自己年纪相仿的又不甚懂事的儿子儿媳,这就使得"母亲"的处境十分艰难和尴尬。母亲却能用她的智慧,用她的温柔,用她的宽容,用她的坚毅平息了家中的一次次风波,赢得了家人的尊重。

其次,作者在看似平实的叙述中对人物作了饱含深情的描写。

本文之所以能具有感人至深的力量,当然不是凭借什么宏伟的结构和华丽的文字,而是凭仗它的平实。平实的语言,朴素明净,把母亲的性格刻画得入木三分:"每天天刚亮时,我母亲便把我喊醒","催我去上早学"。在儒家思想占统治地位的旧中国,女性的地位极低。

多年父子成兄弟

这是我父亲的一句名言。

父亲是个绝顶聪明的人。他是画家,会刻图章,画写意花卉。图章初宗浙派,中年后治汉印。他会摆弄各种乐器,弹琵琶,拉胡琴,笙箫管笛,无一不通。他认为乐器中最难的其实是胡琴,看起来简单,只有两根弦,但是变化很多,两手都要有功夫。他拉的是老派胡琴,弓子硬,松香滴得很厚——现在拉胡琴的松香都只滴了薄薄的一层。他的胡琴音色刚亮。胡琴码子都是他自己刻的,他认为买来的不中使。他养蟋蟀,养金铃子。他养过花,他养的一盆素心兰在我母亲病故那年死了,从此他就不再养花。我母亲死后,他亲手给她做了几箱子冥衣——我们那里有烧冥衣的风俗。按照母亲生前的喜好,选购了各种花素色纸做衣料,单夹皮棉,四时不缺。他做的皮衣能分得出小麦穗、羊羔、灰鼠、狐肷。

父亲是个很随和的人,我很少见他发过脾气,对待子女,从无疾言厉色。他爱孩子,喜欢孩子,爱跟孩子玩,带着孩子玩。我的姑妈称他为"孩子头"。春天,不到清明,他领一群孩子到麦田里放风筝。放的是他自己糊的蜈蚣(我们那里叫"百脚"),是用染了色的绢糊的。放风筝的线是胡琴的老弦。老弦结实而轻,这样风筝可笔直地飞上去,没有"肚儿"。用胡琴弦放风筝,我还未见过第二人。清明节前,小麦还没有"起身",是不怕践踏的,而且越踏会越长得旺。孩子们在屋里闷了一冬天,在春天的田野里奔跑跳跃,身心都极其畅快。

他用钻石刀把玻璃裁成不同形状的小块,再一块一块逗拢,接缝处用胶水粘牢,做成小桥、小亭子、八角玲珑水晶球。桥、亭、球是中空的,里面养了金铃子。从外面可以看到金铃子在里面自在爬行,振翅鸣叫。他会做各种灯。用浅绿透明的"鱼鳞纸"扎了一只纺织娘,栩栩如生。用西洋红染了色,上深下浅,通草做花瓣,做了一个重瓣荷花灯,真是美极了。在小西瓜(这是拉秧的小瓜,因其小,不中吃,叫做"打瓜"或"笃瓜")上开小口挖净瓜瓤,在瓜皮上雕镂出极细的花纹,做成西瓜灯。我们在这些灯里点了蜡烛,穿街过巷,邻居的孩子都跟过来看,非常羡慕。

父亲对我的学业是关心的,但不强求。我小时候,国文成绩一直是全班第一。我的作文,时得佳评,他就拿出去到处给人看。我的数学不好,他也不责怪,只要能及格,就行了。他画画,我小时也喜欢画画,但他从不指点我。他画画时,我在旁边看,其余时间由我自己乱翻画谱,瞎抹。我对写意花卉那时还不太会欣赏,只是画一些鲜艳的大桃子,或者我从来没有见过的瀑布。我小时字写得不错,他倒是给我出过一点主意。在我写过一阵"圭峰碑"和"多宝塔"以后,他建议我写写"张猛龙"。这建议是很好的,到现在我写的字还有"张猛龙"的影响。我初中时爱唱戏,唱青衣,我的嗓子很好,高亮甜润。在家里,他拉胡琴,我唱。我的同学有几个能唱戏的,学校开同乐会,他应我的邀请,到学校去伴奏。几个同学都只是清唱。有一个姓费的同学借到一顶纱帽,一件蓝官衣,扮起来唱"朱砂井",但是没有配角,没有衙役,没有犯人,只是一个赵廉,摇着马鞭在台上走了两圈,唱了一段"郿坞县在马上心神不定"

便完事下场。父亲那么大的人陪着几个孩子玩了一下午,还挺高兴。我十七岁初恋,暑假里,在家写情书,他在一旁瞎出主意。我十几岁就学会了抽烟喝酒。他喝酒,给我也倒一杯。抽烟,一次抽出两根,他一根我一根。他还总是先给我点上火。我们的这种关系,他人或以为怪。父亲说:"我们是多年父子成兄弟。"

我和儿子的关系也是不错的。我戴了"右派分子"的帽子下放张家口农村劳动,他那时还未从幼儿园毕业,刚刚学会汉语拼音,用汉语拼音给我写了第一封信。我也只好赶紧学会汉语拼音,好给他写回信。"文化大革命"期间,我被打成"黑帮",送进"牛棚"。偶尔回家,孩子们对我还是很亲热。我的老伴告诫他们:"你们要和爸爸'划清界限'",儿子反问母亲:"那你怎么还给他打酒?"只有一件事,两代之间,曾有分歧。他下放山西忻县"插队落户"。按规定,春节可以回京探亲。我们等着他回来。不料他同时带回了一个同学。他这个同学的父亲是一位正受林彪迫害,搞得人囚家破的空军将领。这个同学在北京已经没有家,按照大队的规定是不能回北京的,但是这孩子很想回北京,在一伙同学的秘密帮助下,我的儿子就偷偷地把他带回来了。他连"临时户口"也不能上,是个"黑人",我们留他在家住,等于"窝藏"了他。公安局随时可以来查户口,街道办事处的大妈也可能举报。当时人人自危,自顾不暇,儿子惹了这么一个麻烦,使我们非常为难。我和老伴把他叫到我们的卧室,对他的冒失行为表示很不满,我责备他:"怎么事前也不和我们商量一下!"我的儿子哭了,哭得很委屈,很伤心。我们当时立刻明白了:他是对的,我们是错的。我们这种怕担干系的思想是庸俗的。我们对儿子和同学之间的义气缺乏理解,对他的感情不够尊重。他的同学在我们家一直住了四十多天,才离去。

对儿子的几次恋爱,我采取的态度是"闻而不问"。了解,但不干涉。我们相信他自己的选择,他的决定。最后,他悄悄和一个小学时期女同学好上了,结了婚。有了一个女儿,已近七岁。

我的孩子有时叫我"爸",有时叫我"老头子"!连我的孙女也跟着叫。我的亲家母说这孩子"没大没小"。我觉得一个现代化的、充满人情味的家庭,首先必须做到"没大没小"。父母叫人敬畏,儿女"笔管条直",最没有意思。

儿女是属于他们自己的。他们的现在和他们的未来,都应由他们自己来设计。一个想用自己理想的模式塑造自己的孩子的父亲是愚蠢的,而且,可恶!另外,作为一个父亲,应该尽量保持一点童心。

一、文学常识

(一) 作者简介

汪曾祺,当代作家、散文家、戏剧家,《北京文艺》编辑。在短篇小说创作上颇有成就。著有小说集《邂逅集》,小说有《受戒》《大淖记事》等,散文集《蒲桥集》,作品收录在《汪曾祺全集》中。被誉为"抒情的人道主义者,中国最后一个纯粹的文人,中国最后一个士大夫"。

(二) 解题

"多年父子成兄弟"是汪曾祺父亲汪菊生的一句名言,文中打破了中国传统的父与子的等级观念,营造了一种开明民主的父子新型关系。

二、字词积累

(一) 难读字正音

狐骹(qiǎn)　　冥(míng)衣　　衙(yá)役(yì)　　瓜瓤(ráng)
忻(xīn)县　　　雕镂(lòu)　　花卉(huì)　　　栩(xǔ)栩如生
自顾不暇(xiá)

(二) 难解词释义

1. 栩栩如生：指艺术形象非常逼真，如同活的一样。栩栩，活泼生动的样子。
2. 笔管条直：笔直。这里指循规蹈矩。
3. 疾言厉色：说话急躁，脸色严厉。形容对人发怒说话时的神情。
4. 人人自危：每个人都感到自己不安全，有危险。
5. 自顾不暇：暇，空闲。光顾自己还来不及。指没有力量再照顾别人。

三、文本细读

(一) 课文主旨

《多年父子成兄弟》是一篇温馨而蕴含深刻的散文。作者通过一些日常小事，记述了父亲与儿子、自己与儿子之间那种亲近、民主、平等的关系，提出了一些颇具教益的观点，告诉我们只有充满人情味的家庭，才能达到"多年父子成兄弟"的境地。

(二) 课文赏析

1. 细处落笔，小中见大。

文中写作者的父亲与孩子的关系时，多从日常生活角度重点写父亲的形象。其一：父亲是个心灵手巧的人，他是个画家、通音律、会园艺。其二：父亲是个随和的人，他为孩子制作各种玩具，陪孩子玩。其三：父亲对我的学业是关心的，但不强求。而在写作者与自己儿子的关系时，则多了社会与政治的味道，多写了孩子对父亲的爱、理解与同情。

2. 理解"多年父子成兄弟"的内涵。

文中阐述了对父子关系的一些感想。作者从孩子对他"没大没小"的称呼，引申出他对家庭的总希望——"现代化的、充满人情味的"，也就是家庭成员要平等，长辈要给子女自由，子女的未来让他们自己设计，长辈要有童心等等。作者简单的议论为指导人们如何"做父亲"，如何处理好家庭父子关系提供了良好的借鉴。

化装舞会

童年往事,对于我的一生一定也是有影响的。但我不知道,我能否把这些往事回忆起来,编纂成一本书。每当我忆起一件事情时,总会联想起其他几件事情来。现在,我就说其中一件。

那是在七十年代的卢卑克,一个冬天的下午,一条陡峭的街道上结了冰,很滑,天几乎是黑的。立在每家门口的煤气路灯只能照着门前。远处传来门铃的响声,说明有人进了那幢房子。这时,一个女仆拉着一个小男孩在街上走着,这男孩就是我。街上像溜冰场一样光滑,我挣脱了她的手,顺着街面溜下去,越溜越快。就在快到十字街口的一瞬间,忽然,一位衣衫褴褛的妇女从横街走出来,她手上的头巾包着什么东西,我一时刹不住脚步,冲到她身上去,她猝不及防,路又滑,被我撞倒了。我在黑暗中逃跑了。

但是,我听到盘子打碎的声音,原来那个妇女的头巾里包着一只盘子。我闯了祸!我停住脚步,心砰砰直跳。女仆终于赶上了我。我说:"我不是有意的。"

"她今晚没饭吃了,"女仆说,"她的小儿子也没饭吃了。"

"你认识她吗,施蒂娜?"

"她可认识你呢!"施蒂娜回答。

"她会来我们家告诉爸爸妈妈吗?"

施蒂娜点点头,吓唬我。我害怕起来。

我们全家正在忙碌,因为明天过节。这个节比任何节日都隆重:举行化妆舞会。这天晚上,我没有忘记黄昏时那件蠢事,以及它带来的威胁。上床以后,我还在倾听着门铃声,担心是不是那个妇女来了。她现在没有饭吃,她的小儿子也没有饭吃。我感到很不好受。

第二天,当施蒂娜到学校接我回家时,我第一句话就是向她打听那个妇女的事。我问:"她来过我们家吗?"女仆想了一下,说没有来。但她又说,那个妇女肯定会来找我的……直到晚上,我还在害怕。然而,家里轻松而热烈的气氛感染了我,大家都在等待举行舞会。大厅里灯火通明,充满了花香和不寻常的气味。妈妈打扮得很漂亮。第一批客人已经来到,那是妈妈的年轻女友,还有一位从不莱梅来的小姐,她是一个人来的,住在我们家里,我总是缠着她。后来,大家都化了装,戴起假面具,但我熟悉内情,知道那个吉普赛女郎是谁扮的,那个红桃Q又是谁扮的。

现在我必须睡觉去。但我又悄悄地起了床,穿着很少的衣服,摸上楼去,化装舞会已经开始。大厅前面那些房间都空着,舞会改变了一切,我几乎认不出原来这些房间。要是有人走进来,我就赶紧躲到隔壁房间去,这样我跑遍了所有的房间。大厅里的舞会莫名其妙地吸引了我,那里金碧辉煌,传出了音乐声、脚步声、人声和温暖的香气。最后,我径直来到大厅的门背后,那是冒险的,也是值得的。我看见了被柔和的灯光照耀着的裸露的肩膀,看见了像珠宝一样闪烁的头发,看见了像生命一样发光的宝石。人们毫不疲倦地旋转着。爸爸化装成一个外国军官,头发扑了粉,腰间佩着剑,我看了很得意。妈妈化装成一个红桃Q,她靠在爸爸身边,比平时更奉承他。那位从不莱梅来的小姐溜到一位先生的身边,依偎着他。当时我只有七岁,站在舞厅的门后看到了这一切,高兴得不知如何是好。

舞厅的装饰体现出一种柔和、明快的风格。我后来才知道这种风格叫"洛可可",大约十年前才从巴黎传过来的。那些舞步,四人舞、快步舞也是从那里传来的。每个细节都是从拿破仑三世和美丽的欧仁妮的皇宫传出来的。他们挥霍无度,可是他们的社交风气曾经流行一时,一直流传到我们这个德国北方的小城市。沙龙文化当时是最受人重视的。礼节后来也没有像当时那么讲究。人们常做哑谜游戏,猜谜。太太们在她们女友的扇子上面画水彩画,那些奉承她们的先生们则在扇子上写下他们的姓名。在那个世界,人们常做文字游戏。那是一种奇特的发明,我那时还不懂,后来从书上知道它的道理。在拿破仑狭窄的圈子里,往往有人说出一句话叫别人写出来。这种游戏是为了发现谁的错别字最少。这种市民的游戏也适合于当时的卢卑克。

化装舞会是豪华而高贵的,不仅迎合那些一直统治着巴黎的冒险家的癖好,而且吸引着德国的上层人物。舞会最后总是以"活的形象"结束,那是为了展览当天的美女和那些奉承她们的高贵男子……躲在门后的小男孩紧张地等待着,生怕看不到这些活的形象。

突然,门被撞开了,有人发现了我。那是一个佣人,他叫我,说楼下有个妇女找我。他没有注意到我当时吓得脸都变白了,晃动着他的燕尾服下摆走开了。我独自站在那里,思考着该怎么办?如果我不下楼见那个妇女,谁知道她会不会直接上舞厅来,那时就糟了。我宁可自己受点委屈。

那个妇女站在灯光微弱的大门前。她的身后是一个黑暗的房间。她还像昨天那样,穿着一身褴褛的衣衫,一动也不动,好像是从黑暗中突然冒出来的一座良心雕像。我越来越迟疑地走近她。我要问她对我有什么要求。可是,我说不出话来。"你打碎了我的盘子,"她很低沉地说:"我的小儿子没有饭吃了。"听了她的话,我也哽咽起来。别的小孩的遭遇感动了我。就像我现在被人叫下楼来一样难过。

我到厨房拿点吃的给她,好不好呢?

但是,厨房里到处都是女仆和佣人,我的举动瞒不了他们。于是我结结巴巴地对她说:"请您等一等。"说完我走进她身后那个黑暗的房间。那里挂着客人们的大衣,我从大衣丛中钻过去,一直钻到堆放我的玩具和书的地方。我拿着这些东西,甚至要拿那只天鹅展翅的可爱的花瓶,但是那只花瓶不是我的。我把这些东西都送给了那个妇女,她接过后放在她的篮子里,走了。我也赶快跑开,去上床睡觉了。

我睡得比昨晚安静些……奇怪的是,第二天,当我放学回家时,发现我送出去的东西都重新摆在原来的位置上。我不能理解。我把我的心思透露给施蒂娜。起初她也表示惊讶,但很快禁不住笑了起来。她笑了以后我才怀疑到了她。原来,昨天晚上,那座良心雕像,那个为了我的罪过而挨饿的小孩子的不幸的母亲就是她扮的。

事实上,也许根本没有人挨饿。天知道,那天晚上打碎的是否只是一只盘子。施蒂娜是个很好的演员,她演出了她自己导演的一幕悲剧。但我不会忘记这件事。当时我只有七岁,正沉入在表面上的繁华幸福生活的时候,曾有一次从别人拉开的帷幕背后看见了贫穷,看见了自己的过错。

一、文学常识

(一) 作者简介

亨利希·曼(1871—1950),德国小说家,著名作家托马斯·曼的哥哥。因此,通常习惯将这对兄弟作家合称"曼氏兄弟"。生于吕贝克城一个富商家庭,父亲去世后家道中落,当过书店店员和印书馆职员,曾在慕尼黑念大学,后专门从事写作。1894年后相继发表《在一个家庭里》《在懒人的乐园里》和《垃圾教授》(1905)等作品,走上批判现实主义的道路。他的代表作:《帝国三部曲》——《臣仆》《穷人》《首脑》;长篇历史小说《亨利四世》。

(二) 解题

本文以"化装舞会"为题,首先是因为故事的高潮就发生在化装舞会之夜,同时化装舞会有两层含义:一个是以父母为代表的上层社会的化装舞会,另一个是以女仆施蒂娜表演的反应社会底层生活,目的是让富家公子了解社会真相的化装舞会。

二、字词积累

(一) 难读字正音

编纂(zuǎn)　褴(lán)褛(lǚ)　陡(dǒu)峭(qiào)　吓(xià)唬(hu)
裸(luǒ)露(lù)　癖(pǐ)好　哽(gěng)咽(yè)　帷(wéi)幕
挥霍(huò)

(二) 难解词释义

1. 褴褛:指衣服破烂,不堪入目。
2. 莫名其妙:说不出其中的奥妙。指发生的事情很奇怪,说不出解释的道理来。莫:没有什么人;名:说出。
3. 猝不及防:指出其不意,常用来形容事情来得突然,来不及防备。

三、文本细读

课文主旨

全文以一个儿童的视角来观察某个晚上化装舞会的热闹和奇幻,折射出当时上流社会的奢靡与颓废,而女仆施蒂娜的一个玩笑却为"我"打开了另外一个从未接触过的世界的大门,巧妙地暗示了当时社会的等级悬殊和贫富差距,也诠释了"我"内心高贵的悲悯之心。

过去的年

退回去几十年,在我们乡下,是不把阳历元旦当年的。那时,在我们的心目中,只有春节才是年。这与物质生活的贫困有关——因为多一个节日就多一次奢侈的机会,当然更重要的还是观念问题。

春节是一个与农业生产关系密切的节日,春节一过,意味着严冬即将结束,春天即将来临。而春天的来临,也就是新的一轮农业生产的开始。农业生产基本上是大人的事,对小孩子来说,春节就是一个可以吃好饭、穿新衣、痛痛快快玩几天的节日,当然还有许多的热闹和神秘。

我小的时候特别盼望过年,往往是一过了腊月,就开始掰着指头数日子,好像春节是一个遥远的、很难到达的目的地。对于我们这种焦急的心态,大人们总是发出深沉的感叹,好像他们不但不喜欢过年,而且还惧怕过年。他们的态度令当时的我感到失望和困惑,现在我完全能够理解了。我想我的长辈们之所以对过年感慨良多,一是因为过年意味着一笔开支,而拮据的生活预算里往往没有这笔开支,二是飞速流逝的时间对他们构成的巨大压力。小孩子可以兴奋地说:过了年,我又长大了一岁;而老人们则叹息:嗨,又老了一岁。过年意味着小孩子正在向自己生命过程中的辉煌时期进步,而对于大人,则意味着正向衰朽的残年滑落。

熬到腊月初八,是盼年的第一站。这天的早晨要熬一锅粥,粥里要有八样粮食——其实只需七样,不可缺少的大枣算一样。据说在解放前的腊月初八凌晨,庙里或是慈善的大户都会在街上支起大锅施粥,叫花子和穷人们都可以免费喝。我曾经十分地向往着这种施粥的盛典,想想那些巨大无比的锅,支设在露天里,成麻袋的米豆倒进去,黏稠的粥在锅里翻滚着,鼓起无数的气泡,浓浓的香气弥漫在凌晨清冷的空气里。一群手捧着大碗的孩子们排着队焦急地等待着,他们的脸冻得通红,鼻尖上挂着清鼻涕。为了抵抗寒冷,他们不停地蹦跳着,喊叫着。我经常幻想着我就在等待着领粥的队伍里,虽然饥饿,虽然寒冷,但心中充满了欢乐。后来我在作品中,数次描写了我想象中的施粥场面,但写出来的远不如想象中的辉煌。

过了腊八再熬半月,就到了辞灶日。我们那里也把辞灶日叫做小年,过得比较认真。早饭和午饭还是平日里的糙食,晚饭就是一顿饺子。为了等待这顿饺子,我早饭和午饭吃得很少。那时候我的饭量大得实在是惊人,能吃多少个饺子就不说出来吓人了。辞灶是有仪式的,那就是在饺子出锅时,先盛出两碗供在灶台上,然后烧半刀黄表纸,把那张灶马也一起焚烧。焚烧完毕,将饺子汤淋一点在纸灰上,然后磕一个头,就算祭灶完毕。这是最简单的。比较富庶的人家,则要买来些关东糖供在灶前,其意大概是让即将上天汇报工作的灶王爷尝点甜头,在玉皇大帝面前多说好话。也有人说是用关东糖粘住灶王爷的嘴。这种说法不近情理,你粘住了他的嘴,坏话固然是不能说了,但好话不也说不了了嘛!

祭完了灶,就把那张从灶马上裁下来的灶马头儿贴到炕头上,所谓灶马头,其实就是一张农历的年历表,一般都是拙劣的木版印刷,印在最廉价的白纸上。最上边印着一个小方脸、生着三绺胡须的人,他的两边是两个圆脸的女人,一猜就知道是他的两个太太。当年我就感到灶王爷这个神祇的很多矛盾之处,其一就是他整年累月地趴在锅灶里受着烟熏火燎,肯定是个黑脸的汉子——乡下人说某人脸黑:看你像个灶王爷似的——但灶马头上的灶王爷脸很白。灶马头上都印着来年几龙治水的字样。一龙治水的年头主涝,多龙治水的年头主旱,"人多乱,龙多旱"这句俗语就是从这里来的,其原因与"三个和尚没水吃"是一样的。

过了辞灶日,春节就迫在眉睫了。但在孩子的感觉里,这段时间还是很漫长。终于熬到了年除夕,这天下午,女人们带着女孩子在家包饺子,男人们带着男孩子去给祖先上坟。而这上坟,其实就是去邀请祖先回家过年。上坟回来,家里的堂屋墙上,已经挂起了家堂轴子,轴子上画着一些冠冕堂皇的古人,还有几个像我们在忆苦戏里见到过的那些财主家的戴着瓜皮小帽的小崽子模样的孩子,正在那里放鞭炮。轴子上还用墨线起好了许多的格子,里边填写着祖宗的名讳。轴子前摆着香炉和蜡烛,还有几样供品。无非是几颗糖果,几页饼干。讲究的人家还做几个碗,碗底是白菜,白菜上面摆着几片油炸的焦黄的豆腐之类。不可缺少的是要供上一把斧头,取其谐音"福"字。这时候如果有人来借斧头,那是要遭极大的反感的。院子里已经撒满了干草,大门口放一根棍子,据说是拦门棍,拦住祖宗的骡马不要跑出去。

那时候不但没有电视,连电都没有,吃过晚饭后还是先睡觉。睡到三星正香时被母亲悄悄地叫起来。起来穿上新衣,感觉到特别神秘,特别寒冷,牙齿嘚嘚地打着战。家堂轴子前的蜡烛已经点燃,火苗颤抖不止,照耀得轴子上的古人面孔闪闪发光,好像活了一样。院子里黑得伸手不见五指,仿佛有许多的高头大马在黑暗中咀嚼谷草。——如此黑暗的夜再也见不到了,现在的夜不如过去黑了。这是真正的开始过年了。这时候绝对不许高声说话,即便是平日里脾气不好的家长,此时也是柔声细语。至于孩子,头天晚上母亲已经反复地叮嘱过了,过年时最好不说话,非得说时,也得斟酌词语,千万不能说出不吉利的话,因为过年的这一刻,关系到一家人来年的运道。做年夜饭不能拉风箱——呱嗒呱嗒的风箱声会破坏神秘感——因此要烧最好的草、棉花柴或者豆秸。我母亲说,年夜里烧花柴,出刀才;烧豆秸,出秀才。秀才嘛,是知识分子,有学问的人,但刀才是什么,母亲也解说不清。大概也是个很好的职业,譬如武将什么的,反正不会是屠户或者是刽子手。因为草好,灶膛里火光熊熊,把半个院子都照亮了。锅里的蒸汽从门里汹涌地扑出来。白白胖胖的饺子下到锅里去了。每逢此时我就油然地想起那个并不贴切的谜语:从南来了一群鹅,扑棱扑棱下了河。饺子熟了,父亲端起盘子,盘子上盛了两碗饺子,往大门外走去。男孩子举着早就绑好了鞭炮的竿子紧紧地跟随着。父亲在大门外的空地上放下盘子,点燃了烧纸后,就跪下向四面八方磕头。男孩子把鞭炮点燃,高高地举起来。在震耳欲聋的鞭炮声中,父亲完成了他的祭祀天地神灵的工作。回到屋子里,母亲、祖母们已经欢声笑语了。神秘的仪式已经结束,接下来就是活人们的庆典了。在吃饺子之前,晚辈们要给长辈磕头,而长辈们早已坐在炕上等待着了。我们在家堂轴子前一边磕头一边大声地报告着被磕者:给爷爷磕头,给奶奶磕头,给爹磕头,给娘磕头……长辈们在炕上响亮地说着:不用磕了,上炕吃饺子吧!晚辈们磕了头,长辈们照例要给一点磕头钱,一毛或是两毛,这已经让我们兴奋得想雀跃了。年夜里的饺子是包进了钱的,我家原来一直包清朝时的铜钱,但包了铜钱的饺子有一股浓烈的铜锈气,无法下咽,等于浪费了一个珍贵的饺子,后来就改用硬币了。现在想起来,那硬币也脏得厉害,但当时我们根本想不到这样奢侈的问题。我们盼望着能从饺子里吃出一个硬币,这是归自己所有的财产啊,至于吃到带钱饺子的吉利,孩子们并不在意。有一些孝顺儿媳白天包饺子时就在饺子皮上做了记号,夜里盛饺子时,就给公公婆婆的碗里盛上了带钱的,借以博得老人的欢喜。有一年我为了吃到带钱的饺子,一口气吃了三碗,钱没吃到,结果把胃撑坏了,差点要了小命。

过年时还有一件趣事不能不提,那就是装财神和接财神。往往是你一家人刚刚围桌吃饺子时,大门外就起了响亮的歌唱声:"财神到,财神到,过新年,放鞭炮。快答复,快答复,你家年年盖瓦屋。快点拿,快点拿,金子银子往家爬……"听到门外"财神"的歌唱声,母亲就盛上半碗饺子,让男孩送出去。扮财神的,都是叫花子。他们有的提着瓦罐,有的提着竹篮,站在寒风里,等待着人们的施舍。这是叫花子们的黄金时刻,无论多么吝啬的人家,这时候也不会舍不出那半碗饺子。那时候我很想扮一次财神,但家长不同意。我母亲说过一个叫花子扮财神的故事,说一个叫花子,大年夜里提着一个瓦罐去挨家讨要,讨了饺子就往瓦罐里放,感觉到已经要了很多,想回家将百家饺子热热自己也过个好年,待到回家一看,小瓦罐的底儿不知何时冻掉了,只有一个饺子冻在了瓦罐的边缘上。叫花子不由得长叹一声,感叹自己多舛命运实在是糟糕,连一瓦罐饺子都担不上。

现在,如果愿意,饺子可以天天吃,没有了吃的吸引,过年的兴趣就去了大半,人到中年,更感到时光的难留,每过一次年,就好像敲响了一次警钟。没有美食的诱惑、没有神秘的气氛、没有纯洁的童心,就没有过年的乐趣,但这年还是得过下去,为了孩子。我们所怀念的那种过年,现在的孩子不感兴趣,他们自有他们的欢乐的年。

一、文学常识

作者简介

莫言(1955—),原名管谟业,祖籍山东高密,是第一个获得诺贝尔文学奖的中国籍作家。他自1980年以一系列乡土作品崛起,充满着"怀乡"以及"怨乡"的复杂情感,被归类为"寻根文学"作家。2000年,莫言的《红高粱》入选《亚洲周刊》评选的"20世纪中文小说100强"。2005年《檀香刑》全票入围茅盾文学奖初选。2011年长篇小说《蛙》荣获茅盾文学奖。2012年《蛙》获得诺贝尔文学奖。其作品深受魔幻现实主义影响,写的是一出出发生在山东高密东北乡的"传奇"。在他的小说中构造独特的主观感觉世界,天马行空般的叙述,陌生化的处理,塑造神秘超验的对象世界,带有明显的"先锋"色彩。

二、字词积累

（一）难读字正音

奢(shē)侈(chǐ)　　　拮(jié)据　　　　黏(nián)稠
烟熏(xūn)火燎(liǎo)　吝(lìn)啬(sè)　　名讳(huì)
骡(luó)马　　　　　　冠冕(miǎn)堂皇　斟(zhēn)酌(zhuó)
神祇(qí)　　　　　　富庶(shù)　　　　三绺(liǔ)
咀(jǔ)嚼(jué)　　　　拙(zhuō)劣　　　轴(zhóu)子
刽(guì)子手　　　　　豆秸(jiē)　　　　扑棱(lēng)
祭祀(sì)

（二）难解词释义

1. 拮据：形容缺少钱，境况窘迫。
2. 冠冕堂皇：形容表面上庄严体面或正大的样子，实际上并非如此。
3. 名讳：应该避讳的尊长的名字。
4. 斟酌：反复考虑推敲。

三、文本细读

（一）课文主旨

本文记叙了家乡过年的习俗，字里行间处处显露出自己的真情实感，看似幽默、乐观的背后凝结着过往生活的艰难与沉重。

（二）课文赏析

本篇散文平实易懂。它既是一个文学文本，又是一个文化文本。从文学文本来说，可以从两个方面来阅读和理解。

1. 结构

它以时间为序，从腊八、辞灶日、除夕一直写到春节。相对而言，本文的结构是最简单最朴素的，但是年毕竟是一具体时间概念，要想将一个节日说清楚，最好的办法就是按照节日客观的进程。

2. 对过去的年特点的把握

从"美食的诱惑""神秘的气氛""纯洁的童心"三个方面描写"过去的年"，美食在文中写得最多的就是饺子，神秘的气氛在作品中有好几处写到，比如送灶，比如除夕，神秘来自人对鬼神的敬畏，特别是孩子对宗教世界的不可知，这方面的描写是与纯洁的童心连在一起的，童心表现在与成人对年的不同态度上。

第二册

第二单元

唐五代两宋词单元　心灵的歌吟

　　本单元所选词所处的朝代主要集中在五代与两宋,也是中国古代词发展的高峰时期。本单元既要掌握词的基本常识,也要从所选的作品品阅中,体悟到词人的心灵世界,领略唐五代两宋词新巧而雅致的韵味;同时关注作家的生平、思想、创作风格,有助于对其作品内容的理解和把握。

虞 美 人

春花秋月何时了？往事知多少。小楼昨夜又东风，故国不堪回首月明中。雕阑玉砌应犹在，只是朱颜改。问君能有几多愁？恰似一江春水向东流。

一、文学常识

（一）作者简介

李煜（937—978），五代十国时南唐国君，字重光，初名从嘉，号钟隐、莲峰居士。彭城（今江苏徐州）人。南唐元宗李璟第六子，于961年继位，史称李后主。开宝八年，宋军破南唐都城，李煜降宋，被俘至汴京，封为右千牛卫上将军、违命侯。后因作感怀故国的名词《虞美人》而被宋太宗毒死。其精书法，善绘画，通音律，诗和文均有一定造诣，以词的成就最高，是婉约词的杰出代表。其词大体以南唐灭亡为界，分为前后两期，前期词以描写宫廷逸乐生活为主，风情绮丽；后期词则多追忆往事，伤怀故国，风格沉郁苍凉。

（二）解题

"虞美人"，唐教坊曲，初咏项羽的宠姬虞美人而得名。虞姬，项羽的宠姬，常随项羽出征各地。公元前202年，项羽被刘邦军队围于垓下。夜饮中，项羽慷慨悲歌："力拔山兮气盖世，时不利兮骓不逝，骓不逝兮可奈何？虞兮虞兮奈若何！"美人虞姬和之："汉军已略地，四方楚歌声。大王意气尽，贱妾何聊生。"在四面楚歌中，虞姬拔剑自刎。血染之地，长出的红花，称为"虞美人"。唐一无名氏根据项羽和虞姬的悲剧故事写了一首《虞美人》，词牌名便源于此。因李煜填此词，又名"一江春水"。

二、字词积累

（一）难读字正音

虞(yú)美人　　　　　李煜(yù)　　　　　玉砌(qì)

（二）难解词释义

1. 春花秋月：泛指春秋美景，美好时光。
2. 玉砌：像白玉一样的台阶。
3. 朱颜改：红润的脸色变得苍白、憔悴。朱颜，代指原南唐宫廷中的宫女。

三、文本细读

(一) 课文主旨

这首词抒发了作为亡国之君的故国之思,其中既有他为失去曾经拥有的王国、权力、荣华富贵、享乐生活而发的痛苦哀叹,也包含了对故国山河的思恋和对自己逸乐亡国的悔恨。

(二) 课文赏析

1. 运用对比手法

第一组对比:春花秋月——往事

"春花秋月"是宇宙间无穷无尽的事物,而"往事"则是人世间短暂无常的。两者千差万别,以宇宙的无限去比较人生的有限,表明了造物主的造化弄人,人生命运的不可捉摸。

第二组对比:小楼东风——故国明月

"小楼东风"是作者自己现在不自由的真实写照,表明了囚徒身份的悲惨;"故国明月"则象征了过去美好而自由的生活,那个时候有尊严,有安全感。以过去的美好自由反衬现在处处受限制、处处不自由,越发使这种处境显得悲苦。

第三组对比:雕阑玉砌——朱颜改

"雕阑玉砌",喻指故国美好事物永恒存在;但是以前那个在这样美好事物前流连忘返的人却已经容颜衰老了。两者相比,清楚地表露了作者对人生心灰意冷的黯淡心态。

2. 赏析写愁名句:"问君能有几多愁?恰似一江春水向东流"。

"问君",是假设的问话,作者把自己作为第二人称来发问。把愁思比作"一江春水",使抽象的情感变得形象可感。愁思如春水涨溢恣肆,奔放倾泻,又如江水不舍昼夜,无尽东流。既写出愁思之多,又写出愁思之长。

雨 霖 铃

寒蝉凄切,对长亭晚,骤雨初歇。都门帐饮无绪,留恋处、兰舟催发。执手相看泪眼,竟无语凝噎。念去去、千里烟波,暮霭沉沉楚天阔。

多情自古伤离别,更那堪、冷落清秋节!今宵酒醒何处?杨柳岸、晓风残月。此去经年,应是良辰好景虚设。便纵有千种风情,更与何人说?

一、文学常识

(一) 作者简介

柳永(约984—1053),北宋词人。原名"三变",又称"柳七"或"柳屯田"。他是北宋第一个专力作词的著名词人,也是婉约派的代表作家,他不仅开拓了词的题材内容,而且制作了大量的慢词,发展了铺叙手法,促进了词的通俗化、口语化,在词史上产生了较大的影响。词作流传极广,"凡有井水饮处,皆能歌柳词"。其词多描绘城市风光和歌伎生活。代表作有《雨霖铃》《八声甘州》《望海潮》。

(二) 解题

雨霖铃,也写作"雨淋铃",词牌名,寓意是抒发离愁之苦。相传,唐玄宗入蜀时因在雨中闻铃声而思念杨贵妃,故作此曲。后被柳永用为词调。这首词就是他离开汴京时写的,抒发了跟自己的红颜知己难舍难分的感情。

二、字词积累

(一) 难读字正音

雨霖铃(líng)　　　凝噎(yē)　　　暮霭(ǎi)

(二) 难解词释义

1. 都门帐饮:在京都郊外搭帐设宴饯别。
2. 无绪:没有情绪,无精打采。
3. 凝噎:悲痛气塞,说不出话来。
4. 经年:年复一年。

三、文本细读

（一）课文主旨

全词以"离情"为线索,通过写送别和别后情况的层层设想,在倾诉难以割舍的离愁中,抒发了生平遭遇不幸的感慨。

（二）结构分析

词的上片写一对恋人饯行时难舍难分的情景。起首三句,"寒蝉""长亭晚"点明了分别的时间、地点,"寒蝉""长亭晚""骤雨初歇"描写了景物,渲染了分别的气氛,融情入景,准确地传达了一种凄凉的况味。接下来两句,词人以写实笔法刻画了典型环境与典型心理:一边是留恋情浓,一边是兰舟催发,这样的矛盾冲突何其尖锐！正因如此,词人笔下才迸出了"执手相看泪眼,竟无语凝噎"的千古名句。"执手"两句写情,"念去去"两句写景,结束了话别的场面。

词的下片宕开一笔,写离愁别恨。"今宵"三句,虚景实写,扁舟夜发,拂晓醒来,所见唯有杨柳岸边的晓风残月而已！执手之人,已在千里之外。"此去"以下,放笔直写,构成另一种情境。全词在时间与思绪上环环相扣,步步推进。

（三）课文赏析

1. 本首词的主要艺术特点

其一是融情入景。开头三句写景,时当深秋,景已萧瑟,又值天晚,暮色阴沉,骤雨刚停,寒蝉凄切,所见所闻,无处不凄凉,融情入景,暗寓别意。"念去去"三句,写浩渺的烟波,沉沉的暮霭,辽阔的天空,旅人前途茫茫,情人相见无期,景无边而情无限。"杨柳岸"三句,明写眼前景,暗写别后情。其二是虚实相济。上片重在记别,为实写;"念去去"两句虚景实景交融。下片重在述怀,虚写想象中别后的情景。其三是层层铺叙。全词以离情为贯穿全篇的主线,先写离别环境,次写离别场景,再写此去的行程,最后写别后的情景,前呼后应,逐层展开,渐次深入。

2. 赏析"今宵酒醒何处？杨柳岸、晓风残月"

"酒醒"对应上片的"帐饮",让读者看到虽"无绪"但由于借酒浇愁,结果还是喝醉了。这本是想象今宵旅途中的况味:一舟临岸,词人酒醒梦回,只见习习晓风吹拂萧萧杨柳,一弯残月高挂杨柳梢头,整个画面充满了凄清的气氛,客情之冷落,风景之清幽,离愁之绵邈,完全凝聚在这一幅画中。将杨柳、晓风、残月这三个最能触动离愁的事物集中成为一幅鲜明的画面,用几个名词连缀而成,给读者留下了无尽想象的空间。

念奴娇 赤壁怀古

大江东去,浪淘尽、千古风流人物。故垒西边,人道是、三国周郎赤壁。乱石穿空,惊涛拍岸,卷起千堆雪。江山如画,一时多少豪杰。

遥想公瑾当年,小乔初嫁了,雄姿英发。羽扇纶巾,谈笑间、樯橹灰飞烟灭。故国神游,多情应笑我,早生华发。人生如梦,一樽还酹江月。

一、文学常识

(一) 作者简介

苏轼(1037—1101),北宋文学家,书画家。字子瞻,号东坡居士(任黄州团练副使时,曾于山之东坡居住,故号东坡),四川眉山人。其文汪洋恣肆,明白畅达,为"唐宋八大家"之一。其诗清新豪健,善用夸张比喻,在艺术表现方面独具风格。少数诗篇也能反映民间疾苦,指责统治者的奢侈骄纵。词开豪放一派,对后代很有影响。诗与黄庭坚并称"苏黄",词与辛弃疾并称"苏辛",散文与欧阳修并称"欧苏",书法与黄庭坚、米芾、蔡襄并称"宋四家"。有诗文《东坡七集》等,词集有《东坡乐府》。

(二) 解题

"念奴娇",著名词牌名之一,得名于唐代天宝年间的一个名叫念奴的歌伎,念奴色艺双全,其音调高亢悦耳。相传《念奴娇》词调就由她而兴,意在赞美她的演技。

二、字词积累

(一) 难读字正音

故垒(lěi)西边　　羽扇纶(guān)巾　　华(huá)发　　酹(lèi)

(二) 难解词释义

1. 故垒:旧时的营垒。垒,古代军中作防守用的墙壁。
2. 雄姿英发:指周瑜风姿与才情出众。英发,卓越不凡。
3. 羽扇纶巾:汉末至魏晋时名士的装束,形容周瑜从容闲雅。纶巾,古代配有青丝带的头巾。
4. 酹:古人祭奠时把酒洒在地上的祭神。这里指洒酒酬月,寄托自己的感情。

三、文本细读

(一) 课文主旨

这首词抒发了词人对往昔英雄人物的无限怀念和敬仰之情以及词人对自身坎坷人生的感慨之情。

(二) 课文赏析

这首词的特点,一是气势磅礴,格调雄浑。全词对宏大壮美的赤壁风光、赤壁鏖兵的曹军惨败、叱咤风云的儒将周瑜等的描绘,都笔墨酣畅,一挥而就,成为豪放词的标志。二是烘托和映衬的手法。这首词中作者要塑造的人物形象是周瑜,却从"千古风流人物"说起,由此引出赤壁之战的"多少豪杰",最后才集中为周瑜一人,突出了周瑜在作者心中的重要地位。词中有两种映衬,一种是实景和虚景相互映衬,另一种是周瑜的"雄姿英发"和作者的"早生华发"相互映衬。三是写景、咏史、抒情相结合的手法。如上片对赤壁的描写和赞美,寓情于景,情景交融。下片刻画周瑜形象,倾注了对历史英雄的敬仰。最后借"一樽还酹江月"表达了自己的感慨。

1. 赏析"故垒西边,人道是、三国周郎赤壁。乱石穿空,惊涛拍岸,卷起千堆雪"。

"故垒西边"两句,指明怀古的特定时代、人物和地点,引入对古战场的凭吊。三国时周瑜大破曹军的赤壁在今湖北黄冈县城外,所以词中用了"人道是",说明传说如此,并非历史上赤壁之战的所在地。"乱石穿空"三句,正面描写赤壁景色:岩石壁立,怒涛汹涌,浪花千叠。写乱石用"穿",状山岩高耸入云的动势及陡峭;写波涛用"卷",状浪花的汹涌翻滚;"雪"字写波涛色彩。"乱""穿""惊""拍""卷"等词语的运用,精妙独到地勾画了古战场的险要地势和雄奇壮丽的景象,为下片所追怀的英雄人物渲染了环境气氛。寥寥数语,有夸张,有比喻,有拟人,有视觉,有听觉,呈现出一幅有声有色、极富动感的壮美画面。

2. 赏析"遥想公瑾当年,小乔初嫁了,雄姿英发。羽扇纶巾,谈笑间、樯橹灰飞烟灭"。

这几句集中写周瑜风流儒雅、从容破敌的形象。"遥想"一词联接上文。作者赞美周瑜,没有写他指挥千军万马与曹操厮杀,而写"小乔初嫁了,雄姿英发",可见是欣赏他的年轻有为,英气不凡,新婚未久,春风得意。小乔嫁与周瑜是赤壁之战前十年的事情,移到赤壁之战时来,是为了衬托周瑜青春年少,志得意满。"羽扇纶巾"三句,写周瑜的战功。"羽扇纶巾"是儒将打扮,绘出周瑜指挥若定、从容不迫的神态。"樯橹灰飞烟灭",写曹军惨败的情景,一场决定命运的战役,就这样轻轻一笔带过,从侧面显示出周瑜的才略。

永遇乐·京口北固亭怀古

　　千古江山,英雄无觅,孙仲谋处。舞榭歌台,风流总被,雨打风吹去。斜阳草树,寻常巷陌。人道寄奴曾住。想当年,金戈铁马,气吞万里如虎。

　　元嘉草草,封狼居胥,赢得仓皇北顾。四十三年,望中犹记,烽火扬州路。可堪回首,佛狸祠下,一片神鸦社鼓。凭谁问:廉颇老矣,尚能饭否?

一、文学常识

(一) 作者简介

　　辛弃疾(1140—1207),字幼安,号稼轩,历城人(山东济南人),南宋爱国词人。一生主张抗金,渴望恢复中原。其词抒写力图恢复国家统一的爱国热情,倾诉壮志难酬的悲愤。继承了苏轼的开拓革新精神,其词题材广阔,气势雄健,意境深沉。善于熔铸经史,驱遣诗文,亦善白描,沉郁顿挫、慷慨苍凉之外兼有清丽明快、缠绵妩媚之风。著有词集《稼轩长短句》。

(二) 解题

　　"永遇乐"是词牌名,"京口北固亭怀古"是标题。京口,南北朝时镇江旧称。北固亭,在镇江东北北固山上,北临长江,又称"北顾亭"。

(三) 背景

　　写这首词的时候辛弃疾已经65岁了,辛弃疾从42岁到60岁一直过着"隐居"的生活,得不到朝廷的重用。1203年再次被当时执掌大权的韩侂胄起用,任浙江东路安抚史,翌年改任镇江知府。1204年韩侂胄为了巩固自己的地位,草草北伐。而镇江濒临抗战前线,是北伐的重要基地。辛弃疾到任后,做了大量的准备工作,但是韩侂胄把持朝政,只想侥幸求逞,不愿认真准备。韩侂胄听不进辛弃疾的劝告,后来就把他调离了镇江。这首词是辛弃疾被起用又被降职时,登上北固亭,满怀悲愤而写下的。

二、字词积累

(一) 难读字正音

舞榭(xiè)歌台　　金戈(gē)铁马　　封狼居胥(xū)
佛(bì)狸(lí)　　廉(lián)颇(pō)

（二）难解词释义

1. 风流：这里指英雄遗风，及英雄人物在历史舞台上所创伟绩的影响，所谓流风余韵。
2. 寻常巷陌：普通的街道。
3. 金戈：精锐部队。
4. 可堪：不堪，哪堪。

三、文本细读

（一）课文主旨

这首词通过怀古，表现了词人抗金救国、恢复中原的热切愿望和壮志难酬的苦闷，也表现了对南宋统治者苟且偷安、不图恢复、不善用人才的愤懑。

（二）课文赏析

这首词最大的特点是用典贴切，寄意深远。一是词人善于将典故与现实巧妙对照，直言不露、隐而不晦地与南宋统治者进行类比或对比。如用孙权、刘裕的英雄壮举，对比南宋统治者的屈辱妥协；用刘义隆草率北伐，导致惨败，类比韩侂胄的轻敌冒进。二是词中用典，都经过了再创作。如写刘裕北面破敌，"金戈铁马，气吞万里如虎"，其英武形象跃然纸上；写自己年岁渐老，"凭谁问：廉颇老矣，尚能饭否"，其怨愤之情萦绕笔端。三是通过用典，借古讽今。对孙、刘的赞扬，就是对南宋统治者的斥责；对刘义隆的讽刺，就是对韩侂胄的警告；对"佛狸祠下"的感慨，就是对统治者不思收复中原的不满。最后以廉颇自比，则是内心的独白。

第二册

第三单元

说明文单元　天道与人为

　　说明文是以说明为主要表达方式的一种文体,分为两大类:事物说明文,以介绍事物的状态、性质、功能为主;事理说明文,以阐明事理、目的是给人以知识为主。说明文语言要求准确、简明、周密。重点了解与掌握说明文的说明顺序及说明方法。

蝉

蝉的地穴

我有很好的环境可以研究蝉的习性。一到七月初,蝉就占据了我门前的树。我是屋里的主人,它却是门外的统治者。有了它的统治,无论怎样总是不很安静的。

每年蝉的初次出现是在夏至。在阳光曝晒的道路上有好些小圆孔,孔口与地面相平。蝉的幼虫就从这些圆孔爬出,在地面上变成完全的蝉。蝉喜欢顶干燥、阳光顶多的地方。幼虫有一种有力的工具,能够刺透晒干的泥土和沙石。我要考察它们遗弃下的储藏室,必须用刀子来挖掘。

这小圆孔约一寸口径,周围一点土都没有。大多数掘地昆虫,例如金蜣,窠外面总有一座土堆。这种区别是由于它们工作方法的不同。金蜣的工作是由洞口开始,所以把掘出来的废料堆积在地面。蝉在幼虫是从地下上来的,最后的工作才是开辟大门口。因为门还未开,所以不可能在门口堆积泥土。

蝉的隧道大都是深十五六寸,下面较宽大,底部却完全关闭起来。做隧道的时候,泥土搬到哪里去了呢?为什么墙壁不会塌下来呢?谁都以为幼虫用有爪的腿爬上爬下,会将泥土弄塌了,把自己的房子塞住。其实,它的动作简直像矿工或铁路工程师。矿工用支柱支撑隧道,铁路工程师用砖墙使地道坚固。蝉同他们一样聪明,在隧道的墙上涂上灰泥。它身子里藏有一种极黏的液体,可以用来做灰泥。地穴常常建筑在含有汁液的植物根须上,为的可以从根须取得汁液。

能够很随便地在穴道内爬上爬下,这是很重要的。它必须先知道外面的气候是怎样的,才能决定可以出去晒太阳的日子来到没有。所以它工作好几个星期,甚至几个月,做成一圈涂墁得很坚固的墙壁,以求适于上下爬行。隧道的顶上留一层一指厚的土,用来抵御外面的恶劣气候,直到最后一刹那。只要有一些好天气的消息,它就爬上来,利用顶上的薄盖去考察气候的情况。

假使它估量到外面有雨或风暴——纤弱的幼虫脱皮的时候,这是一件顶重要的事情——它就小心谨慎地溜到温暖严紧的隧道底下。如果气候看来很温暖,它就用爪去碎天花板,爬到地面上来。

它臃肿的身体里面有一种汁液,可以用力抵御穴里的尘土。它掘土的时候,将汁液喷洒在泥土上,使泥土成为泥浆,于是墙壁就更加柔软。幼虫再用它肥重的身体压上去,使烂泥挤进干土的罅隙。所以,它在地面上出现的时候,身上常有许多潮湿的泥点。蝉的幼虫初次出现于地面,常常在邻近的地方徘徊,寻求适当的地点——一棵小矮树,一丛百里香,一片野草叶,或者一根灌木枝——脱掉身上的皮。找到就爬上去,用前爪紧紧地把握住,丝毫不动。

于是它外层的皮开始由背上裂开,里面露出淡绿色的蝉体。头先出来,接着是吸管和前腿,最后是后腿与折着的翅膀。这时候,除掉尾部,全体都出来了。

接着,它表演一种奇怪的体操。在空中腾跃、翻转,使头部倒悬,折皱的翼向外伸直,竭力张开。然后用一种几乎看不清的动作,尽力翻上来,并用前爪钩住它的空皮。这个动作使尾端从壳中脱出。总的过程大概要半点钟。

这个刚得到自由的蝉,短期内还不十分强壮。在它的柔弱的身体还没有精力和漂亮的颜色以前,必须好好地沐浴阳光和空气。只用前爪挂在已脱下的壳上,摇摆在微风中,依然很脆弱,依然是绿色的。直到变成棕色,才同平常的蝉一样强壮了。假定它在早晨九点钟占据了树枝,大概要到十二点半才扔下它的皮飞去。空壳挂在树枝上,有时可达一两个月之久。

蝉的卵

普通的蝉喜欢在干的细枝上产卵。它选择最小的枝,像枯草或铅笔那样粗细,而且往往是向上翘起,差不多已经枯死的小枝。

它找到适当的细树枝,就用胸部的尖利工具刺成一排小孔。这些小孔的形成,好像用针斜刺下去,把纤维撕裂,并微微挑起。如果它不受干扰,一根枯枝常常刺出三四十个孔。卵就产在这些孔里。小孔成为狭窄的小径,一个个斜下去。一个小孔内约生十个卵,所以生卵总数约为三四百个。

这是一个昆虫的很好的家庭。它之所以产这许多卵,是为了防御某种特别的危险。必须有大量的卵,遭到毁坏的时候才可能有幸存者。我经过多次的观察,才知道这种危险是什么。这是一种极小的蚋,蝉和它比起来,简直成为庞大的怪物。

蚋和蝉一样,也有穿刺工具,位于身体下面近中部处,伸出来和身体成直角。蝉卵刚产出,蚋立刻就想把它毁掉。这真是蝉家族的大灾祸。大怪物只须一踏,就可轧扁它们,然而它们置身于大怪物之前却异常镇静,毫无顾忌,真令人惊讶。我曾看见三个蚋依次呆在那里,准备掠夺一个倒霉的蝉。

蝉刚把卵装满一个小孔,到稍高的地方另做新孔,蚋立刻来到这里。虽然蝉的爪可以够着它,而蚋却很镇静,一点不害怕,像在自己家里一样,在蝉卵上刺一个孔,把自己的卵放进去。蝉飞去了,多数孔内已混进异类的卵,把蝉的卵毁坏。这种成熟的蚋的幼虫,每个小孔内有一个,以蝉卵为食,代替了蝉的家族。

这可怜的母亲一直一无所知。它的大而锐利的眼睛并不是看不见这些可怕的敌人不怀好意地呆在旁边。然而它仍然无动于衷,让自己牺牲。它要轧碎这些坏种子非常容易,不过它竟不能改变它的本能来拯救它的家族。

我从放大镜里见过蝉卵的孵化。开始很像极小的鱼,眼睛大而黑,身体下面有一种鳍状物,由两个前腿连结而成。这种鳍有些运动力,能够帮助幼虫走出壳外,并且帮助它走出有纤维的树枝——这是比较困难的事情。

鱼形幼虫一到孔外,皮即刻脱去。但脱下的皮自动形成一种线,幼虫靠它能够附着在树枝上。幼虫落地之前,在这里行日光浴,踢踢腿,试试筋力,有时却又懒洋洋地在线端摇摆着。

它的触须现在自由了,左右挥动;腿可以伸缩;前面的爪能够开合自如。身体悬挂着,只要有微风就动摇不定。它在这里为将来的出世做准备。我看到的昆虫再没有比这个更奇妙了。

不久,它落到地上。这个像跳蚤一般大的小动物在线上摇荡,以防在硬地上摔伤。身体在空气中渐渐变坚强了。它开始投入严肃的实际生活中了。

这时候,它面前危险重重。只要一点风就能把它吹到硬的岩石上,或车辙的污水中,或不毛的黄沙上,或坚韧得无法钻下去的黏土上。

这个弱小的动物迫切需要隐蔽,所以必须立刻到地下寻觅藏身的地方。天冷了,迟缓就有死亡的危险。它不得不各处寻找软土。没有疑问,许多是在没有找到以前就死去了。

最后,它找到适当的地点,用前足的钩扒掘地面。我从放大镜里见它挥动锄头,将泥土掘出抛在地面。几分钟以后,一个土穴就挖成了。这小生物钻下去,隐藏了自己,此后就不再出现了。

未长成的蝉的地下生活,至今还是个秘密,不过在它来到地面以前,地下生活所经过的时间我们是知道的,大概是四年。以后,在阳光中的歌唱只有五星期。

四年黑暗中的苦工,一个月阳光下的享乐,这就是蝉的生活。我们不应当讨厌它那喧嚣的歌声,因为它掘土四年,现在才能够穿起漂亮的衣服,长起可与飞鸟匹敌的翅膀,沐浴在温暖的阳光中。什么样的钹声能响亮到足以歌颂它那得来不易的刹那欢愉呢?

一、文学常识

(一)作者简介

亨利·法布尔(1823—1915),法国昆虫学家。被誉为"昆虫世界的荷马""科学界诗人",他的传世杰作《昆虫的故事》(又译作《昆虫记》),是一部十大卷的巨著,被称为"昆虫的史诗"。曾被译成13种文字,激发了几代人对自然科学、生物学的兴趣。

(二)解题

该文是一篇科学小品。科学小品文用小品文的笔调,将科学内容生动、形象地表达出来。一般短小精悍、通俗易懂、语言丰富多彩,形式生动活泼。

二、字词积累

(一)难读字正音

| 金蜣(qiāng) | 窠(kē) | 涂墁(màn) | 虫蚋(ruì) |
| 鳍(qí) | 曝(pù) | 媲(pì)美 | |

(二)难解词释义

1. 不毛之地:不生长庄稼的荒地,形容荒凉、贫瘠。

2. 灭顶之灾：像大水淹没了头顶一样的灾难，比喻致命的、毁灭性的灾难。
3. 毫无顾忌：对违反道德的行为丝毫没有反感，或不考虑对人对事情的利害关系，没有顾虑。
4. 金蝉脱壳：蝉变为成虫时要脱去一层壳。比喻用计脱身，使人不能及时发觉。
5. 无动于衷：心里没有触动。指对应该关心、注意的事情丝毫不关心，置之不理。
6. 不怀好意：怀，包藏。没安好心，怀有恶意，有着不可告人的目的。
7. 转瞬即逝：瞬：一眨眼，转眼。即：就。逝，消失。形容在很短的时间里消失。
8. 一无所知：无：没有。知：知道。什么也不知道。
9. 小心谨慎：小心，留心。形容言行慎重，不敢疏忽。
10. 庞然大物：庞然：高大的样子。用来形容表面上很强大但实际上很虚弱的人。

三、文本细读

（一）课文主旨

《蝉》是一篇事物说明文。属于科学小品。按照从外到内的空间顺序，介绍了蝉的地穴位置、外部形态和特征，内部结构成因；又按照对事物观察的进程，分别介绍了蝉从幼虫到成虫，从产卵到幼虫的生长过程，科学而具体地说明了蝉的生长过程和生活习性。

（二）课文赏析

《蝉》实质是科学观察笔记、考察报告，属于科学著作的范畴，但是，作者在表达上采用了一些文学性语言对说明对象的科学资料进行综合介绍，因此有一定的文学色彩，表现如下：

一是把蝉人格化，赋予它人的情感和行为。如写蝉产卵，写出了以为"可怜的母亲"生儿育女所付出的艰辛，也写出了蚋残害生灵的可恨。写由卵发育成蝉，表现出了蝉所经历的四年漫长历程的艰苦。这就使文章具有了较强的感染力，能使读者为这个小生物的成长慨叹，从而对作者的"幸福是如此的来之不易又如此的转瞬即逝"的议论和抒情产生共鸣。

二是运用文学的语言表达。如运用比喻的手法把一般不为人知的科学现象表现得具体形象，以"表演一种奇怪的体操"来比喻蝉的离壳过程。又如以准确而形象的语言描写所观察到的情形，写蝉"身体在空中向后翻腾"，"翻转身体"，其中的动词准确而又生动地描写了蝉脱壳的整个过程。

三是语言准确明晰、亲切生动、活泼有趣。

第8—10段，写蝉出洞到蜕皮的过程，十分细致。尤其是第10段写蝉最后从壳中蜕出，先以拟人手法"它会表演一种奇怪的体操"，然后用一连串的动词，如"腾空""翻转""伸直""张开""勾住"等，把蝉从壳中蜕出来的艰难过程具体地写了出来，既生动又准确。

动物身上会进化出轮子来吗？

轮子是人类发明的最有效的陆上交通工具。据测定，骑自行车依靠人力驱动轮子前进，是当今世界上效率最高的交通方式，其效率比喷气式飞机高5倍，比奔跑的狗或飞翔的鹦鹉高15倍，比飞爬的蟑螂高400倍！

轮子的效率既然如此之高，那么，动物在漫长岁月中可以进化出各种高效率的器官，为什么偏没有进化出轮子来取代它们那效率并非很高的四肢呢？同样可以问，为什么鱼类在水中靠鳍游泳，没有进化出像轮子那样高效率的螺旋桨推进器呢？

这问题初听起来好像颇可笑，然而，仿生学告诉我们，千百万年的生物进化要比人类有限的几千年里的技术发明高明得多。例如，萤火虫的萤光胜过电灯，鹫和鹰的滑翔超越滑翔机，而章鱼、乌贼的喷流式推进器使得任何喷气飞机相形见绌。那么，为什么动物身上没有进化出高效率的轮子来呢？

这就是动物进化研究中有名的"RRR"难题。不少科学家冥思苦想，企图解开其中奥秘。一些动物学家认为：动物身上的细胞是活细胞，它们必须通过血管与心脏相联，通过神经受中枢神经系统支配。而轮子必须能转动，由活细胞组成的轮子一转动，势必会把血管神经缠绕起来，妨碍其功能。然而这种说法很容易被驳倒。我们知道，动物身上除了活的细胞组织，还有一些具有一定功能的死组织。例如人的指甲，动物身上的蹄、角。活组织不能进化成轮子，为什么死组织不进化成轮子呢？为什么老鼠不长出旱冰鞋似的死骨组织？为什么猫不长出可以伸缩的爪轮？

人们从动物身上难以找到答案，转向从动物和生活环境的关系中去寻找答案。美国芝加哥大学解剖学家拉巴比拉长期以来研究RRR难题，他从动物与生存环境的联系，从人类技术发展的历史来认识这一难题，提出了新的学说。

拉巴比拉认为，尽管从能量利用的效率来说，轮子比腿优越，但是步行也有许多轮子无法比拟的优点。在野生环境中，大多数动物没有轮子比有轮子更有利，而人类虽然在几千年以前就发明了轮子，直到今天，人类也只是在一定的条件下才使用轮子，不可能放弃步行。他认为这是由于以下3方面的原因决定的：

（1）轮子仅在坚硬平整的路面上才有效。用工程技术的术语来说：滚动阻力随着路面变软或凸凹不平而增加。人类发明的轮子依赖于人类自己铺设的道路，而自然界并没有为动物准备平整坚硬的行驶轮子之路。

（2）轮子常会遇到路面上的垂直障碍，例如骑自行车从马路驶上人行道边缘台阶时会遇到困难。美国国家宇航总局在设计登月车时，曾经花很大力气研究克服月球表面的垂直障碍问题。一般说来，轮子要爬上高度与轮直径相等的垂直障碍是几乎不可能的。自然界垂直障碍极多，动物依靠腿可以上爬下跳，而如果依靠轮子就无能为力了。

(3) 自然界还有许多空间障碍,像树木、石块等,会阻挡轮子的滚动。

由此拉巴比拉认为,在自然环境中,腿对动物来说比轮子更优越,所以陆上动物没有进化出轮子来。

这一学说提出之后,同样受到不少诘难。自然界虽然没有为动物准备可供轮子行驶的路面,但是毕竟还有一些轮子可以行驶的生态小环境,为什么动物不进化出像食肉兽的利爪那样可以伸缩的死组织,例如"爪轮",可供在适合的环境中使用,而不适用轮子的环境依然靠腿步行?这种"腿轮并用"的模式在动物世界可以找到先例,例如穿山甲就会变成一个大圆球从山坡上滑下来,而平时也用腿行走,只不过它是依靠全身滚动。那么,为什么多数动物不朝着"腿轮并用"的方向进化,在身上进化出轮子来呢?

更令人感兴趣的是,如果动物仅仅是因为环境原因没有进化出轮子来,那么,几千年来,人类的活动已经使得陆地上的面貌大为改观,今天,纵横交错的公路已经遍布地球上的几乎每一个角落。按照生物进化的理论,生态环境的改变会加速动物的进化。当一种新的生态环境形成出现并可能为生物所利用时,总会有一些生物迅速进化出适应的手段来占据这一小环境。由于人类改变了环境,今后,动物身上会不会进化出轮子来呢?若干千年以后,人们是不是将会看到进化出溜冰鞋那样的轮子器官的老鼠,进化出可以伸缩的爪轮的猫、狗,在高速公路上飞速前进,和汽车并驾齐驱呢?

拉巴比拉和其他研究者都无法回答这一问题。动物身上会不会进化出轮子来?这仍然是一个扑朔迷离的动物之谜。

一、文学常识

(一) 作者简介

周立明(1972—),曾任少年儿童出版社副总编辑。科普作家,重要作品有《动物游戏之谜》《会"说话"的动物》等。

(二) 文体知识

事理说明文的说明对象是某个抽象事理。将抽象事理的成因、关系、原理等说清楚,使读者明白这个事理"为什么是这样"是其主要目的。因此,不管是事物说明文还是事理说明文都要求作者对说明的对象进行真实的介绍。写作事理说明文需要遵循三个原则:① 了解事理。② 安排写作顺序。③ 选择合适的说明方法。

二、字词积累

(一) 难读字正音

中枢(shū)　　秃鹫(jiù)　　船舶(bó)　　相形见绌(chù)
海豚(tún)　　冥(míng)思苦想　　迦(jiā)太

(二) 难解词释义

1. 相继问世：表示前后相接，没有中断。继，连续，接着。
2. 相形见绌：形，对照。绌，不如，不足。和同类的事物相比较，显出不足。
3. 冥思苦想：想，思考。冥，深奥，深沉，思考。思，思考。绞尽脑汁，苦思苦想。
4. 无能为力：用不上力量，帮不上忙，指没有能力或力不能及。
5. 以步当车：用步行代替乘车。
6. 纵横交错：横的和竖的交叉在一起。也形容情况复杂。错，错杂。

三、文本细读

(一) 课文主旨

该文作者立足于典型而丰富的事例，通过大量科学精确的数据，从动物与环境的角度展开全面而清晰的分析，认识和解答了动物在漫长的岁月中没有进化出轮子和螺旋桨推进器的缘由，既普及了科学常识，又可激发人们对自然和生活的科学兴趣，培养人们的科学探索精神。

(二) 课文赏析

1. 科学家是从哪些方面探究动物身上没有进化出轮子的原因的？作者支持哪种？
答：动物自身和动物所处的环境两个角度；作者支持从环境的角度分析。
2. 为什么说"在自然界中，腿对于动物来说比轮子更优越"？请概括说明。
答：① 轮子仅在坚硬平整的路面上才有效。自然界并没有为动物准备平整坚硬的行驶轮子之路，轮子的能量转换的效率无法发挥。② 轮子难于克服自然界中常见的垂直障碍和空间障碍。③ 动物的腿容易克服这些困难，所以说"在自然界中，腿对于动物来说比轮子更优越"。
3. 陆上动物和水里鱼类没有进化出轮子的原因完全一致吗？有怎样的异同点？
答：不完全一致。相同之处，都是因为环境的原因没有进化出轮子，不同的是：陆上动物主要是因为环境的限制没有进化出轮子，而水里鱼类则是因为自身的鳍和尾部比轮子高效。
4. 为什么作者在分析了动物身上不能进化出轮子的原因后，又列举了人类历史中的例子？
答：从人类历史的例子中，寻找"在自然界复杂的环境中，轮子不能成为理想交通工具"的原因，再次明确"仅仅在有车路的情况下，轮子才比腿优越；在没有路的自然界，动物的腿要比轮子优越得多"，从而更具说服力地指出"在自然界复杂的环境中，动物身上没有进化出轮子"。另一方面这也体现出了作者的严谨态度。

寂静的春天

地球上生命的历史即是生物与它们的环境互相作用的历史。在很大程度上,地球上动植物的形体和习惯是由环境造成的。相对于地球的漫长历史,反向作用即生物对其环境的实际影响较小。只有在20世纪极短的时光瞬间中,一个物种——人——才获得了有效力量去改变他所在世界的大自然。

在过去的四分之一世纪里,这种力量不仅增大到了令人不安的程度,而且其性质亦发生了变化。人类对环境最可怕的破坏是用危险甚至致命的物质对空气、土壤、河流和海洋的污染。这种污染多数是无法救治的,由它所引发的恶性循环在很大程度上是不可逆转的,它不仅存在于生物赖以生存的世界,而且也存在于生物组织中。在当今对环境的普遍污染中,化学药品是辐射线的凶恶但却被人忽视的同谋,它们共同改变着世界上生物的根本性质。由核爆炸释放到空中的锶-90以放射性尘埃的形式随雨水或漂浮物落到地球上,留在土壤里,进入地上生长着的草、玉米或小麦等植物体内,最后钻进人体,停留在骨骼里直到人死去。同样,喷洒在农田、森林或花园里的化学药品长期留在土壤中,进入活的生物体内,在一种毒害和死亡连锁反应中从一个生物体传到另一生物体;或者随着地下溪流神秘地流淌直至冒出地表,通过空气和阳光的化合作用构成新形式,毒死植物,使牲畜得病,对那些饮用原本纯净的井水的人们造成不知不觉的危害。正如阿尔伯特·施威策所说:"人甚至连自己创造的魔鬼都认不出来。"

要生成现今栖居在地球上的生物需要亿万年的时间——在这漫长的时间里,生物不断发展进化,种类越变越多,达到一种同其环境相适应、相平衡的状态。而环境一丝不苟地塑造和引导它所供养的生物,这环境既包含有利生物生长的成分,又包含有害的成分。某些岩石放射出危险的射线;即便在一切生物从中取得能量的日光中,也包含着有伤害力的短波射线。经过一定的时间——不是过了若干年,而是过了千百年,生物适应了环境,达到了平衡。时间是最基本的因素。但在现代世界里人们没有时间去适应世界的急速变化。

人类急躁轻率的步伐胜过了自然界稳健的步履,事物很快发生变化,新情况急剧不断地产生。如今辐射已不仅仅是地球上出现生命之前便存在的岩石隐秘射线、宇宙射线以及太阳紫外线,它更是人类拨弄原子的奇异产物。同样,逼迫生物与之适应的化学物质也不再只是从岩石上冲刷出来由河流带入海洋的钙、二氧化硅、铜以及其他矿物质,它们还有人类的聪明才智所创造的人工合成物,在实验室里配制而成,在自然界找不到与它们相似的东西。

适应这些化学药品所需的时间应以大自然的尺度来衡量,人的短暂一生是不够的,它要求的是若干世代的时间。但即令在这么漫长的时间内可能奇迹般地实现了适应,也将毫无用处,因为从我们的各个实验室会源源不断地冒出新的化学药品并投入实际使用。这数字令人震惊,而且它的深层含义不易为人们所领会——单是在美国,每年就有约500种新的化学药品需要人和动物的身体以某种方式去与之适应,它们完全超出了生物学经验的范围。

这些化学药品有许多被用于人类对自然的战争。自20世纪40年代中期以来,逾200种基本化学药品被研制出来,用于杀死昆虫、杂草、啮齿动物和其他现代行话称之为"害虫"的生物体;这些化学药品被打着数千种不同的商标出售。

这些喷雾液、药粉、烟雾剂现在几乎普遍在农场、花园、森林和家庭中使用——这些化学药品能够不加选择地杀死任何昆虫,不论其是"好"是"坏";能够使鸟儿不再歌唱,鱼儿不再跳跃于水中;能够以一层剧毒物质覆盖在叶片表面或长期滞留在土壤中。而人们使用所有这些药品消灭的目标或许仅仅是屈指可数的几种杂草或昆虫。难道有人会相信,可以向地球表面倾泻这么多毒物而又继续使它适宜一切生物生长?这些化学药品不应称作"杀虫剂",而应称为"杀生剂"。

药物使用的整个发展过程似乎卷入了一个永无终点的螺旋。自从滴滴涕被允许民用以来,逐步升级的过程便开始了,人们得不断寻找更有毒性的物质。这是因为作为对达尔文适者生存原理的绝好证明,昆虫已演化出对人们使用的某一杀虫药具有抗药性的超级品种,于是人们必须发明一种更毒的药剂,接着又发明一种比这种药剂更毒的药剂……

"控制大自然"这一短语是在骄傲自大的心态中构思出来的,它源于尼安德特人时期的生物学和哲学,当时人们以为自然界是为人类的便利而存在的。应用昆虫学的概念和实践大都发端于那石器时代的科学。如此原始的科学竟已用最现代、最可怕的武器装备起来,这真是我们的一大灾祸。这门科学在使用这些武器对付害虫的同时也在打击整个地球。

一、文学常识

(一)作者简介

雷切尔·卡森(1907—1964),美国生物学家、科普作家。是当代环保运动的先驱。因在环保方面的成绩被授予"奥杜邦奖章"。代表作有《寂静的春天》《我们周围的海洋》。

(二)背景

1962年完成《寂静的春天》一书。这本书首次揭露了美国农业、商业界为追逐利润而滥用农药的事实,对美国不分青红皂白地滥用杀虫剂而造成生物及人体受害的情况进行了抨击,使人们认识到了农药污染的严重性。它是一座丰碑,犹如旷野中的一声呐喊,用它深切的感受、全面的研究和雄辩的论点改变了历史的进程。作者1964年因癌症和遭受空前的诋毁、攻击而与世长辞。而如果没有这本书,环境运动也许会被延误很长时间,或者现在还没有开始。

二、字词积累

(一)难读字正音

啮(niè)齿   拨(bō)弄(nòng)   滞(zhì)   栖(qī)居

尘埃(āi)　　　　步履(lǚ)　　　　牲畜(chù)

(二) 难解字释义

1. 连锁反应：比喻相关的事物发生相应的变化。连锁，像锁链似的一环扣一环。
2. 屈指可数：扳着手指头就可以数清楚。形容数量少。
3. 不可逆转：不能向相反的方向转化。逆，方向相反。

三、文本细读

(一) 课文主旨

这篇课文以科学翔实的资料，以实事求是的精神，阐述了化学药品对环境的污染，指出了人类用自己制造的毒药来提高农业生产，无异于饮鸩止渴，人类应该走另外的路。

(二) 课文赏析

1. 春天"寂静"的表现有哪些？

明确：(第7节)这些喷雾液、花粉、烟雾剂现在在农场、花园、森林和家庭中几乎普遍使用——这些化学药品能够不加选择地杀死任何昆虫，不论其是"好"还是"坏"；能够使鸟儿不再歌唱；鱼儿不再跳跃于水中……

2. 致春天"寂静"的原因有哪些？

明确有以下几个方面：

(1) (第6,7节)自20世纪40年代中期以来，逾200种基本化学药品被研制出来，用于杀死昆虫、杂草、啮齿动物和其他现代行话称为"害虫"的生物体；这些化学药品打着数千种不同的商标出售。这些化学药品能够不加选择地杀死任何昆虫，同时也污染了环境。

(2) 核爆炸污染(第2节)。

(3) 岩石中隐秘的射线(第3节)。

(4) 宇宙射线、太阳紫外线(第4节)。

3. 让春天不再"寂静"，解决环境污染之法有哪些？

明确：① 文中涉及的解决方法：

生物：生物经过一定的时期，适应了环境就达到了平衡。

不足之处：现代世界里的人没有时间，人的一生太短暂，而适应环境要求的是若干年代的时间，所以适应环境的平衡对人是不行的。况且源源不断的污染，对人、对生物都难以适应，难以达到平衡。

② 保护自然，改善环境的方法：参考净水器、防辐射服等。

第二册

第四单元

议论文单元　文化的思考

　　本单元所选文章或多或少都涉及文化现象，与中国当下生活结合紧密。从文体上来看，属于议论文中的随笔，它们或讲述文化知识，或发表学术观点，或评析世态人情，启迪人的心智，发人深思。在写作方法上，它们往往旁征博引，而不作理论性太强的阐释，行文方面缜密而不失活泼，结构自由而不失严谨，因此，它们可谓兼顾了学术性与普及性。

传统文化与文化传统

经过了一个多世纪的代价巨大的社会实验，中国人终于懂得了一个真理：未来的陷阱原来不是过去，倒是对过去的不屑一顾。就是说，为了走向未来，需要的不是同过去的一切彻底决裂，甚至将过去彻底砸烂；而应该妥善地利用过去，在过去这块既定的地基上构筑未来大厦。如果眼高于顶，只愿在白纸上描绘未来，那么，所走向的绝不会是真正的未来，而只能是过去的某些最糟糕的角落。

这里所要讨论的"过去"，当然不是纯时间的范畴。在社会、文化的意义上，过去主要指的是传统，即那个在已往的历史中形成的、铸造了过去、诞生了现在、孕育着未来的民族精神及其表现。

一个民族的传统无疑与其文化密不可分。离开了文化，无从寻觅和捉摸什么传统；没有了传统，也不成其为民族的文化。于是在许多著作中、文章中、报告中乃至政策性的文件中，常常看到"文化传统""传统文化"的字样。惹人麻烦的是，这些概念，往往交叉使用，内容含糊；特别是当着那些著作等等向读者提出任务，要大家来批判、继承、发扬或弘扬传统的时候，更有无所适从、无可施技之感。因为，至少从字面上看来，文化传统与传统文化并不一样；如果进而追究内容，则差别之大，几乎可以跟蜜蜂和蜂蜜的差别媲美。

传统文化

传统文化的全称大概是传统的文化，落脚在文化，对应于当代文化和外来文化而谓。其内容当为历代存在过的种种物质的、制度的和精神的文化实体和文化意识。例如说民族服饰、生活习俗、古典诗文、忠孝观念之类；也就是通常所谓的文化遗产。

传统文化产生于过去，带有过去时代的烙印；传统文化创成于本民族祖先，带有自己民族的色彩。文化的时代性和民族性，在传统文化身上表现得最为鲜明。

各传统文化在其各自发生的当时，本系应运而生的，因而在历史上都起过积极作用。及至事过境迁，它们或者与时俱进，演化出新的内容与形式；或者抱残守缺，固化为明日的黄花和垢土。也有的播迁他邦，重振雄风，礼失而之野；也有的生不逢辰，昙花一现，未老而先天。但是，不管怎样，不管它们内容的深浅，作用的大小，时间的久暂，空间的广狭，只要它们存在过，它们便都是传统文化。

凡是存在过的，都曾经是合理的；分别在于理之正逆。凡是存在过的，都有其影响；问题在于影响的大小。因此，对后人来说，就有一个对传统文化进行分析批判的任务，以明辨其时代风貌，以确认其历史地位，以受拒其余风遗响。在我国，所谓的发掘抢救、整理厘清、批判继承、古为今用等等那一套办法和方针，都是针对传统文化而言的；所有的吃人的礼教、东方的智慧等等一大摞贬褒不一的议论，也多是围绕着传统文化而发。对此大家耳熟能详，无待赘述。现在需要仔细讨论的是文化传统。

文化传统

文化传统的全称大概是文化的传统,落脚在传统。

文化传统与传统文化不同,它不具有形的实体,不可抚摸,仿佛无所在;但它却无所不在,既在一切传统文化之中,也在一切现实文化之中,而且还在你我的灵魂之中。文化传统是不死的民族魂。它产生于民族的历代生活,成长于民族的重复实践,形成为民族的集体意识和集体无意识。简单说来,文化传统就是民族精神。

一个民族有一个民族的共同生活、共同语言,从而也就有它们共同的意识和无意识,或者叫共同心理状态。民族的每个成员,正是在这种共同生活中诞生、成长,通过这种语言来认识世界、体验生活、形成意识、表达愿望的。因而,生活对于他们就是一片园地,语言对于他们便是一种工具,大凡在这种生活里不存在的现象和愿望,由这种生活导不出的方式和方法,为这种语言未曾表达过的意念,用这种语言无法道出来的思想,自不会形成为这一民族的共同心理;纵或民族的某个或某些成员有时会酿出某些独特的心理,也往往由于禁忌、孤立等社会力量的威慑,不是迅速销声匿迹,便是陷于孤芳自赏,而很难挤进民族的共同圈子里去;除非有了变化着的共同生活作后盾。唯有那些为这一民族生活所孕育、所熟悉、所崇尚的心理,始能时刻得到鼓励和提倡,包括社会的推崇和个人的向往,而互相激荡,其道大行,成为巨大的精神财富和物质力量。这样,日积月累,暑往寒来,文化传统于是乎形成。

所以,一般说来,文化传统是一种惰性力量。它制约着人们的思维方法,支配着人们的行为习俗,控制着人们的情感抒发,左右着人们的审美趣味,规定着人们的价值取向,悬置着人们的终极关怀(灵魂归宿)。个人的意志自由,在这里没有多少绝对意义,正像肉体超不出皮肤一样,个人意志超不出文化传统之外。但也正因如此,文化传统便成了一种无声的指令,凝聚的力量,集团的象征。没有文化传统,我们很难想象一个民族能够如何得存在,一个社会能够如何不涣散,一个国家能够如何不崩解。

当然这并非说文化传统是不变的。因为时间在前进,生活在交替,经验在累积,知识在更新,传统中某些成分会变得无所可用而逐渐淡化以至衰亡;生活中某些新的因素会慢慢积淀并经过筛选整合而成为传统的新成分。但是必须注意,文化传统的变化无论如何总是缓慢的、渐进的,不会发生一蹴而就的奇迹;虽在社会急剧变幻的革命时期也是如此。

当然这也并非说文化传统不会接受外部世界的影响,以变化自己的内容。不同民族不同文化只要存在,便可能有接触;只要有接触,便有交流;只要有交流,便有变化。但是,从接触到交流到变化,中间有着一系列复杂的过程。大体说来,两种不同文化(带着自己的文化传统)由于婚媾、交通、贸易、扩张、侵略等原因而接触而互播时,起先往往互相惊奇,彼此观望;尔后则互相攻讦,彼此拒斥;最后乃互相学习,彼此交流。而学习所取、交流所得,仍待经过自己文化传统这个"有机体"的咀嚼、消化和吸收,或者叫做整合,才会加入为传统的一个新成分,带来传统的变化。这时候,反观其与原型的同异,虽未必面目全非,常难免橘枳之感。这是历史和现实所已反复证明了并仍在证明着的。

财富和包袱

设想一下,如果某个民族没有自己的传统文化和文化传统,每一天都在从头开始去练习生存本领,其情景当然是不堪设想也不忍设想的。因之,称传统文化为祖宗的丰富遗产,说文化传统是我们的宝贵财富,应该是不为过分的。

但是如果忘记,传统是一种惰性的力量,保守的因素,它具有钳制思想、束缚行动的本性,常常造成原地踏步的局面,也会引出某种不堪设想和不忍设想的后果。因之,说传统是民族沉重的负荷,社会前进的包袱,也是不为过分的。

既是财富,又是包袱。辨证地了解和掌握传统的这两重属性,运用它而不被其吞没,防止它而不拒之千里,是一大学问,是一种艺术,是人类发挥其主观能动作用的重要表现和广阔场所。

能理解这一点和做到这一点,看来并非易事。我们容易看到的,常常是与之相左的情况。比如说,一种人以为传统像服装,并认为服装以入时为美,而去追求时髦,日日新,又日新。这时,具有惰性的传统,只会被斥为阻碍趋势的包袱。另一种人以为传统像文物,文物唯古是尚,应该保护其斑驳陆离,切忌来刮垢磨光。这时,传统所不幸具有的惰性,倒又成了他们心目中的财富。

传统的确是财富,但财富不在它的惰性;传统也的确是包袱,但包袱也不因它非时装。传统不是可以逐气温而穿脱的外衣,甚至都不是可以因发育而定期蜕除的角质表皮。传统是内在物,是人体和虫体本身;精确点说,是人群共同体的品格和精神。它无法随手扔掉,难以彻底决裂,除非谁打算自戕或自焚。

但是传统也不是神赐的天生的,它原是人们共同生活的产物,必定也会随共同生活的变化而更新。谁要想拉住传统前进的脚步,阻挡传统变化的趋势,纵或得逞于一时,终将不止于徒劳无功,而且往往要激起逆反心理,促成精神危机。这是有史可稽的。

一、文学常识

(一) 作者简介

庞朴(1928—2015),江苏淮安人。中国当代著名历史学家。著有《沉思集》《稂莠集——中国文化与哲学论集》等。

(二) 背景

随着我国改革开放的进一步深入发展,东西方文化的碰撞,如何处理好物质与精神、传统与现代、东西方文化间的关系,是摆在当前的重要课题。因此,从如何处理好传统文化与文化传统的关系入手,对文化遗产去芜存精,让民族精神重放光彩,并在文中作了深入的分析和探讨,是新时期下继承传统文化、发扬文化传统的理论指导,具有现实意义和指导意义。

二、字词积累

(一) 难读字正音

媲(pì)美　　　烙(lào)印　　　昙(tán)花一现　　　威慑(shè)

一蹴(cù)而就　　攻讦(jié)　　咀嚼(jǔ jué)　　　钳(qián)制

刮垢(gòu)磨光　蜕(tuì)变　　得逞(chěng)

(二) 难解词释义

1. 应运而生：旧指应天命而生。现指适应时机而生。应，顺应；运，原指天命，泛指时机。

2. 事过境迁：随着时间的推移，情况发生变化。迁，变动。

3. 抱残守缺：守住陈旧、残破的东西，不肯放弃。原本比喻泥古守旧。今多比喻思想保守，不求上进，不肯接受新事物。抱，坚持不放。

4. 明日黄花：比喻过时或无意义的事物。明日，指重阳节后；黄花，菊花。

5. 昙花一现：昙花开放后很快就凋谢。比喻突然显赫起来的人或流行一时的事物很快消失。

6. 余风遗响：遗留下来的风气、影响等。

7. 销声匿迹：指隐藏起来，不公开露面。销，通"消"；匿，隐藏；迹，踪迹。

8. 孤芳自赏：比喻自命清高，自我欣赏。孤芳，独秀一时的香花。

9. 一蹴而就：踏一步就成功。比喻事情轻而易举，一下子就成功。蹴，踏；就，成功。

10. 攻讦：揭发别人的隐私或攻击别人短处(多指因个人或派系利害矛盾)。

11. 斑驳陆离：形容色彩错杂纷繁。斑驳，色彩杂乱；陆离，参差不一。

12. 刮垢磨光：比喻教育人，培养人才。本文指被破坏传统文物的本来面目。

13. 有史可稽：有历史可以考证。稽，考核，核查。

三、文本细读

(一) 课文主旨

文章阐释了传统的内涵、本质意义，分析了传统文化与文化传统的区别和联系，文化传统的两重属性，指出应该怎样正确对待的态度。

(二) 课文赏析

1. 文章为什么要用较大的篇幅阐释"传统文化"与"文化传统"这两个概念？作者是从哪些方面阐释这两个概念的？

探究：作者之所以用较大的篇幅阐释"传统文化"与"文化传统"这两个概念，主要是为下文阐释"传统文化"与"文化传统"既是财富,又是包袱以及如何辩证对待"传统文化"与"文化传统"奠定基础。

首先,从语言结构分析入手,将"传统文化"与"文化传统"分别落脚在"文化"与"传统"上。

接着,从人们的日常生活和日常认识入手,对两者作出"定义"式的简单判断:传统文化就是通常所说的文化遗产,文化传统就是民族精神。

然后,又从"传统文化"和"文化传统"的形成过程的角度,阐释了两者的特性:传统文化是具体的,带有鲜明的时代性和民族性;文化传统是意识和精神,是一种惰性力量,或者说是一种惯性力量,"任你风吹雨打,我自岿然不动"。

最后又以比喻的方式,阐述了两者的两重属性:既是财富,又是包袱。

通过这样逐层推进,通俗明了地讲清了"传统文化"和"文化传统"的含义、特性及影响,使同学们有了比较清楚的认识。

2. 为什么说传统"既是财富,又是包袱"?文章论述这个问题的目的是什么?

探究:"传统文化"是一个民族的文化遗产,"文化传统"是不死的民族魂,是民族精神。一个民族因为有了自己的传统文化和文化传统,才有巨大的精神财富和物质力量,才能在传统的制约与支配下,凝聚成一个稳定而团结的集体。所以说,传统是财富。然而传统是一种惰性的力量、保守的因素,它具有钳制思想、束缚行动的本性,妨碍进步和发展,因而传统又是包袱。作者论述这个问题,是要我们辩证地了解和掌握传统的这两重属性,既要继承和发扬传统,古为今用,又要批判分析,弃其落后的保守的东西,吸收其他民族文化中有益的东西,促使传统不断发展与进步。

咬文嚼字

　　郭沫若先生的剧本里婵娟骂宋玉说:"你是没有骨气的文人!"上演时他自己在台下听,嫌这话不够味,想在"没有骨气的"下面加"无耻的"三个字。一位演员提醒他把"是"改为"这","你这没有骨气的文人!"就够味了。他觉得这字改得很恰当。他研究这两种语法的强弱不同,"你是什么"只是单纯的叙述语,没有更多的意义,有时或许竟会"不是";"你这什么"便是坚决的判断,而且还必须有附带语省略去了。根据这种见解,他把另一文里"你有革命家的风度"一句话改为"你这革命家的风度"。

　　这是炼字的好例,我们不妨借此把炼字的道理研究一番。那位演员把"是"改为"这",确实改得好,不过郭先生如果记得《水浒》,就会明白一般民众骂人,都用"你这什么"式的语法。石秀骂梁中书说:"你这与奴才做奴才的奴才!"杨雄醉骂潘巧云说:"你这贱人!你这淫妇!你这你这大虫口里倒涎!你这你这……"一口气就骂了六个"你这"。看看这些实例,"你这什么"倒不仅是"坚决的判断",而是带有极端憎恶的惊叹语,表现着强烈的情感。"你是什么"便只是不带情感的判断。纵有情感也不能在文字本身上见出来。不过它也不一定就是"单纯的叙述语,没有更多的含义"。《红楼梦》里茗烟骂金荣说:"你是个好小子出来动一动你茗大爷!"这里"你是"含有假定语气,也带"你不是"一点讥刺的意味。如果改成"你这好小子!"神情就完全不对了。从此可知"你这"式语法并非在任何情形之下都比"你是"式语法都来得更有力。其次,郭先生援例把"你有革命家的风度"改为"你这革命家的风度",似乎改得并不很妥。"你这"式语法大半表示深恶痛绝,在赞美时便不适宜。二、"是"在逻辑上是连接词,相当于等号。"有"的性质完全不同,在"你有革命家的风度"一句中,风度是动词的宾词。在"你这革命家的风度"中,风度便变成主词和"你(的)"平行。根本不成一句话。

　　这番话不免罗嗦,但是我们原在咬文嚼字,非这样锱铢必较不可。咬文嚼字有时是一个坏习惯,所以这个成语的含义通常不很好。但是在文学,无论阅读或写作,我们必须有一字不肯放松的谨严。文学藉文字表现思想情感,文字上面有含糊,就显得思想还没有透彻,情感还没有凝炼。咬文嚼字,在表面上像只是斟酌文字的分量,在实际上就是调整思想和情感。从来没有一句话换一个说法而意味仍完全不变。例如《史记》李广射虎一段:"李广见草中石以为虎而射之,中石没镞,视之,石也。更复射,终不能复入石矣。"这本是一段好文章,王若虚在《史记辨惑》里说它"凡多三石字",当改为"以为虎而射之,没镞,既知其为石,因更复射,终不能入"。或改为"尝见草中有虎,射之,没镞,视之,石也"。在表面上似乎改得简洁些,却实在远不如原文,见"草中石,以为虎"并非"见草中有虎"原文"视之,石也",有发现错误而惊讶的意味,改为"既知其为石"便失去这意味。原文"终不能复入石矣"有失望而放弃得很斩截的意味,改为"终不能入"便觉索然无味。这种分别,稍有文字敏感的人细心玩索一番,自会明白。

一般人根本不了解文字和情感的密切关系,以为更改一两个字不过是要文字顺畅些或是漂亮些。其实更动了文字就同时更动了思想情感,内容和形式是相随而变的。姑举一个人人皆知的实例,韩愈在月夜里听见贾岛吟诗,有"鸟宿池边树,僧推月下门"两句,劝他把"推"字改为"敲"字。这段文字因缘古今传为美谈,于今人要把咬文嚼字的意思说得好听一点,都说"推敲"。古今人也都赞赏"敲"字比"推"字下得好,其实这不仅是文字上的分别,同时也是意境上的分别。"推"固然显得鲁莽一点,但是它表示孤僧步月归寺门原来是他自己掩的,于今他推。他须自掩自推,足见寺里只有他孤零零的一个和尚。在这冷寂的场合,他有兴致出来步月,兴尽而返,独往独来,自在无碍。他也自有一副胸襟气度。"敲"就显得他拘礼些,也就显得寺里有人应门。他仿佛是乘月夜访友,他自己不甘寂寞,那寺里假如不是热闹场合,至少也有一些温暖的人情。比较起来,"敲"的空气没有"推"的那么冷寂。就上句"鸟宿池边树"看来,"推"似乎比"敲"要调和些。"推"可以无声,"敲"就不免剥啄有声。惊起了宿鸟,打破了岑寂,也似乎频添了搅扰。所以我很怀疑韩愈的修改是否真如古今所称赏的那么妥当。究竟哪一种意境是贾岛当时在心里玩索而要表现的,只有他自己知道。如果他想到"推"而下"敲"字,或是想到"敲"而下"推"字,我认为那是不可能的事。所以问题不在"推"字和"敲"字哪一个比较恰当,而在哪一种境界是他当时所要说的而且与全诗调和的。在文字上"推敲",骨子里实在是在思想情感上"推敲"。

　　无论是阅读或是写作,字的难处在意义的确定与控制。字有直指的意义,有联想的意义。比如说"烟",它的直指的意义见过燃烧体冒烟的人都会明白。只是它的联想的意义游离不易捉摸,它可以联想到燃烧弹,鸦片烟榻,庙里焚香,"一川烟水""杨柳万条烟""烟光凝而暮山紫""蓝田日暖玉生烟"——种种境界。直指的意义载在字典,有如月轮,明显而确实;联想的意义是文字在历史过程上所累积的种种关系,有如轮外月晕,晕外霞光。其浓淡大小随人随时随地而各个不同,变化莫测。科学的文字越限于直指的意义就越精确,文学的文字有时却必须顾到联想的意义,尤其是在诗方面。直指的意义易用,联想的意义却难用,因为前者是固定的后者是游离的,前者偏于类型后者偏于个性。既是游离的个别的它就不易控制。而且它可以使意蕴丰富,也可以使意义含糊甚至支离。比如说苏东坡的"惠山烹小龙团"诗里三四两句"独携天上小团月,来试人间第二泉","天上小团月"是由"小龙团"茶联想起来的,如果你不知道这个关联,原文就简直不通。如果你不了解明月照着泉水和清茶泡在泉水里那一点共同的情沁肺腑的意味,也就失去原文的妙处。这两句诗的妙处就在不即不离若隐若约之中。它比用"惠山泉水泡小龙团茶"一句话来得较丰富,也来得较含混有蕴藉。难处就在于含混中显得丰富,由"独携小龙团,来试惠山泉"变成"独携天上小团月,来试人间第二泉"。这是点铁成金,文学之所以为文学就在这一点生发上面。

　　这是一个善用联想意义的例子,联想意义也是最易误用而生流弊。联想起于习惯,习惯老是喜欢走熟路,熟路抵抗力最低引诱性最大,一人走过人人就都跟着走,越走就越平滑俗滥,没有一点新奇的意味。字被人用得太滥也是如此。从前作诗文的人都依《文料触机》《幼学琼林》《事类统编》之类书籍。要找词藻典故,都到那里去乞灵。美人都是"柳腰桃面""王嫱西施",才子都是"学富五车才高八斗",谈风景必是"春花秋月",叙离别不外"柳岸灞桥",做买卖都有"端木遗风",到现在用铅字排印书籍还是"付梓""杀青"。像这样的例子举不胜举。他们是从前人所谓"套语",我们所谓"滥调"。一件事物发生时立即使你联想到一些套语滥调,而你也就安于套语滥调,毫不斟酌地使用它们,并且自鸣得意。这就是近代文艺心理学家所说的"套版反应"(stock response)。一个人的心理习惯如果老是倾向于套板反应,他就根本与文艺无缘。因为就作者说,"套版反应"和创造的动机是仇敌;就读者说,它引不起新鲜而真切的情趣。一个作者在用字用词上离不掉"套版反应",在运思布局上面,甚至在整个人生态度方面也就难免如此。不过习惯力量的深度常非我们的意料所及。沿着习惯去做总比新创更省力,人生来有惰性。常使我们不知不觉地一滑就滑到"套板反应"里去。你如果随便在报章杂志或是尺牍宣言里面挑一段文章来分析,你就会发现那里面的思想情感和语言大半都由"套板反应"起来的。韩愈谈他自己做古文"惟陈言之务去"。这是一句最紧要的教训。语言跟着思维情感走,你不肯用俗滥的语言自然也就不肯用俗滥的思想情感;你遇事就会朝深一层去想,你的文章也就是真正"作"出来的,不致落入下乘。

以上只是随便举实例说明咬文嚼字的道理,例子举不尽道理也说不完。我希望读者从这粗枝大叶的讨论中,可以领略运用文字所应有的谨严精神。本着这个精神,他随处留心玩索,无论是阅读或写作,就会逐渐养成创作和欣赏都必须的好习惯。它不能懒不能粗心,不能受一时兴会所生的幻觉迷惑而轻易自满。文学是艰苦的事,只有刻苦自励推陈翻新,时时求思想情感和语文的精炼与吻合,你才会逐渐达到艺术的完美。

一、文学常识

(一) 作者简介

朱光潜(1897—1986),现代美学家、文艺理论家,笔名孟实、孟石,安徽桐城人。主要从事美学研究工作,致力于翻译西方美学名著,在批判继承美学遗产方面,作出了卓有成效的努力,他的《西方美学史》是中国第一部系统论述西方美学历史的著作。他的美学理论在中国当代美学流派中自成一派,影响甚大。主要代表作有:《文艺心理学》《给青年的十二封信》等。

(二) 背景

语言是文学作品塑造艺术形象、反应现实生活的媒介和手段。然而,文学研究、文学批判往往对文学语言不够重视。一般人也就不太重视语言修养,不注重推敲文字,甚至白字连篇,语病百出。针对这一现象,朱光潜写了这篇文章,提出:"文学是艰苦的事,只有刻苦自励,推陈出新,时时求思想情感和语言的精炼与吻合,你才会逐渐达到艺术的完美。"

二、字词积累

(一) 难读字正音

流涎(xián)　　憎(zēng)恶　　锱(zī)铢(zhū)　　斟(zhēn)酌(zhuó)

没镞(zú)　　　胸襟(jīn)　　　尺牍(dú)　　　剥(bāo)啄(zhuó)
岑(cén)寂　　　肺(fèi)腑(fǔ)　　　付梓(zǐ)

(二) 难解词释义

1. 援例：引用成例。援，引用。

2. 深恶痛绝：指对某人或某物极端厌恶痛恨。恶，厌恶；痛，痛恨；绝，极。

3. 锱铢必较：形容非常小气，很少的钱也一定要计较。也比喻气量狭小，很小的事也要计较。锱、铢，都是古代很小的重量单位。

4. 索然无味：形容乏味，没有兴趣的样子。索然，没有意味、没有兴趣的样子。

5. 不即不离：指对人既不接近，也不疏远。多指对人似亲非亲、似疏非疏的关系。即，接近、靠近；离，疏远、离开。

6. 流弊：滋生的或相沿而成的弊端。

7. 自鸣得意：自以为了不起，表示很得意。鸣，表示、以为。

8. 粗枝大叶：形容很简略，不细致，不具体。也形容作风草率，不认真。

三、文本细读

(一) 课文主旨

《咬文嚼字》一文告诉我们，"逐渐达到艺术的完美"，这是"咬文嚼字"所追求的目标；"求思想感情和语言的精练与吻合"，这是"咬文嚼字"的要求；以谨严的精神，刻苦自励，留心玩索，推陈出新，这是"咬文嚼字"必须下的功夫。

(二) 课文赏析

1. 文章中四个例子，四个角度；句式不同，情感不同；繁简不同，意味不同；字眼不同，意境不同；联想与否，意蕴不同。

2. 看了朱先生对四则材料的咬文嚼字，你觉得，文学的语言要怎么样？

明确：文学的语言要能准确表达人物的思想情感，要能够把自己想要说的通过恰当的词语表达出来，什么样的人写什么样的文章，什么样的心情写什么样的文章，什么样的状态下写什么样的文章。

3. 这篇课文在写法上有什么特点？

这篇课文是随笔，作者以漫谈的方式，似与读者促膝谈心，娓娓道来，字字句句沁入读者心田。作者不以深奥的理论吓人，举例子，做阐释，深入浅出，通俗易懂，读者在不知不觉之中自然而然地接受了作者的观点，同时，作者所举例子都十分典型，十分精辟，很有说服力。对例子所做的解说，周密精要，令人心悦诚服。全文道理与例子、观点与材料结合紧密，材料产生观点，观点又建立在材料基础上。

麦当劳中的中国文化表达

在美国,以快捷、价廉取胜,并被大众所广泛接受的麦当劳,虽然在北京也受到了热烈的欢迎,但其中被赋予的意义与其美国祖源地却有很大的不同。在北京,麦当劳的"快捷"慢了下来。光顾北京麦当劳的中国顾客平均就餐的时间远远长于在美国麦当劳顾客平均就餐的时间。作为美国便捷快餐店象征的麦当劳,在其北京的许多顾客眼里是悠闲消遣的好场所。麦当劳店堂里宜人的温控环境和悦耳的轻音乐,使不少中国顾客把麦当劳作为闲聊、会友、亲朋团聚、举行个人或家庭庆典仪式甚至某些学者读书写作的好地方。被美国大众视为价廉的麦当劳餐食,在北京则成为正在形成的中产阶级群体常常可以就餐的地方,而对收入不高的大多数中国人来说只是偶尔可以光顾的地方。对北京和中国老百姓来说,麦当劳作为美国文化的符号意义比它作为快餐符号意义更为重要。

对于讲究面子的中国人来说,在麦当劳就餐与在中式餐馆就餐的感受是很不同的。在麦当劳,菜单品种有限且品种之间价格差别不大,从而使就餐者消费差异不大,餐厅服务员提供的服务也无大差别。低收入者的偶尔光顾,不会因此露穷;而高收入者的经常涉足,也难于因此显富。与麦当劳不同,在中式餐馆菜单品种繁多且品种价格差别巨大,加上餐厅设有雅座或单间,受到的服务有很大差异,使就餐者消费反差显露无余。正是通过上述不同感受的比较,一些顾客体会到麦当劳餐厅里平等、民主的氛围。

不少中国顾客指出,麦当劳的就餐环境和优良服务是吸引他们来就餐的重要原因。在一些中国年轻人看来,麦当劳的就餐环境既浪漫又舒服。很多顾客把在麦当劳吃东西看成是很有意义的一种饮食和文化经验。对那些有着高收入并希望多接触外边世界的年轻中国人来说,光顾麦当劳成为他们新生活方式的一部分,同时也是他们参与跨国文化体系的一个途径。对于儿童来说,到麦当劳吃东西是最高兴,且值得向伙伴们炫耀的事情。它也是少年儿童与朋友一起庆祝自己生日的好地方。

麦当劳不仅把中国人带进一种新的餐饮方式,还使他们接受一种新的行为举止。包括一些衣着入时的年轻人在内的一些常客,通过观察外国顾客在就餐后将自己餐桌上的垃圾倒入垃圾箱的举止,模仿了他们的行为,并因此感到自己比其他同胞顾客更为"文明"。在麦当劳餐厅里,顾客的行为举止比在同等或更高档次的中国式餐厅的顾客行为更加自律。通常他们说话的声调更低,对待他人更有礼貌。这些行为举止表明,他们在接受麦当劳快餐的同时,也逐步接受伴随而来的外国餐桌行为文化。

当美国消费者对麦当劳餐食的营养价值及其汉堡包中脂肪含量表示疑虑之时,北京的老百姓则正在接受麦当劳餐食是富有营养和健康的媒体报道和经营管理者的宣传。他们相信麦当劳餐食是根据人们日常所需的主要营养成分进行科学的配料设计,并按照科学的烹饪方法制作出来的,是具有"现代性"象征的食品。而麦当劳所宣扬的企业哲学,即质量、服务、洁净和价格,则又是中国政府倡导的企业现代化努力方向的典范之一。

麦当劳在北京的经营管理者虽然在饮食品种、服务和管理上仍保持其美国式,但为了扩大营销,他们力促适应中国文化环境。他们努力在中国百姓面前把北京麦当劳塑造成中国的麦当劳公司,即地方企业的形象。不仅员工的绝大多数是中国人,而且制作食品的原材料大部分也是产自本地。为了表现本身是地方公司,麦当劳快餐店积极主动参与社区活动。与地方学校以及街道组织建立特殊关系。向附近学校一年级新生赠送帽子和文具。向前一学年成绩优秀的学生发放奖学金。在教师节期间,麦当劳派店员代表到附近学校慰问教师,并向他们赠送礼品。在交通高峰时段,派员工帮助交警维持交通。原在北京王府井南口的分店,每天早晨还升中国国旗。1994年临近国庆时,该店还举行了庆祝国庆的升旗仪式。

为了适应中国年轻恋人的需要,北京的麦当劳还专门在店堂相对僻静的地方设有被人们称之为"情人角"的区域。在该区域里的餐桌,均为两人桌。除此之外,在北京所有的麦当劳店内,都为儿童顾客隔有被称之为"儿童乐园"的专门区域。北京儿童通常是最忠实的麦当劳迷。让一些店员充当"麦当劳阿姨"或"麦当劳叔叔"的角色,专门接待儿童顾客,与他们建立密切的关系,是北京麦当劳的一个重要营销策略。为了使中国文化的意义得以在他们店里得到更多的表达,他们在店堂里努力营造中国式家庭气氛。如雇佣不同年龄层的人当店员,而让年龄稍长的店员负责接待工作。每逢周末或节假日北京麦当劳常常成为那些没有和子女家庭住在一起的老年夫妇与子女家庭团聚共餐的地方。为了吸引更多的家庭来聚餐,北京麦当劳把"欢聚麦当劳,共享家庭乐"作为他们主要的广告词之一。总之,在中国消费者、麦当劳的经营管理者和店员的互动中,北京麦当劳成为具有中国文化特色的"美国文化"。

其实,麦当劳地方化过程,何尝不是人类历史上和现实社会生活中经常发生或正在发生的社会文化变迁过程中的重要内容之一。想想历史上所有其他外来文化的传入,不都有着相似的过程吗?不论是外来的有形器物或是外来的无形思想,不论是硬件或是软件都有被本土化的过程。中国的火药传到西方就被变成了制作快枪利炮的材料。中国的指南针传到西方就成为他们远航殖民扩张的工具。中国百姓日常用的笤帚到了西方往往变成挂在墙上的艺术品。当汽车传到中国,车窗上被挂上帘子,而现在则又由帘子发展到贴膜。80年代初,当西服重新在国内出现时,被赋予了开放的符号意义。穿不穿西服则有了保守和开放的政治含义。这和本世纪初,源于西方的中山服被赋予革命的象征有其相似之处。

"全球化"是20世纪90年代最时髦的词之一。"全球化"指的是一种社会文化过程。它不是一种口号、一种主张或者一种信仰。它指的是世界上各种文化更加广泛、更加频繁、更加激烈、更加深入地相互接触和冲撞,并且是多向的、多层次的文化互动和吸纳。

人类不同文化的接触和互动与人类社会有着同样长的历史。近代以来随着航海技术和交通的发展,不同文化接触和互动的地域距离障碍变得越来越小。殖民主义时期以及后来的二次世界大战,都在暴力冲突下伴随有较大范围的不同文化冲撞。但是作为不同的文化冲撞和互动的规模,即其广度和深度,都没有"二战"以后,尤其是20世纪60年代以后更广大、更深远。80年代以来,经济全球化的迅猛趋势和现代信息技术的飞速发展,使不同文化的冲撞和互动达到了空前的规模。

文化冲撞所引起的变动从来就不是单向的。文化冲撞中,并非有哪一个文化是完全被动的。对麦当劳的研究,给人们提供了非常生动的例证。由此可见,"全盘西化"之说,不论对反对者或者提倡者来说,都是一种虚幻的东西。它从来就不是,也不可能是一个事实。没有一个人可以找到这样一个历史事实。作为生物体的人,或许在不久的将来可以被克隆,但作为人创造的文化则永远是不可能被克隆的。

一、文学常识

(一) 作者简介

翁乃群,中国社会科学院民族学与人类学研究所研究员,著有《南昆八村》《海洛因、性、血液及其制品的流动与艾滋病、性病的传播》等学术论文,对中国文化的研究作出了巨大的贡献。

(二) 背景

随着中国改革开放进程的进一步深入,我们也欣喜地看到一些境外的文明、文化形式在中国大地受到喜爱、欢迎。比如街舞、酒吧、咖啡屋等等,而麦当劳、肯德基就是其中融入中国饮食文化的一种外来饮食文化形式。这就是文明、文化的全球化。该文以美国麦当劳快餐在中国的中国化特点,探讨了全球经济一体化大趋势下不同文化的融合。

二、字词积累

(一) 难读字正音

快捷(jié)	赋(fù)予	氛(fēn)围	炫(xuàn)耀
塑(sù)造	时髦(máo)	咄(duō)咄逼人	盛馔(zhuàn)
呵(hē)责	僻(pì)静	癖(pǐ)好	摒(bìng)除

(二) 难解词释义

1. 全球化:指世界上各种文化更加广泛、更加频繁、更加激烈、更加深入地相互接触和冲撞,并且是多向的、多层次的互动和吸纳。

2. 赋予:给予、交给、寄托(重大任务、使命等)。赋,交给;予,给予。

三、文本细读

(一) 课文主旨

本文通过分析麦当劳在中国发展以及由此形成特有的具有中国文化特色的"美国文化"这一现象,进而阐述了人类历史上和现实生活中的社会文化变迁也具有相似的过程,得出人类不同文化的接触、互动和碰撞是历史的必然,而且还将飞速发展,进而推断出全盘西化是一种虚幻的东西。

(二) 课文赏析

1. 美国的麦当劳来到中国以后发生了怎样的变化?

美国麦当劳的三个特点:快捷、价廉、被大众接受。到中国后:快捷、价廉不复存在,但是依然被中国各种职业人、各个社会阶层所欢迎,麦当劳似乎成了文化使者,起了沟通中美文化的作用。

2. 人们对麦当劳文化的接受表现在哪些方面?

麦当劳餐厅的平等、民主氛围及温馨的就餐环境、优良的服务吸引了各类社会人群,顾客行为的自律;吃麦当劳与体味外国文化。(要点分别在第 2 节的最后一行,第 3 节的第一行,第 4 节的第三行,第 5 节的最后一行)

3. 麦当劳来到中国以后的变与不变表现在哪些方面?

变:塑造成地方企业的形象。设置"情人角""儿童乐园"营造中国式家庭气氛。不变:经营理念和方式。即第 7 节最后一句话。(这个问题也可以这样设计:怎样理解"北京麦当劳成为具有中国文化特色的'美国文化'"这句话?)

4. 作者是怎样看待麦当劳中的中国文化表达?

作者将这个文化现象放在人类文化活动的大背景下来看,用文化交流史上的一些规律性的东西与之类比,证明麦当劳本土化的必然。(第 8 节)

5. 文化冲撞的作用、规模及特征怎样?

全球化。规模:分三个阶段,而且势头越来越猛。原因:经济全球化和现代信息技术的发展。特征:文化冲撞所引发的变动的多向性。

6. 全文的结论是什么?

"全盘西化"是虚幻的,作为人创造的文化永远是不可能被克隆的。

第二册

第五单元

古文单元　文采若云月

　　本单元选文为文言文,需要学生了解文化名人在中国文化史上的地位,掌握文言文特殊用法,同时欣赏作品刻画人物的方法和技巧。文言文的学习方法与次序:读准字音,读清句读,读出语气,通过多种行之有效的形式进行成语、名句、典故的积累。

子路、曾皙、冉有、公西华侍坐

　　子路、曾皙、冉有、公西华侍坐。子曰："以吾一日长乎尔,毋吾以也。居则曰:'不吾知也。'如或知尔,则何以哉?"

　　子路率尔而对曰:"千乘之国,摄乎大国之间,加之以师旅,因之以饥馑;由也为之,比及三年,可使有勇,且知方也。"

　　夫子哂之。

　　"求,尔何如?"

　　对曰:"方六七十,如五六十,求也为之,比及三年,可使足民。如其礼乐,以俟君子。"

　　"赤,尔何如?"

　　对曰:"非曰能之,愿学焉。宗庙之事,如会同,端章甫,愿为小相焉。"

　　"点,尔何如?"

　　鼓瑟希,铿尔,舍瑟而作,对曰:"异乎三子者之撰。"

　　子曰:"何伤乎?亦各言其志也!"

　　曰:"莫春者,春服既成,冠者五六人,童子六七人,浴乎沂,风乎舞雩,咏而归。"

　　夫子喟然叹曰:"吾与点也。"

　　三子者出,曾皙后。曾皙曰:"夫三子者之言何如?"

　　子曰:"亦各言其志也已矣!"

　　曰:"夫子何哂由也?"

　　曰:"为国以礼,其言不让,是故哂之。唯求则非邦也与?安见方六七十,如五六十而非邦也者?唯赤则非邦也与?宗庙会同,非诸侯而何?赤也为之小,孰能为之大?"

一、文学常识

(一) 作者简介

　　孔子(前551—前479年),名丘,字仲尼,春秋末期的思想家、政治家、教育家、儒家学派创始人。被尊称为"圣人",其思想核心是"仁",政治上主张"以礼治国"。晚年创办私学,致力教育工作,相传有"弟子三千,七十二人贤士"。同时整理了"六经"。

(二) 背景

　　《论语》是一部语录体的散文集,是记录孔子及其弟子言行的书,由孔子的弟子们编纂而成。全面地反映了孔子的哲学、政治、文化和教育思想,是关于儒家思想的重要著作。(宋儒把《论语》《大学》《中庸》和《孟子》称为"四书"。《五经》是指《诗》《书》《礼》《易》《春秋》。)

二、字词积累

(一) 注音

俟(sì)　　莫(mù)　　甫(fǔ)　　哂(shěn)　　相(xiàng)
铿(kēng)　　沂(yí)　　喟(kuì)　　雩(yú)　　冠(guàn)

(二) 通假字

1. 鼓瑟希，铿尔：希，通"稀"，稀疏。
2. 莫春者，春服既成：莫，通"暮"，暮春，阴历三月。
3. 唯求则非邦也与：与，通"欤"，语气词。

(三) 词类活用

1. 端章甫：端，名作动，穿礼服；章甫，名作动，戴礼帽。
2. 风乎舞雩：风，名作动，吹风。
3. 三子者出，曾皙后：后，名作动，落后。
4. 赤也为之小，孰能为之大：小、大，形作名，小事、大事。
5. 由也为之，比及三年，可使有勇：勇，形作名。
6. 异乎三子者之撰：撰，动作名，才能，指为政的才能。

三、文本细读

(一) 课文主旨

通过孔子与四弟子以"言志"为中心的一番对话，表现了弟子们的志趣与性格和孔子循循善诱的大教育家风范，同时反映了以孔子为代表的儒家"以礼乐治国"的政治主张。

(二) 课文赏析

文章涉及五个人物，我们通过人物的语言来看看人物的性格：

子路：言谈之中，语气十分肯定，由此可见其抱负远大，才能卓绝，直率、信心十足的性格。但有其弱点，表现在鲁莽、轻率、不谦让的一面。

冉有：说他只能治理"方六七十，如五六十"的一个小国。说明他对自己能力的估计十分谨慎。他还认为，三年之后，他所能取得的政绩仅限于"足民"一点，至于礼乐教化，则不是自己力所能及的事。可见，冉有既有抱负，又不愿对自己估计过高，态度谦逊，说话很有分寸。

公西华：从他简短的言辞中，尤其是两个"愿"字，一个"学"字，一个"小"字，就可以看出他谦恭有礼，娴于辞令的特点。

曾皙：曾皙很潇洒、高雅，在老师问到别的同学的志向时，他正在弹瑟。前边三人谈的是安邦定国的大事，唯独他讲得是玩乐，表现其淡泊功名。

鸿 门 宴

沛公军霸上,未得与项羽相见。沛公左司马曹无伤使人言于项羽曰:"沛公欲王关中,使子婴为相,珍宝尽有之。"项羽大怒曰:"旦日飨士卒,为击破沛公军!"当是时,项羽兵四十万,在新丰鸿门;沛公兵十万,在霸上。范增说项羽曰:"沛公居山东时,贪于财货,好美姬。今入关,财物无所取,妇女无所幸,此其志不在小。吾令人望其气,皆为龙虎,成五采,此天子气也。急击勿失!"

楚左尹项伯者,项羽季父也,素善留侯张良。张良是时从沛公,项伯乃夜驰之沛公军,私见张良,具告以事,欲呼张良与俱去,曰:"毋从俱死也。"张良曰:"臣为韩王送沛公,沛公今事有急,亡去不义,不可不语。"良乃入,具告沛公。沛公大惊,曰:"为之奈何?"张良曰:"谁为大王为此计者?"曰:"鲰(zōu)生说(shuì)我曰:'距关,毋内诸侯,秦地可尽王也。'故听之。"良曰:"料大王士卒足以当项王乎?"沛公默然,曰:"固不如也。且为之奈何?"张良曰:"请往谓项伯,言沛公不敢背项王也。"沛公曰:"君安与项伯有故?"张良曰:"秦时与臣游,项伯杀人,臣活之;今事有急,故幸来告良。"沛公曰:"孰与君少长?"良曰:"长于臣。"沛公曰:"君为我呼入,吾得兄事之。"张良出,要项伯。项伯即入见沛公。沛公奉卮(zhī)酒为寿,约为婚姻,曰:"吾入关,秋毫不敢有所近,籍吏民,封府库,而待将军。所以遣将守关者,备他盗之出入与非常也。日夜望将军至,岂敢反乎!愿伯具言臣之不敢倍德也。"项伯许诺,谓沛公曰:"旦日不可不蚤自来谢项王。"沛公曰:"诺。"于是项伯复夜去,至军中,具以沛公言报项王,因言曰:"沛公不先破关中,公岂敢入乎?今人有大功而击之,不义也。不如因善遇之。"项王许诺。

沛公旦日从百余骑来见项王,至鸿门,谢曰:"臣与将军戮力而攻秦,将军战河北,臣战河南,然不自意能先入关破秦,得复见将军于此。今者有小人之言,令将军与臣有郤(xì)。"项王曰:"此沛公左司马曹无伤言之;不然,籍何以至此?"项王即日因留沛公与饮。项王、项伯东向坐,亚父南向坐——亚父者,范增也。沛公北向坐,张良西向侍。范增数(shuò)目项王,举所佩玉玦以示之者三,项王默然不应。范增起,出,召项庄,谓曰:"君王为人不忍。若入前为寿,寿毕,请以剑舞,因击沛公于坐,杀之。不者,若属皆且为所虏。"庄则入为寿。寿毕,曰:"君王与沛公饮,军中无以为乐,请以剑舞。"项王曰:"诺。"项庄拔剑起舞,项伯亦拔剑起舞,常以身翼蔽沛公,庄不得击。

于是张良至军门见樊哙(kuài)。樊哙曰:"今日之事何如?"良曰:"甚急!今者项庄拔剑舞,其意常在沛公也。"哙曰:"此迫矣!臣请入,与之同命。"哙即带剑拥盾入军门。交戟(jǐ)之卫士欲止不内,樊哙侧其盾以撞,卫士仆地,哙遂入,披帷西向立,瞋(chēn)目视项王,头发上指,目眦(zì)尽裂。项王按剑而跽(jì)曰:"客何为者?"张良曰:"沛公之参乘(cān shèng)樊哙者也。"项王曰:"壮士,赐之卮酒。"则与斗卮酒。哙拜谢,起,立而饮之。项王曰:"赐之彘(zhì)肩。"则与一生彘肩。樊哙覆其盾于地,加彘肩上,拔剑切而啖之。项王曰:"壮士!能复饮乎?"樊哙曰:"臣死且不避,卮酒安足辞!夫秦王有虎狼之心,杀人如不能举,刑人如恐不胜,天下皆叛之。怀王与诸将约曰:'先破秦入咸阳者王之。'今沛公先破秦入咸阳,毫毛不敢有所近,封闭宫室,还军霸上,以待大王来。故遣将守关者,备他盗出入与非常也。劳苦而功高如此,未有封侯之赏,而听细说,欲诛有功之人。此亡秦之续耳,窃为大王不取也!"项王未有以应,曰:"坐。"樊哙从良坐。坐须臾,沛公起如厕,因招樊哙出。

沛公已出,项王使都尉陈平召沛公。沛公曰:"今者出,未辞也,为之奈何?"樊哙曰:"大行不顾细谨,大礼不辞小让。如今人方为刀俎(zǔ),我为鱼肉,何辞为。"于是遂去。乃令张良留谢。良问曰:"大王来何操?"曰:"我持白璧一双,欲献项王,玉斗一双,欲与亚父。会其怒,不敢献。公为我献之。"张良曰:"谨诺。"当是时,项王军在鸿门下,沛公军在霸上,相去四十里。沛公则置车骑,脱身独骑,与樊哙、夏侯婴、靳强、纪信等四人持剑盾步走,从郦山下,道芷阳间行。沛公谓张良曰:"从此道至吾军,不过二十里耳。度我至军中,公乃入。"

沛公已去,间至军中。张良入,谢曰:"沛公不胜(shēng)桮(bēi)杓(sháo),不能辞。谨使臣良奉白璧一双,再拜献大王足下,玉斗一双,再拜奉大将军足下。"项王曰:"沛公安在?"良曰:"闻大王有意督过之,脱身独去,已至军矣。"项王则受璧,置之坐上。亚父受玉斗,置之地,拔剑撞而破之,曰:"唉!竖子不足与谋。夺项王天下者,必沛公也。吾属今为之虏矣!"

沛公至军,立诛杀曹无伤。

一、文学常识

(一) 作者简介

司马迁(前145—前90),字子长,西汉史学家、文学家、思想家。

(二) 解题

《史记》是由司马迁撰写的中国第一部纪传体通史。记载了上自上古传说中的黄帝时代,下至汉武帝元狩元年间共3000多年的历史,与后来的《汉书》(班固)、《后汉书》(范晔、司马彪)、《三国志》(陈寿)合称"前四史"。刘向等人认为此书"善序事理,辩而不华,质而不俚"。与司马光的《资治通鉴》并称"史学双璧"。鲁迅赞为:"史家之绝唱,无韵之《离骚》。"

二、字词积累

(一) 注音释义

1. 旦日飨士卒:飨,xiǎng,用酒食款待。
2. 鲰生说我曰:鲰,zōu,短小,浅陋。
3. 戮力:戮,lù 联合,一同。
4. 瞋目:瞋,chēn 发怒时睁大眼睛。
5. 目眦尽裂:眦,zì 眼角。
6. 按剑而跽:跽,jì,挺直上身,两腿跪着。

7. 彘肩：彘，zhì，猪。
8. 刀俎：俎，zǔ 切肉用的砧板。

(二) 通假字

1. 距关，毋内诸侯：距通拒，把守的意思，内通纳，接纳。
2. 要项伯：要通邀，邀请。
3. 不敢倍德：倍通背，背叛的意思。
4. 不可不蚤来：蚤通早。
5. 令将军与臣有郤：郤通隙，隔阂、嫌怨。
6. 因击沛公于坐：坐通座，座位。

(三) 词类活用

1. 名词用作动词
籍吏民（造户籍册或登记）
范增数目项王（使眼色）
刑人如恐不胜（用刀割刺）
道芷阳间行（取道）

2. 名词用作状语
于是项伯复夜去（连夜）
吾得兄事之（像对待兄长那样）
日夜望将军至（每日每夜）
常以身翼蔽沛公（像翅膀那样）
头发上指（向上）

三、文本细读

(一) 课文主旨

全文以"鸿门宴"为中心，以杀不杀刘邦为线索，按时间顺序来展开故事情节，表现了项羽胸无城府、沽名钓誉、缺乏远见和优柔寡断的性格特点。

(二) 课文赏析

司马迁在历史事实的基础上，把每个人物的性格特征放在典型环境中来表现。他既没有插入第三者多余的说明和解释，也没有作静止的心理剖析，而是通过典型细节和个性鲜明的对话来描写人物。

以项羽为例。项羽的性格特点是沽名钓誉，轻敌自大，寡谋轻信，不善用人，优柔寡断。
刘邦的善于用人，能言善辩，善于应变；范增的老谋深虑；张良的老练多谋；樊哙的勇猛豪爽。作者寥寥数语，就生动刻画出人物的个性特点。

师　说

古之学者必有师。师者，所以传道受业解惑也。人非生而知之者，孰能无惑？惑而不从师，其为惑也，终不解矣。生乎吾前，其闻道也固先乎吾，吾从而师之；生乎吾后，其闻道也亦先乎吾，吾从而师之。吾师道也，夫庸知其年之先后生于吾乎？是故无贵无贱，无长无少，道之所存，师之所存也。

嗟乎！师道之不传也久矣！欲人之无惑也难矣！古之圣人，其出人也远矣，犹且从师而问焉；今之众人，其下圣人也亦远矣，而耻学于师。是故圣益圣，愚益愚。圣人之所以为圣，愚人之所以为愚，其皆出于此乎？

爱其子，择师而教之；于其身也，则耻师焉，惑矣。彼童子之师，授之书而习其句读者，非吾所谓传其道解其惑者也。句读之不知，惑之不解，或师焉，或不焉，小学而大遗，吾未见其明也。

巫医乐师百工之人，不耻相师。士大夫之族，曰师曰弟子云者，则群聚而笑之。问之，则曰："彼与彼年相若也，道相似也，位卑则足羞，官盛则近谀。"呜呼！师道之不复，可知矣。巫医乐师百工之人，君子不齿，今其智乃反不能及，其可怪也欤！

圣人无常师。孔子师郯子、苌弘、师襄、老聃。郯子之徒，其贤不及孔子。孔子曰：三人行，则必有我师。是故弟子不必不如师，师不必贤于弟子，闻道有先后，术业有专攻，如是而已。

李氏子蟠年十七，好古文，六艺经传皆通习之，不拘于时，学于余。余嘉其能行古道，作《师说》以贻之。

一、文学常识

（一）作者简介

韩愈(768—824)，唐文学家、哲学家。字退之，自谓郡望昌黎，也称韩昌黎。曾任监察御史、国子监博士、刑部付郎等职。因谏阻宪宗迎佛骨，贬为潮州刺史，后官至吏部侍郎。卒谥文，世称韩文公。政治上反对藩镇割据，思想上尊儒排佛。力反六朝以来的骈偶文风，提倡散体，与柳宗元同为古文运动的倡导者。其散文在继承先秦、两汉古文的基础上，加以创新和发展，气势雄健，旧时列为"唐宋八大家"之首。有《昌黎先生集》。

（二）背景

该文所批判的"耻学于师"的坏风气，是在门第观念影响下产生的。门第观念源于魏晋南北朝的九品中正制。到唐代，改以官爵的高下为区分门第的标准。显贵之家称"高门"，卑庶之家称"寒门"。这对择师也有很大影响,在当时士大夫阶层中就普遍存在着"位卑则足羞,官盛则近谀"的心理。韩愈针对这种错误观念,提出以"道"为师,"道"在即师在,是有进步意义的。

三、字词积累

(一) 注音

谀(yú)　　苌(cháng)　　聃(dān)　　郯(tán)
欤(yú)　　蟠(pán)　　经传(zhuàn)　　贻(yí)

(二) 通假字

1. 师者,所以传道受业解惑也:受同授。
2. 或师焉,或不焉:不同否。
3. 授之书而习其句读者:读同逗。

(三) 古今异义

1. 古之学者必有师(古义:求学的人)。
2. 师者,所以传道受业解惑也(古义:用来……的)。
3. 是故,弟子不必不如师(古义:不一定)。
4. 是故,无贵无贱,无长无少(古义:无论)。
5. 吾从而师之(古义:两个词。跟随、而且)。
6. 今之众人(古义:一般人)。
7. 小学而大遗(古义:小的方面学习)。

(四) 一词多义

1. 师　(1) 古之学者必有师(名词,老师)。
　　　(2) 师道之不传也久矣(动词,从师求学)。
　　　(3) 吾从而师之(名词的意动用法,以……为师)。
　　　(4) 吾师道也(名词作动词,学习)。
2. 传　(1) 师者,所以传道受业解惑也(动词,传授)。
　　　(2) 师道之不传也久矣(动词,流传)。
　　　(3) 六艺经传皆通习之(zhuàn,名词,解释经文的著作)。
3. 道　(1) 传道受业解惑也(名词,道理)。
　　　(2) 师道之不传也久矣(有"风尚"的意思)。
　　　(3) 道相似也(名词,道德学问)。
4. 惑　(1) 惑之不解(名词,疑难问题)。
　　　(2) 于其身也,则耻师焉,惑矣(形容词,糊涂)。
　　　(3) 惑而不从师(动词,遇到疑难问题)。

六 国 论

六国破灭,非兵不利,战不善,弊在赂秦。赂秦而力亏,破灭之道也。

或曰:六国互丧,率赂秦耶?曰:不赂者以赂者丧。盖失强援,不能独完,故曰:弊在赂秦也。

秦以攻取之外,小则获邑,大则得城。较秦之所得与战胜而得者,其实百倍;诸侯之所亡与战败而亡者,其实亦百倍。则秦之所大欲,诸侯之所大患,固在不战矣。思厥先祖父,暴霜露,斩荆棘,以有尺寸之地。子孙视之不甚惜,举以予人,如弃草芥,今日割五城,明日割十城,然后得一夕安寝。起视四境,而秦兵又至矣。然则诸侯之地有限,暴秦之欲无厌,奉之弥繁,侵之愈急。故不战而强弱胜负已判矣。至于颠覆,理固宜然。古人云:"以地事秦,犹抱薪救火,薪不尽,火不灭。"此言得之。

齐人未尝赂秦,终继五国迁灭,何哉?与嬴而不助五国也。五国既丧,齐亦不免矣。燕赵之君,始有远略,能守其土,义不赂秦。是故燕虽小国而后亡,斯用兵之效也。至丹以荆卿为计,始速祸焉。赵尝五战于秦,二败而三胜。后秦击赵者再,李牧连却之。洎牧以谗诛,邯郸为郡,惜其用武而不终也。且燕赵处秦革灭殆尽之际,可谓智力孤危,战败而亡,诚不得已。向使三国各爱其地,齐人勿附于秦,刺客不行,良将犹在,则胜负之数,存亡之理,当与秦相较,或未易量。

呜呼!以赂秦之地封天下之谋臣;以事秦之心礼天下之奇才;并力西向,则吾恐秦人食之不得下咽也。悲夫!有如此之势,而为秦人积威之所劫,日削月割,以趋于亡。为国者无使为积威之所劫哉!

夫六国与秦皆诸侯,其势弱于秦,而犹有可以不赂而胜之之势。苟以天下之大,而从六国破亡之故事,是又在六国下矣。

一、文学常识

(一) 作者简介

苏洵(1009—1066),字明允,自号老泉,北宋著名散文家。苏洵精于古文写作,尤长于策论,主张"言必中当世之过"。为文见解精辟,论点鲜明,论据有力,语言锋利,明快酣畅,纵横捭阖,雄奇遒劲,很有战国纵横家的风度。后人因其子苏轼、苏辙都以文学闻名,故称他为"老苏",并将他们父子三人合称"三苏",均列入唐宋散文八大家。

(二) 背景

作者所处的北宋王朝,对内专制集权,对外卑躬屈膝,内忧外患,始终不绝。北宋初期,西、北方边患严重,自开国至英宗治平年间,宋和辽与西夏开战,败多胜少。军事上的软弱无能导致外交上的妥协投降,北宋为求苟安,年年割地纳贡。而这样沉重的负担,全落在百姓头上。国难当头,矛盾尖锐,苏洵针对这样的现实写作此文,用于讽喻宋王朝。

二、字词积累

(一) 注音

弊在赂(lù)秦　　思厥(jué)先祖父　　暴(pù)霜露　　如弃草芥(jiè)

洎(jì)牧以谗诛　　革灭殆(dài)尽

(二) 通假字

1. 暴(通"曝",暴露,冒着)霜露,斩荆棘。
2. 暴秦之欲无厌(通"餍",满足)。
3. 为国者,无(通"毋",不要)使为积威之所劫哉!
4. 当(通"倘",如果)与秦相较。

(三) 古今异义

1. 诸侯之所亡与战败而亡者,其实(它的实际数目)亦百倍。
2. 思厥先祖父(祖辈和父辈)。
3. 今日割五城,明日割十城,然后(这样以后)得一夕安寝。
4. 至于(以致、以至于)颠覆,理固宜然。
5. 且燕赵处秦革灭殆尽之际,可谓智力(智谋和力量)孤危。
6. 苟以天下之大,下而从六国破亡之故事(旧事,前例),是又在六国下矣。
7. 而犹有可以(可以凭借)不赂而胜之之势。
8. 后秦击赵者再(两次)。

(四) 词类活用

1. 赂秦而力亏(使……亏损,使动用法),破灭之道也。
2. 盖失强援,不能独完(形作动,保全)。
3. 小(形作名,小的地盘)则获邑,大(形作名,大的地盘)则得城。
4. 至于颠覆,理(名作状,按道理)固宜然。
5. 燕赵之君,始有远略,能守其土,义(名作动,坚持正义)不赂秦。
6. 是故燕虽小国而后(方位名词作状语,在……之后)亡。
7. 后秦击赵者再,李牧连却(使动,使……退却,击退)之。
8. 惜其用武而不终(形作动,坚持到底)也。
9. 以事(名作动,侍奉)秦之心礼(名作动,礼待)天下之奇才。
10. 日削月(名作状,一天天,一月月)割,以趋于亡。

第二册

第六单元

戏剧文学单元　舞台大社会

本单元所选为话剧,与中国传统的戏剧有着明显的差别。学生通过欣赏话剧,把握戏剧冲突;通过人物台词,欣赏话剧富有个人的语言风格,掌握不同角色心理,在品味戏剧整体的基础之上,分析人物形象和作品的社会意义。

雷雨（节选）

剧情简介：30年前，周家少爷周朴园同侍女侍萍私下相爱了，他们生下了两个儿子，但是周家反对他们的结合，为了给周朴园找一个门当户对的阔小姐，硬是把侍萍逼走了。侍萍怀着满腔的悲愤，抛下大儿子周萍，抱着小儿子投河自尽。被搭救之后，她嫁给了鲁贵，并生了一个女儿四凤。

30年后，靠着盘剥工人，周朴园已经成为一个煤矿公司的董事长。他又有了一个年轻的妻子繁漪，并且有了一个儿子周冲。也许是巧合，也许是命运的捉弄，鲁贵和四凤先后来到周公馆做了佣人，鲁大海（侍萍抱走的那个小儿子）也到周家煤矿上当了工人，并作为罢工代表反抗着周朴园的剥削和压迫。周朴园是个"社会上的好人物"，但在家里，却是一个专制的家长。在这样一个令人窒息的家庭中，罪恶在悄悄上演：周萍和自己的继母繁漪私通，后来为了摆脱繁漪的纠缠，也为了悔改自己"以往的罪恶"，他到四凤那里寻找寄托，并让四凤有了身孕。侍萍来到周家，与周朴园相认，虽然周朴园一直思念着侍萍，但当她真的出现在面前，他又觉得她是来算旧账的，试图用钱替自己赎罪，遭到了侍萍的拒绝。

终于，在一个雷雨的夜晚，所有的矛盾冲突有了一个总爆发。得知自己和周萍的血缘关系，不堪忍受打击的四凤冲入雨中，不幸触电身亡。一直暗恋着四凤的周冲追了出去，也为救四凤而触电。在一片混乱中，周萍开枪自杀。最后，只剩下憔悴的周朴园，陪伴着痴呆的侍萍和疯了的繁漪。剧本描写了这样一个残酷的世界，每一个人都在"盲目地争执着，泥鳅似的在情感的火坑里打着昏迷的滚，用心来拯救自己"，但不管怎么挣扎，怎么呼号，也难以逃脱悲剧性的命运。

第二幕
［午饭后，天气很阴沉，更郁热，潮湿的空气，低压着在屋内的人，使人成为烦躁的了。
周朴园：（点着一枝吕宋烟，看见桌上的雨衣，向侍萍）这是太太找出来的雨衣吗？
鲁侍萍：（看着他）大概是的。
周朴园：（拿起看看）不对，不对，这都是新的。我要我的旧雨衣，你回头跟太太说。
鲁侍萍：嗯。
周朴园：（看她不走）你不知道这间房子底下人不准随便进来么？
鲁侍萍：（看着他）不知道，老爷。
周朴园：你是新来的下人？
鲁侍萍：不是的，我找我的女儿来的。
周朴园：你的女儿？
鲁侍萍：四凤是我的女儿。
周朴园：那你走错屋子了。

鲁侍萍：哦。——老爷没有事了？
周朴园：(指窗)窗户谁叫打开的？
鲁侍萍：哦。(很自然地走到窗前,关上窗户,慢慢地走向中门。)
周朴园：(看她关好窗门,忽然觉得她很奇怪)你站一站,(鲁妈停)你——你贵姓？
鲁侍萍：我姓鲁。
周朴园：姓鲁。你的口音不像北方人。
鲁侍萍：对了,我不是,我是江苏的。
周朴园：你好像有点无锡口音。
鲁侍萍：我自小就在无锡长大的。
周朴园：(沉思)无锡？嗯,无锡(忽而)你在无锡是什么时候？
鲁侍萍：光绪二十年,离现在有三十多年了。
周朴园：哦,三十年前你在无锡？
鲁侍萍：是的,三十多年前呢,那时候我记得我们还没有用洋火呢。
周朴园：(沉思)三十多年前,是的,很远啦,我想想,我大概是二十多岁的时候。那时候我还在无锡呢。
鲁侍萍：老爷是那个地方的人？
周朴园：嗯,(沉吟)无锡是个好地方。
鲁侍萍：哦,好地方。
周朴园：你三十年前在无锡么？
鲁侍萍：是,老爷。
周朴园：三十年前,在无锡有一件很出名的事情——
鲁侍萍：哦。
周朴园：你知道么？
鲁侍萍：也许记得,不知道老爷说的是哪一件？
周朴园：哦,很远的,提起来大家都忘了。
鲁侍萍：说不定,也许记得的。
周朴园：我问过许多那个时候到过无锡的人,我想打听打听。可是那个时候在无锡的人,到现在不是老了就是死了,活着的多半是不知道的,或者忘了。
鲁侍萍：如若老爷想打听的话,无论什么事,无锡那边我还有认识的人,虽然许久不通音信,托他们打听点事情总还可以的。
周朴园：我派人到无锡打听过。——不过也许凑巧你会知道。三十年前在无锡有一家姓梅的。
鲁侍萍：姓梅的？
周朴园：梅家的一个年轻小姐,很贤慧,也很规矩,有一天夜里,忽然地投水死了,后来,后来,——你知道么？
鲁侍萍：不敢说。
周朴园：哦。

鲁侍萍：我倒认识一个年轻的姑娘姓梅的。

周朴园：哦？你说说看。

鲁侍萍：可是她不是小姐，她也不贤慧，并且听说是不大规矩的。

周朴园：也许，也许你弄错了，不过你不妨说说看。

鲁侍萍：这个梅姑娘倒是有一天晚上跳的河，可是不是一个，她手里抱着一个刚生下三天的男孩。听人说她生前是不规矩的。

周朴园：（苦痛）哦！

鲁侍萍：这是个下等人，不很守本分的。听说她跟那时周公馆的少爷有点不清白，生了两个儿子。生了第二个，才过三天，忽然周少爷不要了她，大孩子就放在周公馆，刚生的孩子抱在怀里，在年三十夜里投河死的。

周朴园：（汗涔涔地）哦。

鲁侍萍：她不是小姐，她是无锡周公馆梅妈的女儿，她叫侍萍。

周朴园：（抬起头来）你姓什么？

鲁侍萍：我姓鲁，老爷。

周朴园：（喘出一口气，沉思地）侍萍，侍萍，对了。这个女孩子的尸首，说是有一个穷人见着埋了。你可以打听得她的坟在哪儿么？

鲁侍萍：老爷问这些闲事干什么？

周朴园：这个人跟我们有点亲戚。

鲁侍萍：亲戚？

周朴园：嗯，——我们想把她的坟墓修一修。

鲁侍萍：哦——那用不着了。

周朴园：怎么？

鲁侍萍：这个人现在还活着。

周朴园：（惊愕）什么？

鲁侍萍：她没有死。

周朴园：她还在？不会吧？我看见她河边上的衣服，里面有她的绝命书。

鲁侍萍：不过她被一个慈善的人救活了。

周朴园：哦，救活啦？

鲁侍萍：以后无锡的人是没见着她，以为她那夜晚死了。

周朴园：那么，她呢？

鲁侍萍：一个人在外乡活着。

周朴园：那个小孩呢？

鲁侍萍：也活着。

周朴园：（忽然立起）你是谁？

鲁侍萍：我是这儿四凤的妈，老爷。

周朴园：哦。

鲁侍萍：她现在老了，嫁给一个下等人，又生了个女孩，境况很不好。

周朴园：你知道她现在在哪儿？

鲁侍萍：我前几天还见着她！

周朴园：什么？她就在这儿？此地？

鲁侍萍：嗯，就在此地。

周朴园：哦！

鲁侍萍：老爷，你想见一见她么？

周朴园：不，不，谢谢你。

鲁侍萍：她的命很苦。离开了周家，周家少爷就娶了一位有钱有门第的小姐。她一个单身人，无亲无故，带着一个孩子在外乡什么事都做，讨饭、缝衣服、当老妈，在学校里伺候人。

周朴园：她为什么不再找到周家？

鲁侍萍：大概她是不愿意吧？为着她自己的孩子，她嫁过两次。

周朴园：以后她又嫁过两次？

鲁侍萍：嗯，都是很下等的人。她遇人都很不如意，老爷想帮一帮她么？

周朴园：好，你先下去。让我想一想。

鲁侍萍：老爷，没有事了？（望着朴园，眼泪要涌出）老爷，您那雨衣，我怎么说？

周朴园：你去告诉四凤，叫她把我樟木箱子里那件旧雨衣拿出来，顺便把那箱子里的几件旧衬衣也捡出来。

鲁侍萍：旧衬衣？

周朴园：你告诉她在我那顶老的箱子里，纺绸的衬衣，没有领子的。

鲁侍萍：老爷那种纺绸衬衣不是一共有五件？您要哪一件？

周朴园：要哪一件？

鲁侍萍：不是有一件，在右袖襟上有个烧破的窟窿，后来用丝线绣成一朵梅花补上的？还有一件，——

周朴园：（惊愕）梅花？

鲁侍萍：还有一件绸衬衣，左袖襟也绣着一朵梅花，旁边还绣着一个萍字。还有一件，——

周朴园：（徐徐立起）哦，你，你，你是——

鲁侍萍：我是从前伺候过老爷的下人。

周朴园：哦，侍萍！（低声）怎么，是你？

鲁侍萍：你自然想不到，侍萍的相貌有一天也会老得连你都不认识了。

周朴园：你——侍萍？（不觉地望望柜上的相片，又望鲁妈。）

鲁侍萍：朴园，你找侍萍么？侍萍在这儿。

周朴园：（忽然严厉地）你来干什么？

鲁侍萍：不是我要来的。

周朴园：谁指使你来的？

鲁侍萍：（悲愤）命！不公平的命指使我来的。

周朴园：（冷冷地）三十年的工夫你还是找到这儿来了。

鲁侍萍：（愤怨）我没有找你，我没有找你，我以为你早死了。我今天没想到到这儿来，这是天要我在这儿又碰见你。

周朴园：你可以冷静点。现在你我都是有子女的人，如果你觉得心里有委屈，这么大年纪，我们先可以不必哭哭啼啼的。

鲁侍萍：哭？哼，我的眼泪早哭干了，我没有委屈，我有的是恨，是悔，是三十年一天一天我自己受的苦。你大概已经忘了你做的事了！三十年前，过年三十的晚上我生下你的第二个儿子才三天，你为了要赶紧娶那位有钱有门第的小姐，你们逼着我冒着大雪出去，要我离开你们周家的门。

周朴园：从前的恩怨，过了几十年，又何必再提呢？

鲁侍萍：那是因为周大少爷一帆风顺，现在也是社会上的好人物。可是自从我被你们家赶出来以后，我没有死成，我把我的母亲可给气死了，我亲生的两个孩子你们家里逼着我留在你们家里。

周朴园：你的第二个孩子你不是已经抱走了么？

鲁侍萍：那是你们老太太看着孩子快死了，才叫我抱走的。（自语）哦，天哪，我觉得我像在做梦。

周朴园：我看过去的事不必再提起来吧。

鲁侍萍：我要提，我要提，我闷了三十年了！你结了婚，就搬了家，我以为这一辈子也见不着你了；谁知道我自己的孩子个个命定要跑到周家来，又做我从前在你们家做过的事。

周朴园：怪不得四凤这样像你。

鲁侍萍：我伺候你，我的孩子再伺候你生的少爷们。这是我的报应，我的报应。

周朴园：你静一静。把脑子放清醒点。你不要以为我的心是死了，你以为一个人做了一件于心不忍的事就会忘了么？你看这些家具都是你从前顶喜欢的东西，多少年我总是留着，为着纪念你。

鲁侍萍：（低头）哦。

周朴园：你的生日——四月十八——每年我总记得。一切都照着你是正式嫁过周家的人看，甚至于你因为生萍儿，受了病，总要关窗户，这些习惯我都保留着，为的是不忘你，弥补我的罪过。

鲁侍萍：（叹一口气）现在我们都是上了年纪的人，这些傻话请你不必说了。

周朴园：那更好了。那么我们可以明明白白地谈一谈。

鲁侍萍：不过我觉得没有什么可谈的。

周朴园：话很多。我看你的性情好像没有大改，——鲁贵像是个很不老实的人。

鲁侍萍：你不明白。他永远不会知道的。

周朴园：那双方面都好。再有，我要问你的，你自己带走的儿子在哪儿？

鲁侍萍：他在你的矿上做工。

周朴园：我问，他现在在哪儿？

鲁侍萍：就在门房等着见你呢。

周朴园：什么？鲁大海？他！我的儿子？

鲁侍萍：他的脚趾头因为你的不小心，现在还是少一个的。

周朴园：(冷笑)这么说，我自己的骨肉在矿上鼓励罢工，反对我！

鲁侍萍：他跟你现在完完全全是两样的人。

周朴园：(沉静)他还是我的儿子。

鲁侍萍：你不要以为他还会认你做父亲。

周朴园：(忽然)好！痛痛快快地！你现在要多少钱吧？

鲁侍萍：什么？

周朴园：留着你养老。

鲁侍萍：(苦笑)哼，你还以为我是故意来敲诈你，才来的么？

周朴园：也好，我们暂且不提这一层。那么，我先说我的意思。你听着，鲁贵我现在要辞退的，四凤也要回家。不过——

鲁侍萍：你不要怕，你以为我会用这种关系来敲诈你么？你放心，我不会的。大后天我就会带四凤回到我原来的地方。这是一场梦，这地方我绝对不会再住下去。

周朴园：好得很，那么一切路费，用费，都归我担负。

鲁侍萍：什么？

周朴园：这于我的心也安一点。

鲁侍萍：你？(笑)三十年我一个人都过了，现在我反而要你的钱？

周朴园：好，好，好，那么你现在要什么？

鲁侍萍：(停一停)我，我要点东西。

周朴园：什么？说吧？

鲁侍萍：(泪满眼)我——我只要见见我的萍儿。

周朴园：你想见他？

鲁侍萍：嗯，他在哪儿？

周朴园：他现在在楼上陪着他的母亲看病。我叫他，他就可以下来见你。不过是——

鲁侍萍：不过是什么？

周朴园：他很大了。

鲁侍萍：(追忆)他大概是二十八了吧？我记得他比大海只大一岁。

周朴园：并且他以为他母亲早就死了的。

鲁侍萍：哦，你以为我会哭哭啼啼地叫他认母亲么？我不会那么傻的。我难道不知道这样的母亲只给自己的儿子丢人么？我明白他的地位，他的教育，不容他承认这样的母亲。这些年我也学乖了，我只想看看他，他究竟是我生的孩子。你不要怕，我就是告诉他，白白地增加他的烦恼，他自己也不愿意认我的。

周朴园：那么，我们就这样解决了。我叫他下来，你看一看他，以后鲁家的人永远不许再到周家来。

鲁侍萍：好，希望这一生不至于再见你。

周朴园：(由衣内取出皮夹的支票签好)很好，这一张五千块钱的支票，你可以先拿去用。算是弥补我一点罪过。

鲁侍萍：（接过支票）谢谢你。（慢慢撕碎支票）

周朴园：侍萍。

鲁侍萍：我这些年的苦不是你那钱就算得清的。

周朴园：可是你——

〔外面争吵声。鲁大海的声音："放开我，我要进去。"三四个男仆声："不成，不成，老爷睡觉呢。"门外有男仆等与大海的挣扎声。

周朴园：（走至中门）来人！（仆人由中门进）谁在吵？

仆人：就是那个工人鲁大海！他不讲理，非见老爷不可。

周朴园：哦。（沉吟）那你叫他进来吧。等一等，叫人到楼上请大少爷下楼，我有话问他。

仆人：是，老爷。

〔仆人由中门下。

周朴园：（向鲁妈）侍萍，你不要太固执。这一点钱你不收下，将来你会后悔的。

鲁侍萍：（望着他，一句话也不说。）

〔仆人领着大海进，大海站在左边，三四仆人立一旁。

大：（见鲁妈）妈，您还在这儿？

周朴园：（打量鲁大海）你叫什么名字？

大：（大笑）董事长，您不要向我摆架子，您难道不知道我是谁么？

周朴园：你？我只知道你是罢工闹得最凶的工人代表。

大：对了，一点儿也不错，所以才来拜望拜望您。

周朴园：你有什么事吧？

大：董事长当然知道我是为什么来的。

周朴园：（摇头）我不知道。

大：我们老远从矿上来，今天我又在您府上大门房里从早上六点钟一直等到现在，我就是要问问董事长，对于我们工人的条件，究竟是允许不允许？

周朴园：哦，那么——那么，那三个代表呢？

大：我跟你说吧，他们现在正在联络旁的工会呢。

周朴园：哦，——他们没告诉旁的事情么？

大：告诉不告诉于你没有关系。——我问你，你的意思，忽而软，忽而硬，究竟是怎么回子事？

〔周萍由饭厅上，见有人，即想退回。

周朴园：（看萍）不要走，萍儿！（视鲁妈，鲁妈知萍为其子，眼泪汪汪地望着他。）

萍：是，爸爸。

周朴园：（指身侧）萍儿，你站在这儿。（向大海）你这么只凭意气是不能交涉事情的。

大：哼，你们的手段，我都明白。你们这样拖延时候不就是想去花钱收买少数不要脸的败类，暂时把我们骗在这儿。

周朴园：你的见地也不是没有道理。

大：可是你完全错了。我们这次罢工是有团结的，有组织的。我们代表这次来并不是来求你们。你听清楚,不求你们。你们允许就允许;不允许,我们一直罢工到底,我们知道你们不到两个月整个地就要关门的。

周朴园:你以为你们那些代表们,那些领袖们都可靠吗?

大:至少比你们只认识洋钱的结合要可靠得多。

周朴园:那么我给你一件东西看。

[朴园在桌上找电报,仆人递给他;此时周冲偷偷由左书房进,在旁偷听。

周朴园:(给大海电报)这是昨天从矿上来的电报。

大:(拿过去看)什么?他们又上工了。(放下电报)不会,不会。

周朴园:矿上的工人已经在昨天早上复工,你当代表的反而不知道么?

大:(惊,怒)怎么矿上警察开枪打死三十个工人就白打了么?(又看电报,忽然笑起来)哼,这是假的。你们自己假作的电报来离间我们的。(笑)哼,你们这种卑鄙无赖的行为!

萍:(忍不住)你是谁?敢在这儿胡说?

周朴园:萍儿!没有你的话。(低声向大海)你就这样相信你那同来的代表么?

大:你不用多说,我明白你这些话的用意。

周朴园:好,那我把那复工的合同给你瞧瞧。

大:(笑)你不要骗小孩子,复工的合同没有我们代表的签字是不生效力的。

周朴园:哦,(向仆)合同!(仆由桌上拿合同递他)你看,这是他们三个人签字的合同。

大:(看合同)什么?(慢慢地,低声)他们三个人签了字。他们怎么会不告诉我就签了字呢?他们就这样把我不理啦?

周朴园:对了,傻小子,没有经验只会胡喊是不成的。

大:那三个代表呢?

周朴园:昨天晚车就回去了。

大:(如梦初醒)他们三个就骗了我了,这三个没有骨头的东西,他们就把矿上的工人们卖了。哼,你们这些不要脸的董事长,你们的钱这次又灵了。

萍:(怒)你混账!

周朴园:不许多说话。(回头向大海)鲁大海,你现在没有资格跟我说话——矿上已经把你开除了。

大:开除了?

冲:爸爸,这是不公平的。

周朴园:(向冲)你少多嘴,出去!(冲由中门走下)

大:哦,好,好,(切齿)你的手段我早就领教过,只要你能弄钱,你什么都做得出来。你叫警察杀了矿上许多工人,你还——

周朴园:你胡说!

鲁侍萍:(至大海前)别说了,走吧。

大:哼,你的来历我都知道,你从前在哈尔滨包修江桥,故意在叫江堤出险——

周朴园:(低声)下去![仆人等拉他,说"走!走!"

大:(对仆人)你们这些混账东西,放开我。我要说,你故意淹死了二千二百个小工,每一个小工的性命你扣三百块钱！姓周的，你发的是绝子绝孙的昧心财！你现在还——

萍：（忍不住气，走到大海面前，重重地打他两个嘴巴。）你这种混账东西！（大海立刻要还手，但是被周宅的仆人们拉住。）打他。

大：（向萍高声）你，你，（正要骂，仆人一起打大海。大海头流血。鲁妈哭喊着护大海。）

周朴园：（厉声）不要打人！（仆人们停止打大海，仍拉着大海的手。）

大：放开我，你们这一群强盗！

萍：（向仆人）把他拉下去。

鲁侍萍：（大哭起来）哦，这真是一群强盗！（走至萍前，抽咽）你是萍，——凭，——凭什么打我的儿子？

萍：你是谁？

鲁侍萍：我是你的——你打的这个人的妈。

大：妈，别理这东西，您小心吃了他们的亏。

鲁侍萍：（呆呆地看着萍的脸，忽而又大哭起来）大海，走吧，我们走吧。

大海被仆人们拥下，侍萍随下。

一、文学常识

（一）作者简介

曹禺(1910—1996)，原名万家宝，我国杰出的剧作家和"当代语言艺术大师"。1933年在清华大学读书期间完成了他的处女作《雷雨》。其后，又写了《日出》《原野》《蜕变》《北京人》等剧本，这些剧本奠定了他在中国戏剧界的大师地位。其后他又创作了《明朗的天》《胆剑篇》（与人合作）、《王昭君》等剧本。

（二）解题

《雷雨》标题的作用：从一方面看，《雷雨》整个故事的背景、情节都和雷雨有关，故事的高潮、悲剧的发生都集中在雷雨交加的狂风暴雨之夜。可以这样说，"雷雨"是整个作品的自然环境。另一方面，作者又交代了作品的社会环境，以象征的手法告诉人们，在中国这个半殖民地半封建的沉闷抑郁的空气里，一场改变现实的大雷雨即将来临。作者正是通过一个封建、资产阶级家庭内错综复杂的矛盾，深刻地揭示了封建大家庭的罪恶和工人与资本家之间的矛盾冲突，反映了正在酝酿大雷雨般大变动的20年代的中国社会现实。

二、字词积累

（一）难读字正音

烦躁(zào)　　汗涔(cén)涔　　惊愕(è)　　弥(mí)补

沉吟(yín)　　卑鄙(bǐ)　　谛(dì)听　　离间(jiàn)

（二）难解词释义

1. 涔涔：形容汗水不断地流下。
2. 谛听：仔细地听。谛，仔细。
3. 昧心：违背良心。昧(mèi)，昏，糊涂，不明白。

三、文本细读

（一）课文主旨

《雷雨》以20年代初的中国社会为背景，通过一个带有浓厚封建色彩的资产阶级家庭内部的尖锐冲突，以及周、鲁两家复杂的矛盾纠葛，刻画了具有典型意义的剥削阶级家庭的罪恶历史，对旧社会人吃人的现象，对资产阶级家庭的腐朽、没落的内幕做了深刻而细致的揭露。从这个家庭的崩溃，看到半殖民地半封建社会的罪恶与黑暗以及它必然灭亡的命运。

（二）课文赏析

1. 提问：30年前周朴园与鲁侍萍的婚恋情形如何？侍萍因何遭遗弃并于大年三十投河？

明确：30年前的周朴园是一个风流倜傥的阔少爷，凭他的经济条件、社会地位、人品、才学，以及当时社会的伦理道德、世俗理念等方面来看，他和侍萍都是极不般配的。但他却偏偏看中了"知书达礼、聪明伶俐、年轻漂亮、贤慧体贴"的侍萍，"忘记"了自己的身份，侍萍也以善良的心态来看待一切，因此两个年轻人不顾一切地相爱并生子。尤其在周朴园一方是不理智的，一但激情消失，世俗理念占了上风，门第观念、阶级地位等因素就会使他又一次不顾一切地抛弃侍萍。因此，当作为阔少爷的周朴园看中作为下层人民的侍萍时，侍萍的悲剧命运已经注定了。

2. 提问：周朴园对"死去"和活着的鲁侍萍有怎样的变化？这反映了怎样的阶级矛盾？

明确：在自认为侍萍已"死去"的三十年里，周朴园到处打听无锡"梅小姐"的情况，准备为她修坟。当年侍萍住过的房间依然保持原样，记着她的习惯，记着她的生日等等。他经常怀念与侍萍在一起的"甜美"生活，对那个美丽温柔的"小姐"继续倾注着思念与感情。一旦得知了侍萍还活着，周朴园的惊愕异常明显。他想用金钱掩盖事实，前后的表现判若两人，因为鲁侍萍是他罪恶的历史的见证人，是受他凌辱、压迫的当事人。她的意外出现，事实上成为周朴园的严重威胁，可能致使他的声誉和地位遭受重大的损失，所以他立即采取种种手段来消除隐患。这都揭露了资产阶级的本性，揭露了周朴园罪恶的私生活和卑污的灵魂。

茶　馆

　　茶馆剧情：在满清王朝即将灭亡的年代，北京的裕泰茶馆却依然一派"繁荣"景象：提笼架鸟、算命卜卦、卖古玩玉器、玩蝈蝈蟋蟀者无所不有。

　　年轻精明的掌柜王利发，各方照顾，左右逢源。然而，在这个"繁荣"的背后隐藏着整个社会令人窒息的衰亡：洋货充斥市场、农村破产、太监买老婆、爱国者遭逮捕。

　　到了民国初年，连年不断的内战使百姓深受苦难，北京城里的大茶馆都关了门，唯有王掌柜改良经营，把茶馆后院辟成租给大学生的公寓，正厅里摆上了留声机。尽管如此，社会上的动乱仍波及茶馆：逃难的百姓堵在门口，大兵抢夺掌柜的钱，侦缉队员不时前来敲诈。

　　又过了三十年，已是风烛残年的王掌柜，仍在拼命支撑着茶馆。日本投降了，但国民党和美帝国主义又使人民陷入了内战的灾难。吉普车横冲直撞，爱国人士惨遭镇压，流氓特务要霸占王掌柜苦心经营了一辈子的茶馆。王利发绝望了。这时，恰巧来了两位五十年前结交的朋友，一位是曾被清廷逮捕过的正人君子常四爷，一位是办了半辈子实业结果彻底垮了台的秦二爷。三位老人撒着捡来的纸钱，凄惨地叫着、笑着。最后只剩下王利发一人，他拿起腰带，步入内室，上吊自杀。

第一幕

　　人物　王利发、刘麻子、庞太监、唐铁嘴、康六、小牛儿、松二爷、黄胖子、宋恩子、常四爷、秦仲义、吴祥子、李三、老人、康顺子、二德子、乡妇、茶客甲、乙、丙、丁、马五爷、小妞、茶房一二人。

　　时间　一八九八年（戊戌）初秋，康梁等的维新运动失败了。早半天。

　　地点　北京，裕泰大茶馆。

　　〔幕启：这种大茶馆现在已经不见了。在几十年前，每城都起码有一处。这里卖茶，也卖简单的点心与饭菜。玩鸟的人们，每天在遛够了画眉、黄鸟等之后，要到这里歇歇腿，喝喝茶，并使鸟儿表演歌唱。商议事情的，说媒拉纤的，也到这里来。那年月，时常有打群架的，但是总会有朋友出头给双方调解；三五十口子打手，经调人东说西说，便都喝碗茶，吃碗烂肉面（大茶馆特殊的食品，价钱便宜，做起来快当），就可以化干戈为玉帛了。总之，这是当日非常重要的地方，有事无事都可以来坐半天。

　　〔在这里，可以听到最荒唐的新闻，如某处的大蜘蛛怎么成了精，受到雷击。奇怪的意见也在这里可以听到，像把海边上都修上大墙，就足以挡住洋兵上岸。这里还可以听到某京戏演员新近创造了什么腔儿，和煎熬鸦片烟的最好的方法。这里也可以看到某人新得到的奇珍——一个出土的玉扇坠儿，或三彩的鼻烟壶。这真是个重要的地方，简直可以算作文化交流的所在。

　　〔我们现在就要看见这样的一座茶馆。

〔一进门是柜台与炉灶——为省点事,我们的舞台上可以不要炉灶;后面有些锅勺的响声也就够了。屋子非常高大,摆着长桌与方桌,长凳与小凳,都是茶座儿。隔窗可见后院,高搭着凉棚,棚下也有茶座儿。屋里和凉棚下都有挂鸟笼的地方。各处都贴着"莫谈国事"的纸条。

〔有两位茶客,不知姓名,正眯着眼,摇着头,拍板低唱。有两三位茶客,也不知姓名,正入神地欣赏瓦罐里的蟋蟀。两位穿灰色大衫的——宋恩子与吴祥子,正低声地谈话,看样子他们是北衙门的办案的(侦缉)。

〔今天又有一起打群架的,据说是为了争一只家鸽,惹起非用武力解决不可的纠纷。假若真打起来,非出人命不可,因为被约的打手中包括着善扑营的哥儿们和库兵,身手都十分厉害。好在,不能真打起来,因为在双方还没把打手约齐,已有人出面调停了——现在双方在这里会面。三三两两的打手,都横眉立目,短打扮,随时进来,往后院去。

〔马五爷在不惹人注意的角落,独自坐着喝茶。

〔王利发高高地坐在柜台里。

〔唐铁嘴跂拉着鞋,身穿一件极长极脏的大布衫,耳上夹着几张小纸片,进来。

王利发　唐先生,你外边遛遛吧!

唐铁嘴　(惨笑)王掌柜,捧捧唐铁嘴吧!送给我碗茶喝,我就先给您相相面吧!手相奉送,不取分文!(不容分说,拉过王利发的手来)今年是光绪二十四年,戊戌。您贵庚是……

王利发　(夺回手去)算了吧,我送你一碗茶喝,你就甭卖那套生意口啦!用不着相面,咱们既在江湖内,都是苦命人!(由柜台内走出,让唐铁嘴坐下)坐下!我告诉你,你要是不戒了大烟,就永远交不了好运!这是我的相法,比你的更灵验!

〔松二爷和常四爷都提着鸟笼进来,王利发向他们打招呼。他们先把鸟笼子挂好,找地方坐下。松二爷文绉绉的,提着小黄鸟笼;常四爷雄赳赳的,提着大而高的画眉笼。茶房李三赶紧过来,沏上盖碗茶。他们自带茶叶。茶沏好,松二爷、常四爷向临近的茶座让了让。

松二爷

常四爷　您喝这个!(然后,往后院看了看)

松二爷　好像又有事儿?

常四爷　反正打不起来!要真打的话,早到城外头去啦;到茶馆来干吗?

〔二德子,一位打手,恰好进来,听见了常四爷的话。

二德子　(凑过去)你这是对谁甩闲话呢?

常四爷　(不肯示弱)你问我哪?花钱喝茶,难道还教谁管着吗?

松二爷　(打量了二德子一番)我说这位爷,您是营里当差的吧?来,坐下喝一碗,我们也都是外场人。

二德子　你管我当差不当差呢!

常四爷　要抖威风,跟洋人干去,洋人厉害!英法联军烧了圆明园,尊家吃着官饷,可没见您去冲锋打仗!

二德子　甭说打洋人不打,我先管教管教你!(要动手)

〔别的茶客依旧进行他们自己的事。王利发急忙跑过来。

王利发　哥儿们,都是街面上的朋友,有话好说。德爷,您后边坐!

〔二德子不听王利发的话,一下子把一个盖碗搂下桌去,摔碎。翻手要抓常四爷的脖领。

常四爷　(闪过)你要怎么着?

二德子　怎么着?我碰不了洋人,还碰不了你吗?

马五爷　(并未立起)二德子,你威风啊!

二德子　(四下扫视,看到马五爷)喝,马五爷,你在这儿哪?我可眼拙,没看见您!(过去请安)

马五爷　有什么事好好地说,干吗动不动地就讲打?

二德子　〔嗻〕!您说得对!我到后头坐坐去。李三,这儿的茶钱我候啦!(往后面走去)

常四爷　(凑过来,要对马五爷发牢骚)这位爷,您圣明,您给评评理!

马五爷　(立起来)我还有事,再见!(走出去)

常四爷　(对王利发)邪!这倒是个怪人!

王利发　您不知道这是马五爷呀!怪不得你也得罪了他!

常四爷　我也得罪了他?我今天出门没挑好日子!

王利发　(低声地)刚才您说洋人怎样,他就是吃洋饭的。信洋教,说洋话,有事情可以一直地找宛平县的县太爷去,要不怎么连官面上都不惹他呢!

常四爷　(往原处走)哼,我就不佩服吃洋饭的!

王利发　(向宋恩子、吴祥子那边稍一歪头,低声地)说话请留点神!(大声地)李三,再给这儿沏一碗来!(拾起地上的碎瓷片)

松二爷　盖碗多少钱?我赔!外场人不作老娘们事!

王利发　不忙,待会儿再算吧!(走开)

〔纤手刘麻子领着康六进来。刘麻子先向松二爷、常四爷打招呼。

刘麻子　您二位真早班儿!(掏出鼻烟壶,倒烟)您试试这个!刚装来的,地道的英国造,又细又纯!

常四爷　唉!连鼻烟也得从外洋来!这得往外流多少银子啊!

刘麻子　咱们大清国有的是金山银山,永远花不完!您坐着,我办点小事!(领康六找了个座儿)

〔李三拿过一碗茶来。

刘麻子　说说吧,十两银子行不行?你说干脆的!我忙,没工夫专伺候你!

康　六　刘爷!十五岁的大姑娘,就值十两银子吗?

刘麻子　卖到窑子去,也许多拿一两八钱的,可是你又不肯!

康　六　那是我的亲女儿!我能够……

刘麻子　有女儿,你可养活不起,这怪谁呢?

康　六　那不是因为乡下种地的都没法子混了吗?一家大小要是一天能吃上一顿粥,我要还想卖女儿,我就不是人!

刘麻子　那是你们乡下的事,我管不着。我受你之托,教你不吃亏,又教你女儿有个吃饱饭的地方,这还不好吗?

康　六　到底给谁呢?

刘麻子　我一说,你必定从心眼里乐意!一位在宫里当差的!

康　六　宫里当差的谁要个乡下丫头呢?

刘麻子　那不是你女儿的命好吗?

康　六　谁呢?

刘麻子　庞总管!你也听说过庞总管吧?伺候着太后,红的不得了,连家里打醋的瓶子都是玛瑙的!

康　六　刘大爷,把女儿给太监做老婆,我怎么对得起人呢?

刘麻子　卖女儿,无论怎么卖,也对不起女儿!你糊涂!你看,姑娘一过门,吃的是珍馐美味,穿的是绫罗绸缎,这不是造化吗?怎样,摇头不算点头算,来个干脆的!

康　六　自古以来,哪有……他就给十两银子?

刘麻子　找遍了你们全村儿,找得出十两银子找不出?在乡下,五斤白面就换个孩子,你不是不知道!

康　六　我,唉!我得跟姑娘商量一下!

刘麻子　告诉你,过了这个村可没有这个店,耽误了事可别怨我!快去快来!

康　六　唉!我一会儿就回来!

刘麻子　我在这儿等着你!

康　六　(慢慢地走出去)

刘麻子　(凑到松二爷、常四爷这边来)乡下人真难办事,永远没个痛痛快快!

松二爷　这号生意又不小吧?

刘麻子　也甜不到哪儿去,弄好了,赚个元宝!

常四爷　乡下是怎么了?会弄得这么卖儿卖女的!

刘麻子　谁知道!要不怎么说,就是条狗也得托生在北京城里嘛!

常四爷　刘爷,您可真有个狠劲儿,给拉拢这路事!

刘麻子　我要不分心,他们还许找不到买主呢!(忙岔话)松二爷(掏出个小时表来),您看这个!

松二爷　(接表)好体面的小表!

刘麻子　您听听,嘎登嘎登地响!

松二爷　(听)这得多少钱?

刘麻子　您爱吗?就让给您!一句话,五两银子!您玩够了,不爱再要了,我还照数退钱!东西真地道,传家的玩艺!

常四爷　我这儿正咂摸这个味儿:咱们一个人身上有多少洋玩艺儿啊!老刘,就看你身上吧:洋鼻烟,洋表,洋缎大衫,洋布裤褂……

刘麻子　洋东西可真是漂亮呢!我要是穿一身土布,像个乡下脑壳,谁还理我呀!

常四爷　我老觉乎着咱们的大缎子,川绸,更体面!

刘麻子　松二爷,留下这个表吧,这年月,带着这么好的洋表,会教人另眼看待!是不是这么说,您哪?

  松二爷　（真爱表,但又嫌贵）我……
  刘麻子　您先戴几天,改日再给钱!
　〔黄胖子进来。
  黄胖子　（严重的砂眼,看不清楚,进门就请安）哥儿们,都瞧我啦!我请安了!都是自家兄弟,别伤了和气呀!
  王利发　这不是他们,他们在后院哪!
  黄胖子　我看不大清楚啊!掌柜的,预备烂肉面,有我黄胖子,谁也打不起来!（往里走）
  二德子　（出来迎接）两边已经见了面,您快来吧!
　〔二德子同黄胖子入内。
　〔茶房们一趟又一趟地往后面送茶水。老人进来,拿着些牙签、胡梳、耳挖勺之类的小东西,低着头慢慢地挨着茶座儿走;没人买他的东西。他要往后院去,被李三截住。
  李　三　老大爷,您外边蹓蹓吧!后院里,人家正说和事呢,没人买您的东西!（顺手儿把剩茶递给老人一碗）
  松二爷　（低声地）李三!（指后院）他们到底为了什么事,要这么拿刀动杖的?
  李　三　（低声地）听说是为一只鸽子。张宅的鸽子飞到了李宅去,李宅不肯交还……唉,咱们还是少说话好,（问老人）老大爷您高寿啦?
  老　人　（喝了茶）多谢!八十二了,没人管!这年月呀,人还不如一只鸽子呢!唉!（慢慢走出去）
　〔秦仲义,穿得很讲究,满面春风,走进来。
  王利发　哎哟!秦二爷,您怎么这样闲在,会想起下茶馆来了?也没带个底下人?
  秦仲义　来看看,看看你这年轻小伙子会做生意不会!
  王利发　唉,一边做一边学吧,指着这个吃饭嘛。谁叫我爸爸死的早,我不干不行啊!好在照顾主儿都是我父亲的老朋友,我有不周到的地方,都肯包涵,闭闭眼就过去了。在街面上混饭吃,人缘儿顶要紧。我按着我父亲遗留下的老办法,多说好话,多请安,讨人人的喜欢,就不会出大岔子!您坐下,我给您沏碗小叶茶去!
  秦仲义　我不喝!也不坐着!
  王利发　坐一坐!有您在我这儿坐坐,我脸上有光!
  秦仲义　也好吧!（坐）可是,用不着奉承我!
  王利发　李三,沏一碗高的来!二爷,府上都好?您的事情都顺心吧?
  秦仲义　不怎么太好!
  王利发　您怕什么呢?那么多的买卖,您的小手指头都比我的腰还粗!
  唐铁嘴　（凑过来）这位爷好相貌,真是天庭饱满,地阁方圆,虽无宰相之权,而有陶朱之富!
  秦仲义　躲开我!去!
  王利发　先生,你喝够了茶,该外边活动活动去!（把唐铁嘴轻轻推开）

唐铁嘴　唉！（垂头走出去）

秦仲义　小王，这儿的房租是不是得往上提那么一提呢？当年你爸爸给我的那点租钱，还不够我喝茶用的呢！

王利发　二爷，您说的对，太对了！可是，这点小事用不着您分心，您派管事的来一趟，我跟他商量，该长多少租钱，我一定照办！是！〔嗻〕！

秦仲义　你这小子，比你爸爸还滑！哼，等着吧，早晚我把房子收回去！

王利发　您甭吓唬着我玩，我知道您多么照应我，心疼我，决不会叫我挑着大茶壶，到街上买热茶去！

秦仲义　你等着瞧吧！

〔乡妇拉着个十来岁的小妞进来。小妞的头上插着一根草标。李三本想不许她们往前走，可是心中一难过，没管。她们俩慢慢地往里走。茶客们忽然都停止说笑，看着她们。

小　妞　（走到屋子中间，立住）妈，我饿！我饿！

〔乡妇呆视着小妞，忽然腿一软，坐在地上，掩面低泣。

秦仲义　（对王利发）轰出去！

王利发　是！出去吧，这里坐不住！

乡　妇　哪位行行好？要这个孩子，二两银子！

常四爷　李三，要两个烂肉面，带她们到门外吃去！

李　三　是啦！（过去对乡妇）起来，门口等着去，我给你们端面来！

乡　妇　（立起，抹泪往外走，好像忘了孩子；走了两步，又转回身来，搂住小妞吻她）宝贝！宝贝！

王利发　快着点吧！

〔乡妇、小妞走出去。李三随后端出两碗面去。

王利发　（过来）常四爷，您是积德行好，赏给她们面吃！可是，我告诉您：这路事儿太多了，太多了！谁也管不了！（对秦仲义）二爷，您看我说的对不对？

常四爷　（对松二爷）二爷，我看哪，大清国要完！

秦仲义　（老气横秋地）完不完，并不在乎有人给穷人们一碗面吃没有。小王，说真的，我真想收回这里的房子！

王利发　您别那么办哪，二爷！

秦仲义　我不但收回房子，而且把乡下的地，城里的买卖也都卖了！

王利发　那为什么呢？

秦仲义　把本钱拢到一块儿，开工厂！

王利发　开工厂？

秦仲义　〔嗯〕，顶大顶大的工厂！那才救得了穷人，那才能抵制外货，那才能救国！（对王利发说而眼看着常四爷）唉，我跟你说这些干什么，你不懂！

王利发　您就专为别人，把财产都出手，不顾自己了吗？

秦仲义　你不懂！只有那么办，国家才能富强！好啦，我该走啦。我亲眼看见了，你的生意不错，你甭再耍无赖，不长房钱！

王利发　您等等,我给您叫车去!
秦仲义　用不着,我愿意[蹓][跶][蹓][跶]!
〔秦仲义往外走,王利发送。
〔小牛儿挽着庞太监走进来。小牛儿提着水烟袋。
庞太监　哟!秦二爷!
秦仲义　庞老爷!这两天您心里安顿了吧?
庞太监　那还用说吗?天下太平了,圣旨下来,谭嗣同问斩!告诉您,谁敢改祖宗的章程,谁就掉脑袋!
秦仲义　我早就知道!
〔茶客们忽然全静寂起来,几乎是闭住呼吸地听着。
庞太监　您聪明,二爷,要不然您怎么发财呢!
秦仲义　我那点财产,不值一提!
庞太监　太客气了吧?您看,全北京城谁不知道秦二爷!您比做官的还厉害呢!听说呀,好些财主都讲维新!
秦仲义　不能这么说,我那点威风在您的面前可就施展不出来了!哈哈哈!
庞太监　说得好,咱们就八仙过海,各显其能吧!哈哈哈!
秦仲义　改天过去给您请安,再见!(下)
庞太监　(自言自语)哼,凭这么个小财主也敢跟我逗嘴皮子,年头真是改了!(问王利发)刘麻子在这儿哪?
王利发　总管,您里边歇着吧!
〔刘麻子早已看见庞太监,但不敢靠近,怕打搅了庞太监、秦仲义的谈话。
刘麻子　喝,我的老爷子!您吉祥!我等您好大半天了!(挽庞太监往里面走)
〔宋恩子、吴祥子过来请安,庞太监对他们耳语。
〔众茶客静默一阵之后,开始议论纷纷。
茶客甲　谭嗣同是谁?
茶客乙　好像听说过!反正犯了大罪,要不,怎么会问斩呀!
茶客丙　这两三个月了,有些做官的,念书的,乱折腾乱闹,咱们怎能知道他们搞的什么鬼呀!
茶客丁　得!不管怎么说,我的铁杆庄稼又保住了!姓谭的,还有那个康有为,不是说叫旗兵不管钱粮,去自谋生计吗?心眼多毒!
茶客丙　一份钱粮倒叫上头克扣去一大半,咱们也不好过!
茶客丁　那总比没有强啊!好死不如赖活着,叫我去自己谋生,非死不可!
王利发　诸位主顾,咱们还是莫谈国事吧!
〔大家安静下来,都又各谈各的事。
庞太监　(已坐下)怎么说?一个乡下丫头,要二百银子?
刘麻子　(侍立)乡下人,可长得俊呀!带进城来,好好地一打扮、调教,准保是又好看又有规矩!我给您办事,比给我亲爸爸做事都更尽心,一丝一毫不能马虎!

〔唐铁嘴又回来了。

王利发　铁嘴，你怎么又回来了？

唐铁嘴　街上兵荒马乱的，不知道是怎么回事！

庞太监　还能不搜查搜查谭嗣同的余党吗？唐铁嘴，你放心，没人抓你！

唐铁嘴　[嗻]，总管，您要能赏给我几个烟泡儿，我可就更有出息了！

〔有几个茶客好像预感到什么灾祸，一个个往外溜。

松二爷　咱们也该走啦吧！天不早啦！

常四爷　[嗻]！走吧！

〔二灰衣人——宋恩子和吴祥子走过来。

宋恩子　等等！

常四爷　怎么啦？

宋恩子　刚才你说"大清国要完"？

常四爷　我，我爱大清国，怕它完了！

吴祥子　(对松二爷)你听见了？他是这么说的吗？

松二爷　哥儿们，我们天天在这儿喝茶。王掌柜知道：我们都是地道老好人！

吴祥子　问你听见了没有？

松二爷　那，有话好说，二位请坐！

宋恩子　你不说，连你也锁了走！他说"大清国要完"，就是跟谭嗣同一党！

松二爷　我，我听见了，他是说……

宋恩子　(对常四爷)走！

常四爷　上哪儿？事情要交代明白了啊！

宋恩子　你还想拒捕吗？我这儿可带着"王法"呢！（掏出腰中带着的铁链子）

常四爷　告诉你们，我可是旗人！

吴祥子　旗人当汉奸，罪加一等！锁上他！

常四爷　甭锁，我跑不了！

宋恩子　量你也跑不了！(对松二爷)你也走一趟，到堂上实话实说，没你的事！

〔黄胖子同三五个人由后院过来。

黄胖子　得啦，一天云雾散，算我没白跑腿！

松二爷　黄爷！黄爷！

黄胖子　(揉揉眼)谁呀？

松二爷　我！松二！您过来，给说句好话！

黄胖子　(看清)哟，宋爷，吴爷，二位爷办案哪？请吧！

松二爷　黄爷，帮帮忙，给美言两句！

黄胖子　官厅儿管不了的事，我管！官厅儿能管的事呀，我不便多嘴！(问大家)是不是？

众　　　[嗻]！对！

〔宋恩子、吴祥子带着常四爷、松二爷往外走。

松二爷　(对王利发)看着点我们的鸟笼子！

王利发　您放心,我给送到家里去!

〔常四爷、松二爷、宋恩子、吴祥子同下。

黄胖子　(唐铁嘴告以庞太监在此)哟,老爷在这儿哪?听说要安份儿家,我先给您道喜!

庞太监　等吃喜酒吧!

黄胖子　您赏脸!您赏脸!(下)

〔乡妇端着空碗进来,往柜上放。小妞跟进来。

小　妞　妈!我还饿!

王利发　唉!出去吧!

乡　妇　走吧,乖!

小　妞　不卖妞妞啦?妈!不卖了?妈!

乡　妇　乖!(哭着,携小妞下)

〔康六带着康顺子进来,立在柜台前。

康　六　姑娘!顺子!爸爸不是人,是畜生!可你叫我怎办呢?你不找个吃饭的地方,你饿死!我弄不到手几两银子,就得叫东家活活地打死!你呀,顺子,认命吧,积德吧!

康顺子　我,我……(说不出话来)

刘麻子　(跑过来)你们回来啦?点头啦?好!来见总管!给总管磕头!

康顺子　我……(要晕倒)

康　六　(扶住女儿)顺子!顺子!

刘麻子　怎么啦?

康　六　又饿又气,昏过去了!顺子!顺子!

庞太监　我要活的,可不要死的!

〔静场。

茶客甲　(正与茶客乙下象棋)将!你完啦!

——幕落

一、文学常识

作者简介

老舍(1899—1966),原名舒庆春,字舍予,生于北京,满族人,我国现代最著名的小说家、戏剧家之一。其作品多取材于城市下层居民生活,有浓厚的北京地方色彩,诙谐幽默,风格独特。代表作有长篇小说《骆驼祥子》、中篇小说《月牙儿》、剧本《茶馆》等。

二、字词积累

1. 侍(shì):侍候。
2. 沏(qī):(用开水)冲。
3. 饷(xiǎng):薪金。

4. 龛(kān)：供奉神佛的小阁子。
5. 咂摸：仔细辨别，寻思。
6. 心路：机智，计谋。
7. 搭讪(dā shàn)：为了应付尴尬局面找话说。
8. 老气横秋：可用来形容神气严肃，老练；暮气很重，没有朝气但很骄傲。
9. 随机应(yìng)变：随时根据情况，灵活应付临时发生的事态变化。

三、文本细读

(一) 课文主旨

该文以旧北京城中的一个大茶馆——裕泰茶馆的兴衰为背景，通过茶馆及各类人物变迁的描写，反映了清末、民国初年军阀混战、抗战胜利后国民党统治三个不同时代的近50年的社会画面，诅咒了这三个黑暗年代，宣告了旧中国必将走向灭亡。

(二) 课文赏析

王利发是一个贯穿全剧的人物。他是裕泰茶馆的掌柜。他精明、干练、谨小慎微、委曲求全、善于应酬，对不同的人采取不同的接待方式。我们看在第二幕中他对巡警的敲诈巧于应付，对自己公寓的房客崔久峰，能很耐心地倾听他的牢骚，尽管他不一定懂，但也不时地说些逢迎的话。作为商人，王利发具有胆小怕事和自私的特点。在旧中国的黑暗现实面前，靠自己的劳动而生活的王利发尽管善于经营、善于改良，也无法抵御各种反动势力的欺压。最终也没有逃脱自己破产的命运，当茶馆被人霸占后，他悬梁自尽。他的悲剧，是旧中国广大市民的生活命运的真实写照，揭露了旧制度的吃人本质，反映了旧时代的不合理。

常四爷是旗人，在清朝时能吃官家钱粮。但他对腐败的清政府不满，对帝国主义更加痛恨。他正直、倔强、敢作敢为、富于正义感、乐于助人。他对抓过他的特务们不服软。反映了社会的黑暗和人民的反抗情绪。

松二爷是旗人，胆小而懒散。清朝灭亡前过着游手好闲的生活，整日喝茶玩鸟。民国时期"铁杆庄稼"的待遇没有了，但又不愿自食其力，仍旧留恋过去的生活，宁愿自己挨饿，也要喂鸟。最后终于饿死。这是一个没有谋生能力的旗人的典型，反映了中国封建社会的腐朽。

刘麻子是靠说媒拉纤、拐卖人口挣钱的地痞无赖。表现了当时社会的病态和畸形。

秦仲义是个民族资产阶级的代表，他财大气粗，自命不凡，对穷苦人很少同情，考虑着多赚钱，想搞实业救国。他对清王朝的统治存在着阶级本能上的对立，在与庞太监的对话中，软中有硬，绵里藏针，表现了新兴阶级的一种挑战和锐气，从而真实地揭示了资产阶级的本质特征。

第三册

第一单元

诗歌单元　理想之光

　　本单元所选为现代诗歌,要求学生掌握诗歌不同于其他文学体裁的形式特点,掌握诗歌相关的文化常识,最终感受诗歌中的思想感情和艺术魅力,领悟人生的真谛。

我来到这个世界为的是看太阳

我来到这个世界为的是看太阳
和蔚蓝色的田野。
我来到这个世界为的是看太阳
和连绵的群山。

我来到这个世界为的是看大海，
和百花盛开的峡谷。
我与世界面对面签订了合约，
我是世界的真主。

我战胜了冷漠无言的冰川，
我创造了自己的理想。
我每时每刻都充满了启示，
我时时刻刻都在歌唱。

我的理想来自苦难，
但我因此而受人喜爱。
试问天下谁能与我的歌声媲美？
无人、无人媲美。

我来到这个世界为的是看太阳，
而一旦天光熄灭，
我也仍将歌唱……我要歌颂太阳，
直到人生的最后时光！

一、文学常识

作者简介

巴尔蒙特(1867—1942)，俄国诗人，评论家，翻译家，在 20 世纪初的俄国诗坛中占有重要地位。巴尔蒙特作为俄国象征派领袖人物之一，追求音乐性强、词藻优美、意境深远的诗风，他还为俄国诗坛开创了很多独特的韵律方式，获得了"俄国诗歌中的帕格尼尼"的赞誉。

他的诗歌以鲜明的形象性和独到的艺术手法得到世人的赞誉,获得了"诗歌之王"的桂冠。他一生执著于太阳的崇拜,自称为"太阳的歌手",他也被当时的诗歌界誉为"太阳诗人",以太阳为题材的作品成为他创作的高峰。太阳是生命的源泉,带给人间光明和幸福。

二、字词积累

(一) 难读字正音

蔚(wèi)蓝　　　媲(pì)

(二) 难解词释义

媲:匹配,比得上。

三、文本细读

(一) 课文主旨

全诗通过对太阳的执著向往,张扬出诗人对大自然和生命的热爱,表达了诗人对希望、光明、爱等生命中一切崇高美好的东西的追求。

(二) 课文赏析

1. "我"来到这个世界为的仅仅是太阳吗?这些意象营造出怎样的一种氛围?

(1) 开篇诗人即宣告来到这个世界上就是为了看到太阳,看到原野,看到群山,看到大海,看到百花盛开的峡谷。

(2) 在这里,太阳、原野、群山、大海和峡谷等意象的使用,营造出一种宏伟阔大的气势,使诗人的豪情尽显纸上,张扬出诗人对大自然和生命的热爱,对理想和光明的渴求。

2. 第4自然段写道"我的理想来自苦难,但我因此而受人喜爱",请结合作品,谈谈你对这句诗的理解。

我创造了自己的理想,而这个理想是来自苦难,是战胜苦难成就的理想,这样的理想来之不易,更难能可贵,所以才受人喜爱。歌声为什么无人媲美,那也是因为我歌唱的是自己的理想和启示。诗人无畏于冰冷的遗忘、苦难和绝望,仍高傲地活着,执著地向往太阳,从太阳那里吸取力量和温暖,放声歌唱他的人生和最美的幻想。

寻梦者

梦会开出花来的，
梦会开出娇妍的花来的：
去求无价的珍宝吧。

在青色的大海里，
在青色的大海的底里，
深藏着金色的贝一枚。

你去攀九年的冰山吧，
你去航九年的瀚海吧，
然后你逢到那金色的贝。

它有天上的云雨声，
它有海上的风涛声，
它会使你的心沉醉。

把它在海水里养九年，
把它在天水里养九年，
然后，它在一个暗夜里开绽了。

当你鬓发斑斑了的时候，
当你眼睛朦胧了的时候，
金色的贝吐出桃色的珠。

把桃色的珠放在你怀里，
把桃色的珠放在你枕边，
于是一个梦静静地升上来了。

你的梦开出花来了，
你的梦开出娇妍的花来了，
在你已衰老了的时候。

一、文学常识

(一) 作者简介

戴望舒(1905—1950),现代诗人,又称"雨巷诗人",中国现代派象征主义诗人。

(二) 背景

《寻梦者》发表于 1932 年 11 月出版的《现代杂志》第二卷第一期上,当时正是中国社会剧烈动荡的时期。面对黑暗的现实,作为被"五四"科学与民主的洪流震醒的知识分子,美好的理想与黑暗的现实之间的矛盾,一直笼罩着他敏感的心灵。

二、字词积累

(一) 难读字正音

娇妍(yán)　　　　鬓(bìn)发　　　　开绽(zhàn)

衰(shuāi)老　　　　朦(méng)胧(lóng)

(二) 难解词释义

1. 娇妍:柔美,艳丽。娇,美好,可爱。妍,美丽。
2. 朦胧:模糊不清,神志模糊的样子。

三、文本细读

(一) 课文主旨

任何美好理想的实现,任何事业的成功获得,必须付出人一生追求的艰苦代价。

(二) 课文赏析

作品运用多种意象,构成独特的意境。找出诗中与梦有关的意象,依据课文分析体会其含义和作用。

意象	含义及作用
娇妍的花	象征梦的美好绚丽让人产生无限遐想,充满对梦的向往
青色的大海	象征梦的澄澈高远,暗示金色的贝不能轻而易举获得,为下文作铺垫
金色的贝	象征梦的珍贵难得,突出梦的静美与绚丽
桃色的珠	象征梦的美好诱人,突出梦的静美与绚丽
冰山、瀚海	象征寻贝的艰难,隐喻人生历程中的种种艰苦与磨难

金黄的稻束

金黄的稻束站在
割过的秋天的田里
我想起无数个疲倦的母亲
黄昏的路上我看见那皱了的美丽的脸
收获日的满月在
高耸的树巅上
暮色里,远山
围着我们的心边
没有一个雕像能比这更静默
肩荷着那伟大的疲倦,你们
在这伸向远远的一片
秋天的田里低首沉思
静默　静默　历史也不过是
脚下一条流去的小河
而你们,站在那儿
将成为人类的一个思想

一、文学常识

作者简介

郑敏是抗战后期崛起的大后方学院派青年诗人中的一位。她与杜云燮、穆旦等属于昆明湖畔的一组,被称为和谐的"三重奏"。

二、字词积累

难读字正音

稻束(shù)　　耸(sǒng)　　巅(diān)　　暮(mù)
默(mò)　　　荷(hè)　　　魄(pò)　　　渺(miǎo)

三、文本细读

(一) 课文主旨

《金黄的稻束》整篇诗都围绕着"金黄的稻束"这一意象展开,通过稻田、路上、天空、远山等空间性的位移,传达一个时间性的主体——对劳动中生命力的消逝的沉思和母性的歌颂。

(二) 课文赏析

1. 在诗人笔下,"金黄的稻束"是怎样的形象?表达了诗人怎样的思想感情?

金黄的稻束是母亲的形象,可以从"我想起无数个疲倦的母亲""黄昏的路上我看见那皱了的美丽的脸"这些诗句看出。诗人用这一形象来表达自己对劳动的母亲的赞美。

2. "金黄的稻束"象征着什么?

"金黄的稻束",不仅指自然意义上的稻束,而且是诗人的心灵与田野里伫立的稻束神秘的契合交感后,超越了物象的实体,而产生的一个象征。它首先是收获的象征,进而诗人把它与创造此丰收成果的劳动者形象自然地联系起来了,而作为孕育者和劳动者的母亲便是其中的典型,成为诗人表达敬意的对象。

3. 有人说这首诗的语言"带有一种雕塑的质感和光辉",请说说作者是通过哪些意象塑起了这座田野的"雕像"的。

这首诗由于独特的色彩与声音的把握和表达,而使语言带有一种雕塑的质感和光辉。诗人用"金黄"修饰"稻束",既是基于稻束本身的质感,也是一种内在精神的把握,"金黄"是高贵的色调。在技巧上,它一方面体现了现代主义具体意象和抽象观念的叠加所产生的特殊效果,也沟通了古典诗歌对意境的要求,体现了对传统的情境关系的重视。而三个"静默"预示着母亲的美丽与坚韧已超出了一切言说,此时无声胜有声。这有"声"有"色"的语言增添了诗歌的厚重感。

采 石 工

这是矿脉的断裂处
当岁月
向大地裸出一层层岩石
他们便走来了

他们是一群采石工
是一群追踪着石头的人
在他们面前,山连山的沉默
是一个世纪
又一个世纪的期待
而他们不是看风暴的人
他们搓了搓手掌
便在山的面前弯下腰来
犹如做梦似的
他们开始触摸到
一个最坚硬的现实

于是,锤声震响了
凿子在一寸一寸地推进
山岩痛成了红褐色
而未来的形体
正不情愿地从固结中显现
这就是采石工
这就是专门与石头苦斗的人
当他们再一次弯下腰去
我想起了
那些拔地而起的纪念碑

一、文学常识

作者简介

王家新(1957—),著名诗人,诗歌评论家,教授,大学期间开始发表诗作。2006年被中国人民大学文学院聘为教授,为中国20世纪90年代以来知识分子写作的代表性诗人。代表作品《在山的那边》《瓦雷金诺叙事曲》《帕斯捷尔纳克》《回答》《乌鸦》《游动悬崖》《纪念》等。

二、字词积累

难读字正音

矿脉(mài)　　　　裸(luǒ)出　　　　追踪(zōng)
搓了搓(cuō)　　　锤(chuí)声　　　 红褐(hè)色

三、文本细读

(一) 课文主旨

这首诗通过采石工劳动环境和劳动场面的描写,赞扬了采石工与寂寞、困难苦斗,不畏艰难、坚韧不拔的硬汉精神,充满了对这一劳动群体的崇敬与赞美,歌颂了劳动和劳动者的伟大,蕴含着诗人对生命价值和意义的深刻思考。

(二) 课文欣赏

1. 采石工的劳动环境怎样?这样写的作用是什么?

诗歌描写了采石工的劳动环境,那是"矿脉的断裂处"裸出的"岩石",是"山连山的沉默",是"坚硬的"岩石,弘阔、艰险、恶劣和寂寞的环境,反衬出采石工坚韧而伟大的形象。

2. 采石工的劳动场面又是怎样的?

诗歌描写了采石工的场面,他们"搓了搓手掌"便"弯下腰来",绘出采石工不畏艰难的画面。

3. 用简洁的语言概括采石工的群体形象,并说说作者如何表现这一形象的?

采石工是一个与寂寞苦斗,与困难苦斗,具有坚韧不拔精神的劳动群体形象。

第三册

第二单元

议论文单元　思想的力量

本单元所选为议论文,要求学生重点掌握议论文的论证结构。从文章内容的逻辑关系来分析,议论文的结构形式可分两大类:一种是纵式,逐层深入的论述结构;一种是横式,并列展开的论述结构。

贵在一个"新"字

——略谈独立思考

"青年人相信许多假东西,老年人怀疑许多真东西。"

这是德国谚语,不是普遍真理,然而它指出了值得注意的倾向。历史上有些重大错误,就是这两种倾向相结合的产物。青年人满怀希望,向往将来,进取心强,求知心切。正如梁启超在《少年中国说》中讲的:少年人如朝阳,如乳虎,如铁路,如白兰地酒,如春前之草,如长江之初发源。这些优点是极可宝贵的。不过,由于经验不足,思虑不周,受骗上当者,也大有人在。因此,自觉地培养独立思考能力,实是一件大事。

进一步说,许多实践活动的共同要求是"创新":或者发现新事物,或者发明新器皿,或者建立新理论,或者写出新作品。总之,贵在一个"新"字。而"新",自然是前所未有的。因此,要创新,就必须善于独立思考。

说"独立思考",好像与"向群众学习"相矛盾,离群众越远越好;说"独立思考",好像必须想入非非,越稀奇古怪越好。其实都不对。善于思考的人,既能集中群众的智慧,又能超越前人的思想,在充分调查研究的基础上,通过分析综合,提出切合实际的真知灼见。相反,不向群众学习,不从实际出发,一味坚持错误的主观成见,决不会产生正确的思想。

历史上许多有贡献的人物,都很会独立思考,他们这种能力是怎样锻炼出来的呢?

他的疑问是无处不在的

笛卡儿是法国卓越的数学家、物理学家、生理学家和哲学家,是解析几何的首创人。他可以算是历史上最喜欢独立思考的人之一了。恩格斯曾高度评价他的成就:"数学本身由于研究变数而进入辩证法的领域,而且很明显,正是辩证法哲学家笛卡儿使数学有了这种进步。"(《反杜林论》)还在少年时代,笛卡儿就有强烈的、永不满足的求知欲。他的学习热情很高,成绩优秀,数学尤其出类拔萃。除了学校中的功课外,他还阅读了许多课外书籍。可是,在总结学习成绩时,他毫不自满,甚至犹豫了,以致怀疑自己学得的东西是否可靠。他说:"当我完成了一般的学习过程之后,就发现自己被许多疑难和错误困住了。从这些疑难和错误里,除了日甚一日地看清自己的无知以外,似乎并没有得到其他任何收获。"例如,"在哲学领域里,没有一条真理是能够不引起争论和怀疑的;而其他的科学又都从哲学里取得原理。"(《方法论》)因此,在笛卡儿看来,疑问是无处不在的。这说明在他的脑海里,独立思考的火焰正在炽热地燃烧。在一度彷徨之后,他忽然大彻大悟了。他说,他所得到的最好教训是"决不可过分地相信自己单单从例证和传统说法中所学得的东西"。那么,怎么办呢?他提出了四条思维的法则:

第一,任何东西在未认清确实是真的以前决不能认为是真的。也就是说,必须小心,避免轻率和偏见。我所接受的,应当是我认为十分明显而又清楚,绝对无可怀疑的东西。

第二,我要探讨的疑难问题,应当尽量加以划分,而且是怎样能得到更好的解决方法,便怎样划分。

第三,有秩序地进行思维,首先从最简单的问题开始,按部就班地往前进,以达到最复杂的问题。甚至在实际上没有先后关系的事物中也要假设出一个顺序来。

第四,不论在任何地方,搜罗必须齐全,观察必须广泛,直到自己相信没有遗漏时为止。

以上是笛卡儿的思想方法,同时也体现了他对独立思考的重视,值得我们借鉴。他的缺点是独尊理性,否定感觉和经验的作用。怀疑得过了头,以致怀疑一切,甚至连他自己是否存在也认为大可怀疑了。幸亏他发现"我正在思考"这件事是千真万确的,不必再怀疑了,由此才推论出自己的存在,于是写下了他的名句——我思故我在。

倘有余暇,何妨多读

汉代王充,是我国古代著名的批判家。他写的《论衡》,专门批判古书和传说中的错误,立论有据,言之成理,表现了很高的独立思考的才华。他所以有成就,原因之一,就是他博览群书,贯通百家。王充家贫,买不起书,只能常到书店看书。那时的书店比现在的某些书店开明,可以让顾客阅读,结果造就了王充这样的人才。

爱因斯坦应该算是科学界最善于独立思考的巨人了。然而不要忘记,青年时代的爱因斯坦在物理、数学等方面已打下了扎实的基础,而且对一般的自然科学和哲学,也有浓厚的兴趣和丰富的知识。

有知识,才有比较;有比较,才能发现问题。动物病理学教授贝弗里奇说:"有重要的独创性贡献的科学家,常常是兴趣广泛的人……独创性常常在于发现两个或两个以上研究对象或设想之间的联系或相似之点,而原来以为这些对象或设想彼此没有关系。"(《科学研究的艺术》)

知识渊博的人见解比较深刻,思考比较周密,而且对事物的发展前途常有远见,预测也比较正确。这样便大大减少了受骗上当的机会,使人生少走许多弯路。"双眼自将秋水洗,一生不受古人欺。"这秋水,就是知识之水,就是独立思考的波涛和浪花。

鲁迅说:"应做的功课已完而有余暇,大可以看看各样的书,即使和本业毫不相干的,也要泛览。譬如学理科的,偏看看文学书,学文学的,偏看看科学书,看看别个在那里研究的,究竟是怎么一回事。这样子,对于别人,别事,可以有更深的了解。"(《读书杂谈》)

可是,这不会影响专业学习吗?的确,我们的精力,主要应放在攻读专业上,从精于一开始,逐步扩大根据地而走向博。然而这不是说,学专业时其他的书一律不能看。那"应做的功课已完"的余暇虽少,但积少可以成多。看课外书刊,时间长了,接触面宽了,了解的问题便多,于是就越看越有趣,越有趣就越想看,成了良性循环。这样,知识之球便越滚越大。反之,不博览,知识面便窄,懂的东西就少;懂得少,对许多事物便不感兴趣,从而也就越不想多看专业以外的书,于是便容易陷入恶性循环。不仅读书如此,世界上许多事物,发展下去,都有这两种循环的可能。我们应力争前者,千万不要卷入恶性循环的涡流中去。

"为什么""怎么办"及其他

遇到任何事情,都要考虑"为什么"和"怎么办"。前者追究原因,后者提供对策。只有搞清原因,才能想出办法。办法通常是多样的,必须从中选出一个最好的来。美国前国务卿基辛格写了一本书,名叫《选择的必要》,他非常重视最佳方案的选择。

此外,"可能吗"有时也很重要。解放前曾流传有人长年不吃东西;近年又宣传各种天外来客,诸如此类,惑人耳目。真是"当时黯黯犹承误,末俗纷纭更乱真"。更有甚者,一些政治骗子出于小集团的利益,把某些人和事吹得神乎其神,愚弄天下,尤其可恶。碰到这类事,就得采取科学态度,运用自然科学和社会科学的知识,多问几次"可能吗""合乎自然规律吗""合乎情理吗"。明代哲学家和教育家陈献章说得好:"前辈谓学贵知疑,小疑则小进,大疑则大进。疑者,觉悟之机也。一番觉悟,一番长进。"

读书时必须深思多问。只读而不想,就可能人云亦云,沦为书本的奴隶;或者走马看花,所获甚微。孔子说:"学而不思则罔,思而不学则殆。"清朝的郑板桥,诗词书画,都很擅长,而且喜谈学习方法。他说:"'学问'二字,须要拆开看,学是学,问是问。今人有学而无问,虽读书万卷,只是一条钝汉尔。……读书好问,一问不得,不妨再三问,问一人不得,不妨问数十人,要使疑窦释然,精理迸露。故其落笔晶明洞彻,如观火观水也。善读书者曰攻、曰扫。攻则直透重围,扫则了无一物。"

他这段话,除最后一句外,都可赞同。对于自然科学,言攻则可,言扫则不可,除非是伪科学,才有扫的问题。否则,只能批判继承,推陈出新,一般不会"了无一物"。

书,无非是作者一次系统的、有充分准备的长篇发言,其中所讲对的居多,错误也有。读书时反复思考,可以起到消化、吸收、运用和发现问题、跟踪追击的作用。下列事项,可供读书时参考。

(1) 区分客观真理和主观成见,哪些是经过长期实践检验的事实、定理、定律或理论,哪些只是未经证实的传说、成见、信仰或迷信。对前者主要是虚心学习,弄清道理,不要花很大精力去对着干。例如科学已证明不可能发明永动机,那就不必硬去造了。后者则不然,它们往往是前人硬塞在我们头脑里的一堆成见或捏造,例如"地球中心说""物种不变论"等。许多科学大师都非常注意这种区分,牢牢抓住一些基本而又模糊不清的概念加以分析批判,终于取得重大的进展。例如爱因斯坦抓住"质量""同时性"等概念,哥白尼批判"地球中心说",都取得了辉煌的成就。在社会科学里,情况更为复杂,一些偏见和迷信,常被贴上真理的标签,用以欺骗人民,我们应当提高警惕。

(2) 研究正确的结论是怎样获得的,有哪些事实或理论根据。在证明中有哪些方法和技巧值得学习?能把它用到别的问题上去吗?我能不能再给出新的证明?

(3) 对某个结论我有些怀疑,我觉得它的证据不充分,甚至有漏洞、有问题,于是我试图举出反例或用实验来推翻它。

(4) 如果时间、地点、条件变了,某个结论还正确吗?需要做哪些修改?

(5) 某些概论、结论、定理、规律之间,有没有本质联系,它们与其他学科的内容有无类似之处?

(6) 现在有一个急需解决的问题,能从这本书中找到答案、方法或启示吗?

以上问题主要供读理科书时参考,至于其他学科,情况当然不完全一样。例如宋朝吕祖谦曾介绍他读历史书的方法:"观史如身在其中,见事之利害,时之祸患,必掩卷自思,使我遇此等事,当作何处之?如此观史,学问亦可以进,知识亦可以高,方为有益。"(《先正读书诀》)

各学科有各自的特点,自然不可一般而论,就是理科中各学科,深钻下去,也要分别对待,有所区别。

"大用之则大成"

在游泳中才能学会游泳,同样,在思考中才能学会思考。斗争锻炼才智,脑子越用越灵。清初思想家唐甄在《潜书》中说:"心,灵物也;不用则常存,小用之则小成,大用之则大成,变用之则至神。"

要使思维深入,一是坚持刻苦钻研,二是注意思想方法。

人们追踪一种新事物,往往起源于好奇心。好奇心愈强,钻研劲头愈大,甚至遇到巨大困难也置之度外,一心一意要搞个水落石出。因此,好奇心是科学研究的重要条件之一,许多著名的科学家如爱因斯坦等都很重视它。的确,很难设想,一个对什么事情都觉得无所谓的人会有强烈的探索热情。

有些重大问题,需要长时间的苦战攻关。艾立希失败了 605 次,才制成药物六零六;居里夫妇从数吨铀矿残余物中提炼出只有几十毫克纯镭的氯化物。可以想象,他们付出了多么大的劳动。"用志不分,乃凝于神"(《庄子·达生》),"锲而不舍,金石可镂"(《荀子·劝学》),前人刻苦钻研的精神,时刻激励着我们前进。

长时间的刻苦钻研是成功之母,也是培养独立思考能力的基本条件。然而,如果辅以正确的思想方法,收效就会显著得多。

当我们的思维难以深入时,可以向群众学习,向书刊学习,但有时不如直接向大自然或社会请教更为有益,这就需要通过观察和试验。大自然常会教给我们一些完全出人意料的新事物。1928 年,英国人弗莱明正埋头于研究对付葡萄球菌的方法,他曾用了几年时间,仍然无计可施。一天,他忽然发现碟子里的葡萄球菌几乎全死亡了,同时附近又长出了一团团青绿色的霉花,他想,也许是这些霉菌杀死了葡萄球菌吧!正是他这一重要观察和设想导致了青霉素的发现。或者说,大自然告诉了人们灭菌的方法。可以毫不夸张地说,绝大多数的自然科学知识都是大自然教给我们的。自然科学如此,社会科学也如此。

一、文学常识

(一) 作者简介

王梓坤(1929—),数学家,中国科学院院士,江西吉安人。他在任北京师范大学校长期间于 1984 年首次提出"尊师重教",并与北师大部分教师建议在全国设立教师节,将每年的 9 月 10 日定为教师节。

(二) 解题

本文采用正副标题式。正标题一般比较抽象、概括,语意未尽;副标题则具体补充说明文章中的特定内容。阐述了创新与独立思考之间的关系:"要创新,就必须善于独立思考。"

二、字词积累

(一) 难读字正音

谚(yàn)语　　　　器皿(mǐn)　　　　炽(chì)热

余暇(xiá)　　　　涡(wō)流　　　　黯黮(dǎn)

(二) 难解词释义

1. 炽热:极热。
2. 黯黮:昏暗的样子。
3. 神乎其神:形容神秘奇妙到极点。
4. 用志不分,乃凝于神:集中心志不分散,才能聚精凝神。

三、文本细读

(一) 课文主旨

独立思考的能力是怎样形成的,为什么说这样的能力很重要,是本文要论述的核心问题。作者认为创新者必须具备的素质有:重视积累,批判与怀疑精神,注重方法,勇于实践。

(二) 课文结构

导言:提出"要培养独立思考能力",概括了全文的内容中心、主旨,是全文的"主导"

正文 { 他的疑问是无处不在的——要有怀疑精神 / 倘有余暇,何妨多读——要重视积累 / "为什么""怎么办"及其他——要注重方法 / 大用之则大成——要勇于实践 } { 举例论证 / 引用论证 / 理论论证 }

(三) 课文赏析

1. 用自己的话概括笛卡儿为什么能取得卓越的成就?

因为他通过独立思考,发现疑问无处不在,他对自己的现状也有批判意识,不满足自己的成就。

2. 结合全文谈谈"独立思考""质疑"和"创新"之间的关系,请用一句话表述。

没有独立思考能力,就不会质疑,就不会有发现,也就很难有创新。

工商文明的基因

中国第一部深刻探讨公司制度的电视纪录片《公司的力量》，展示了公司产生后影响人类社会的诸般"力量"，也向人们提出一个潜在的问题：公司的这些力量源自何处？公司的力量来自它背后的某种精神和规则，这就是我们至今仍不十分熟悉的工商文明。所以，与其说是"公司的力量"，不如说是"工商文明"的力量。

工商文明是一种与"官本位"完全对立的"商本位"文化。所谓商本位，是指按工商业的基本原则来管理社会事务，工商业者之间的竞争以契约和计算为基础，比的是技术、创新、成本、质量、价格、服务，而不是比谁的权力最大、谁离权力中心最近。工商从业者中间的矛盾是通过谈判和契约来解决的，而不是"官本位社会"里常见的以暴制暴解决问题。工商文明需要的是平等、自由、契约、法治的社会关系，而不是专制社会里常见的强制、垄断和特权。

历史的发展也证明了，由工商精神促成的工业革命，竟具有改变一个传统国家思想文化、社会结构的巨大力量。它可以改变一个社会中的官商关系。用工商文明的眼光看来，一个正常发展的社会，不是由官来主导工商，而是要官适应和服务于工商，按主权在民主、自由、平等、契约、法治的原则行事。

工商文明不是虚幻的和不可捉摸的，而是由一系列具体可见的工商文明"基因"组成的。这些基因，我理解可归纳为以下几个方面：

平等。首先，表现在产权问题上，你的是你的，我的是我的，不能你的也是我的，财产权归属含糊不得。只有产权明晰，才能平等交易，互利双赢。其次，表现在良性调整的人与人之间的关系上。一个普通的人，公司职员、工人、店员、工程师、退休官员，无论是谁，都可以注册兴办企业，成为一个名副其实的企业家。这是其他任何政治和经济结构都难以容纳的人人平等的商业精神，也是市场社会活力永存的原因。

在我国，"无商不奸"的说法流传已久，却错得最为离谱。其实商人最讲和气生财，买卖公平。一个在自家和单位里受到不公平待遇的人，当他走进市场，会明显感到心灵得到抚慰，因为，那里是一个平等社会。工商精神驯化了人野蛮的一面，使人变得温和柔顺。你要生存，也得允许我活下去；你要赚钱，我也不能总是吃亏。商人之间，永远是一种平等相待、和谐共生的关系。

民主。商人最反对苛政、重税的侵扰，拒绝垄断和特权，所以商人最推崇民主，要求自己应得的政治权利。英国早在十三世纪末就有了下议院，商人进入议会后，目的就是维护自己的利益。工商精神渗透到政治生活中，就是"有事好商量"。无论多么重大严峻的问题，都以协商、谈判方式解决，再也不是成王败寇。独裁、垄断变得越来越不得人心，输不起变成了输得起。所谓现代民主政治的架构，也只有在这个基础上才建得起来。

一七八七年制定的《费城宪法》，与其说是资产阶级革命的产物，不如说是工商文明对人类文明的杰出贡献。美国制宪会议一百一十六天的时间里,由五十五位实业家、银行家、农场主、债券投机者组成的委员会,拿出公司老板斤斤计较谈生意的本事,一个小数点一个小数点地计算各州众院议席的比例。美国的政治家是商人,不屑于跟自己过不去,更不会做赔本的买卖。正是因为有了这样一群"乌合之众"锱铢必较的政治谈判,美国革命才能以最小的代价获得了国家二百多年的长治久安。

法治。商人的财产权以及与他人订立契约,最需要法律的保护。人类法治文明进程中的一个核心内容就是商人(包括零贩、运航贸易商、银行家、工业家等各种不同身份的商人)对法律体系的影响。现行法律体系源自十一世纪的城市生活,它导致了对罗马法及罗马法私法观念的重新发现。在北欧国家,商人(mercatores)是"市民"(burgenses)的同义词。在中世纪城市,商人和手工业者基于商业扩张的需要,建立起自己的法律体系和商业法庭。中世纪市民社会的这种带有自治性、独立性和普遍性的法律秩序成为法治文明的道德基础,也使市场化行为的负面现象如货币拜物教等得到了遏制,并在封建社会内部催生出新的生产关系并最终取代了旧的生产关系,形成了近代法治文明社会。而这里,恰恰是中国社会发展演变史上几乎完全缺失的内容。

现代社会,法律已通过代议制移由国家立法机构掌控,企业家的手里,没有法律,只有金钱、资本,但他们仍如以往一样,有本事凭借自己的智慧和勤奋,使资本增值和得到妥善管理,他们把维护遵从工商文明的各种法律规范作为自己的本职和责任,并带动其他社会成员也认同这些规则,并且始终如一。

合作。传统社会的小农经济处于分散自足的自然经济状态,有反抗暴政的意识却极易被暴政所镇压。工商业的发展把大量人口聚集在城市中,人群由分散走向集中,合作的成本大大降低,竞争也变得更加高效。现代竞争意识应如此表达:商业竞争是一种生产力,是一种社会互动,有着深邃的合作内涵,是市场社会中不可缺失的一部分,而不是一种粗俗的竞争关系,不是单纯的谋利行为,也不是一个只关乎"游戏者"自身利益的封闭游戏。

新制度学派的代表人物道格拉斯·诺斯认为,任何一个人,只要他的职责是把不同的人组织在一起而形成一个小群体,他从事的就是"人与人之间的合作"的制度创新活动,相当于履行政治家的责任。所以,在诺斯的眼里,政治家与企业家的身份是有相通之处的。哈耶克则认为,凡是创造着"人类合作的扩展秩序"的人,就可以叫做"企业家"。

信用。市场社会的基础是信用,建立信誉是企业推销产品的最佳手段。历史上,新兴企业家们为了逃避封建君主的横征暴敛,发明了汇票,这是一种把不动产转化成动产以保护自身利益的办法,具体说,就是把货币财产转化成一个印在纸面上的数字,商人可拿着它走遍天涯,到任何地方兑现和流通。曾有历史学家把汇票出现的意义等同于哥伦布发现新大陆。陌生人之间远距离合作的基础是信用,只凭一个签字就可实现兑换,也只有在工商社会里才可能做得到。市场经济是契约经济,依靠信用所维系,信用不在了,人类就会退到蛮荒状态。

一、文学常识

(一)作者简介

李炜光(1954—),天津财经大学财政学科首席教授、学报主编,博士生导师,中南财经政法大学博士生合作导师,厦门大学比较财政学方向博士生导师组成员。《现代财经》杂志主编。兼任中国财政学会理事、中国财政史专业委员会委员、世界税法学会理事、中国财税法研究会理事及多所大学兼职教授、合作博导。主要著作:《市场经济中的财政政策》《中国财政史述论稿》《魏晋南北朝财政史》;论文代表作:《公共财政的宪政思维》《论公共财政的历史使命》《现代税收的宪政精神》《逃往瓦朗纳斯》等。2009年5月,他在央视《百家讲坛》主讲《正说包公》系列。

(二)解题

"基因"原是生物学名词。是生物体遗传的基本单位。本文的"基因"是指工商文明与生俱来的内在"精神"和"规则"。作者用这一比喻,形象地揭示了工商文明的内在构成要素。

二、字词积累

(一)难读字正音

契(qì)约　　　　名副(fù)其实　　　驯(xùn)化　　　　兑(duì)现
深邃(suì)　　　　锱(zī)铢必较　　　横征暴敛(liǎn)

(二)难解词释义

1. 以暴制暴:指通过暴力的手段来抵制暴力。比喻针锋相对地进行回击。
2. 名副其实:名声或名义和实际相符。副,符合、彼此相称。其,指示代词,相当于"那""那个""那些"。实,实际。
3. 成王败寇:旧指在争夺政权斗争中,成功了的就是合法的,称帝称王;失败了的就是非法的,被称为寇贼。含有成功者权势在手,无人敢责难,失败者却有口难辩的意思。
4. 乌合之众:像暂时聚合的一群乌鸦。比喻临时杂凑的、毫无组织纪律的一群人。
5. 锱铢必较:形容非常小气,很少的钱也一定要计较。也比喻气量狭小,很小的事也要计较。锱、铢,都是古代很小的重量单位。
6. 斤斤计较:指对无关紧要的事过分计较。斤斤,形容明察,引申为琐碎细小。
7. 长治久安:形容国家长期安定、巩固。治,太平。安,安定。
8. 横征暴敛:指向人民强行征收苛捐杂税,进行残酷剥削。敛,搜刮。
9. 不可捉摸:难以捉摸、揣测与预料。指对人或者事物无法猜测和估量。
10. 深邃:深的,幽深;深奥的。

东方和西方的科学

从实验科学的角度(特别是在其发展的现阶段)来看,东方和西方是极端对立的。然而,我们必须记住两件事。

第一件事是有关科学的种子,包括实验科学和数学。科学全部形式的种子是来自东方的。因此,在很大程度上,实验科学不只是西方的子孙,也是东方的后代,东方是母亲,西方是父亲。

第二,我完全确信正如东方需要西方一样,今日的西方仍然需要东方。当东方人民像我们在16世纪那样,一旦抛弃了他们经院式的、论辩的方法,当他们一旦真正被实验精神所鼓舞的时候,谁知道他们能为我们做什么,谁又知道他们为反对我们而做什么呢?我们不要重蹈希腊人的覆辙,他们认为希腊精神是绝无仅有的,他们还忽视犹太精神,把外国人一律视为野蛮人,他们最后衰亡,一落千丈,就像他们的胜利顶峰曾高耸入云一样。不要忘记东西方之间曾经有过协调,不要忘记我们的灵感多次来自东方。这种情况为什么不会再次发生?伟大的思想很可能有机会悄悄地从东方来到我们这里,我们必须伸开双臂欢迎它。

对于东方科学采取粗暴态度的人,对于西方文明言过其实的人,大概不是科学家。他们大多数既无知识又不懂科学。

我们有理由为我们的美国文明而骄傲,但是它的历史记载至今还是很短的。只有300年!和人类经验的整体相比何等渺小,简直就是一瞬间。它会持久吗?它将进步,将衰退,抑或灭亡?我们的文明中有许多不健康的因素,如果我们想在疾病蔓延起来以前根除它们,就必须毫不留情地揭露它们;如果我们希望我们的文明能为自己辩护,我们必须尽最大力量去净化它。实现这项任务的最好办法之一是发展不谋私利的科学;热爱真理——像科学家那样热爱真理的全部,包括愉快的和不愉快的、有实际用途的和没有实际用途的;热爱真理而不是害怕真理;憎恨迷信,不管迷信的伪装是多么美丽。我们文明的寿命至少还没有得到证明,其延续与否,还不一定。因此,我们必须谦虚。归根结底,文明是要经过历史的考验而存活下来,这一点我们还没有经历过。

新的鼓舞可能仍然,而且确确实实仍然来自东方,如果我们觉察到了这一点,我们会聪明一些。尽管科学方法取得了巨大的胜利,但它也还不是十全十美的。当科学方法能够被利用,并且是很好地被利用的时候,它是至高无上的。但是,若不承认这种利用也会产生两种局限。第一,这种方法不能永远使用。有许多思想领域(艺术、宗教、道德)不能使用它,也许永远不能应用于这些领域。第二,这种方法很容易被错误地应用,而滥用这取之不尽用之不竭的资源的可能性是骇人听闻的。

十分清楚,科学不能控制它本身的应用。首先,科学的应用常常握在那些没有任何科学知识的人手中,犹如不经过教育和训练而去驾驶一辆能导致各种破坏的大马力汽车。即使是科学家,在一种强烈的感情影响下,也可能滥用他们的知识。科学应该以各方面不同的力量给自身予辅助,用宗教和道德的力量来给予帮助。无论如何,科学不应傲慢,不应气势汹汹,因为和其他人间事物一样,科学本质上也是不完美的。

东方和西方正像一个人的不同神态,代表着人类经验的基本和互补的两个方面。东方和西方的科学真理是一样的,美丽和博爱也是如此。

东方和西方,谁说二者永不碰头?我们怀着感激之情回忆起我们得益于东方的全部东西——道德热忱,黄金规则,我们引以为荣的科学的基础——这是巨大的恩惠。没有什么理由说它在将来不该无限增加。我们不应该太自信,我们的科学是伟大的,但是我们的无知之处更多。总之,让我们发展我们的方法,改进我们的智力训练,继续我们的科学工作,慢慢地、坚定地、以谦虚的态度从事这一切。

光明从东方来,法则从西方来。让我们训练我们的灵魂,忠于客观真理,并处处留心现实生活的每一个侧面。对于不骄傲的、不采取盛气凌人的"西方态度"而记得自己最高思想的东方来源的、无愧于自己的理想的科学家来说,尽管不一定会更有能力,但他将更富有个性,能更好地为真理服务,能更完满地实现人类的使命,也将是一个更高尚的人。

一、文学常识

(一) 作者简介

乔治·萨顿(1884—1956),美国科学家,科学近代史学科的重要奠基人。代表作是《科学史导论》。有人称他为20世纪世界上学识最渊博的人之一。他将自然科学知识和人文学科知识和谐地集于一身,成为罕见的科学家与人文学者相结合的典范。

(二) 解题

本文中的东方是指亚洲和非洲一带,就是我们今天所讲的远东、中东地区和近东地区。

二、字词积累

(一) 难读字正音

重(chóng)蹈(dǎo)覆(fù)辙(zhé)　　　衰(shuāi)亡

(二) 难解词释义

1. 重蹈覆辙:再走翻过车的老路,比喻不吸取失败教训,重犯过去的错误。
2. 骇人听闻:使人听了非常震惊(多指坏事)。
3. 盛气凌人:以骄横的气势压人。形容傲慢自大。

第三册

第三单元

散文单元　生命的芦笛

本单元所选为散文,散文的基本特征是"形散神不散"。所谓"形散",就是文章的材料零碎、大跨度;所谓"神不散"就是文章有一个明确的中心。散文的类型大体上可分为叙事散文、抒情散文、哲理散文。要求学生对散文进行整体感知和领会,理解重要词语和句子在文章中的含义和作用,概括文章的内容要点、中心意思和写作特点;感受散文中的思想情感和艺术魅力,体会其丰富内涵,加深和拓宽对自然、社会、人生等问题的思考和认识;学习散文的选材、语言、布局等手法。

记念刘和珍君

（一）

中华民国十五年三月二十五日，就是国立北京女子师范大学为十八日在段祺瑞执政府前遇害的刘和珍杨德群两君开追悼会的那一天，我独在礼堂外徘徊，遇见程君，前来问我道，"先生可曾为刘和珍写了一点什么没有？"我说"没有"。她就正告我，"先生还是写一点罢；刘和珍生前就很爱看先生的文章。"

这是我知道的，凡我所编辑的期刊，大概是因为往往有始无终之故罢，销行一向就甚为寥落，然而在这样的生活艰难中，毅然预定了《莽原》全年的就有她。我也早觉得有写一点东西的必要了，这虽然于死者毫不相干，但在生者，却大抵只能如此而已。倘使我能够相信真有所谓"在天之灵"，那自然可以得到更大的安慰，——但是，现在，却只能如此而已。

可是我实在无话可说。我只觉得所住的并非人间。四十多个青年的血，洋溢在我的周围，使我艰于呼吸视听，那里还能有什么言语？长歌当哭，是必须在痛定之后的。而此后几个所谓学者文人的阴险的论调，尤使我觉得悲哀。我已经出离愤怒了。我将深味这非人间的浓黑的悲凉；以我的最大哀痛显示于非人间，使它们快意于我的苦痛，就将这作为后死者的菲薄的祭品，奉献于逝者的灵前。

（二）

真的猛士，敢于直面惨淡的人生，敢于正视淋漓的鲜血。这是怎样的哀痛者和幸福者？然而造化又常常为庸人设计，以时间的流驶，来洗涤旧迹，仅使留下淡红的血色和微漠的悲哀。在这淡红的血色和微漠的悲哀中，又给人暂得偷生，维持着这似人非人的世界。我不知道这样的世界何时是一个尽头！

我们还在这样的世上活着；我也早觉得有写一点东西的必要了。离三月十八日也已有两星期，忘却的救主快要降临了罢，我正有写一点东西的必要了。

（三）

在四十余被害的青年之中，刘和珍君是我的学生。学生云者，我向来这样想，这样说，现在却觉得有些踌躇了，我应该对她奉献我的悲哀与尊敬。她不是"苟活到现在的我"的学生，是为了中国而死的中国的青年。

她的姓名第一次为我所见，是在去年夏初杨荫榆女士做女子师范大学校长，开除校中六个学生自治会职员的时候。其中的一个就是她；但是我不认识。直到后来，也许已经是刘百昭率领男女武将，强拖出校之后了，才有人指着一个学生告诉我，说：这就是刘和珍。其时我才能将姓名和实体联合起来，心中却暗自诧异。我平素想，能够不为势利所屈，反抗一广有羽翼的校长的学生,无论如何,总该是有些桀骜锋利的,但她却常常微笑着,态度很温和。待到偏安于宗帽胡同,赁屋授课之后,她才始来听我的讲义,于是见面的回数就较多了,也还是始终微笑着,态度很温和。待到学校恢复旧观,往日的教职员以为责任已尽,准备陆续引退的时候,我才见她虑及母校前途,黯然至于泣下。此后似乎就不相见。总之,在我的记忆上,那一次就是永别了。

(四)

我在十八日早晨,才知道上午有群众向执政府请愿的事;下午便得到噩耗,说卫队居然开枪,死伤至数百人,而刘和珍君即在遇害者之列。但我对于这些传说,竟至于颇为怀疑。我向来是不惮以最坏的恶意,来推测中国人的,然而我还不料,也不信竟会下劣凶残到这地步。况且始终微笑着的和蔼的刘和珍君,更何至于无端在府门前喋血呢?

然而即日证明是事实了,作证的便是她自己的尸骸。还有一具,是杨德群君的。而且又证明着这不但是杀害,简直是虐杀,因为身体上还有棍棒的伤痕。

但段政府就有令,说她们是"暴徒"!

但接着就有流言,说她们是受人利用的。

惨象,已使我目不忍视了;流言,尤使我耳不忍闻。我还有什么话可说呢?我懂得衰亡民族之所以默无声息的缘由了。沉默呵,沉默呵!不在沉默中爆发,就在沉默中灭亡。

(五)

但是,我还有要说的话。

我没有亲见;听说她,刘和珍君,那时是欣然前往的。自然,请愿而已,稍有人心者,谁也不会料到有这样的罗网。但竟在执政府前中弹了,从背部入,斜穿心肺,已是致命的创伤,只是没有便死。同去的张静淑君想扶起她,中了四弹,其一是手枪,立仆;同去的杨德群君又想去扶起她,也被击,弹从左肩入,穿胸偏右出,也立仆。但她还能坐起来,一个兵在她头部及胸部猛击两棍,于是死掉了。

始终微笑的和蔼的刘和珍君确是死掉了,这是真的,有她自己的尸骸为证;沉勇而友爱的杨德群君也死掉了,有她自己的尸骸为证;只有一样沉勇而友爱的张静淑君还在医院里呻吟。当三个女子从容地转辗于文明人所发明的枪弹的攒射中的时候,这是怎样的一个惊心动魄的伟大呵!中国军人的屠戮妇婴的伟绩,八国联军的惩创学生的武功,不幸全被这几缕血痕抹杀了。

但是中外的杀人者却居然昂起头来,不知道个个脸上有着血污……

(六)

时间永是流逝,街市依旧太平,有限的几个生命,在中国是不算什么的,至多,不过供无恶意的闲人以饭后的谈资,或者给有恶意的闲人作"流言"的种子。至于此外的深的意义,我总觉得很寥寥,因为这实在不过是徒手的请愿。人类的血战前行的历史,正如煤的形成,当时用大量的木材,结果却只是一小块,但请愿是不在其中的,更何况是徒手。

然而既然有了血痕了,当然不觉要扩大。至少,也当浸渍了亲族;师友,爱人的心,纵使时光流驶,洗成绯红,也会在微漠的悲哀中永存微笑的和蔼的旧影。陶潜说过,"亲戚或余悲,他人亦已歌,死去何所道,托体同山阿。"倘能如此,这也就够了。

(七)

我已经说过:我向来是不惮以最坏的恶意来推测中国人的。但这回却很有几点出于我的意外。一是当局者竟会这样地凶残,一是流言家竟至如此之下劣,一是中国的女性临难竟能如是之从容。

我目睹中国女子的办事,是始于去年的,虽然是少数,但看那干练坚决,百折不回的气概,曾经屡次为之感叹。至于这一回在弹雨中互相救助,虽殒身不恤的事实,则更足为中国女子的勇毅,虽遭阴谋秘计,压抑至数千年,而终于没有消亡的明证了。倘要寻求这一次死伤者对于将来的意义,意义就在此罢。

苟活者在淡红的血色中,会依稀看见微茫的希望;真的猛士,将更奋然而前行。

呜呼,我说不出话,但以此记念刘和珍君!

一、文学常识

(一) 作者简介

(鲁迅,前面已有,此处从略)

(二) 解题

"记"相当于"纪",并非鲁迅写错,而是因为在白话文刚刚兴起的时候,人们不能严格地界定字句。念,怀念、悼念。君,对刘和珍的尊重。

二、字词积累

(一) 难读字正音

噩(è)耗　　　羽翼(yì)　　　屠戮(lù)　　　浸渍(zì)　　　菲(fěi)薄

(二) 难解词释义

1. 殒身不恤:牺牲生命也不顾虑。
2. 长歌当哭:以放声歌咏代替哭泣,多指用诗文抒发胸中的悲愤。
3. 惊心动魄:常形容使人十分惊骇紧张到极点。
4. 百折不回:无论受多少挫折都不退缩,形容意志坚强。也说百折不挠。

三、文本细读

（一）课文主旨

文章揭露了反动军阀的凶残卑劣及其走狗文人的阴险无耻，表达了对爱国青年为国家民族而献身的崇高敬意，激励人们牢记"三·一八"惨案，继续战斗。

（二）课文赏析

1. 关于写作缘由

思路分两步，"写一点东西的必要"先说为纪念死者这一面，再说为使庸人不致忘却，揭露反动政府罪行，要人们牢记这笔血债。作者的写作意图：第一，作者借写作缘由这个话题，把发生惨案两周来各方面的动态都概括进去了。① 爱国力量方面：开追悼会，程君深情地怀念刘和珍。② 反动势力方面：提到了"几个所谓的学者文人的阴险论调"。③ 庸人方面：淡漠了，仅留下"淡红的血色和微漠的悲哀""维持着这似人非人的世界"。第二，鲁迅把两周来自己感情的历程也坦陈在读者面前，大悲、大哀、大愤、大怒，为全文营造了浓郁的抒情氛围。

2. 关于烈士事迹

思路先依时间顺序，从平时到遇害。遇害又分两步，从事件概括到遇害细节。进一步探究三、四、五部分之间的联系，理解就能深入一步。第三部分写刘和珍，写她的正义感、责任感和反抗精神，这样一个热血青年去请愿是"欣然前往"是很自然的。所谓"受人利用"，就不值得一驳，只能使人对流言家的下劣感到可悲、憎恶、鄙弃。作者写刘和珍的斗争，又反复写她"始终微笑着，态度很温和"，其意蕴是说，世上哪有这样的"暴徒"？段政府反诬她们为"暴徒"，不但不值一驳，而且充分暴露出他们自己的暴虐。第五部分再详述刘和珍的遇害经过，铁证如山，证明真正滥施暴虐的是段祺瑞执政府。

3. 关于惨案的意义

谈到意义，一般人只表肯定，鲁迅思想的深刻之处，就在于不一味肯定，而且总结教训，催人改进斗争方式。理清这两种思路，我们就能体会到，鲁迅当年在群众斗争面前，确实是一位导师。他既不肯定一切，一味颂扬，也不否定一切，把惨案当作无谓的牺牲而大泼冷水。他从"人类的血战前行的历史"规律和旧中国没有合法斗争地位的现实出发，冷静地总结血的教训，告诫斗争者改变斗争方式。他在1926年就提出"血战"的思想，即暴力革命思想，是非常深刻的，确实是远见卓识。思路从写否定的一面又转向写肯定的一面，篇末便不致陷入消沉，可以鼓舞人们前仆后继奋然前行，收束在高昂的呐喊声中。鲁迅探求这一次死伤者对于将来的意义，概括为"中国女子的勇毅"，这跟第三、五部分的思路也是相联系的。鲁迅对于中国女性的认识，随着妇女的解放，不断为事实所证明。

我所敬仰的蔡元培先生

有几位北大同学鼓励我在日本特刊中写一篇蔡先生的小传。我以为能给蔡先生写传,无论为长久或为一时,都是我辈最荣幸的事。不过,我不知我有无此一能力。且目下毫无资料,无从着笔,而特刊又急待付印,所以我今天只能写此一短文。至于编辑传记的资料,是我的志愿,而不是今天便能贡献给读者的。

凡认识蔡先生的,总知道蔡先生宽以容众,受教久的,更知道蔡先生的脾气,不特不严责人,并且不滥奖人,不像有一种人的脾气,称扬则上天,贬责则入地。但少人知道,蔡先生有时也很严词责人。我以受师训备僚属有二十五年之长久,颇见到蔡先生生气责人的事。他人的事我不敢说,说和我有关的。

(一)蔡先生到北大的第一年中,有一个同学,长成一副小官僚的面孔,又做些不满人意的事,于是同学某某在西斋(寄宿舍之一)壁上贴了一张"讨伐"的告示;两天之内,满墙上出了无穷的匿名文件,把这个同学骂了个"不亦乐乎"。其中也有我的一件,因为我也极讨厌此人,而我的匿名揭帖之中,表面上都是替此君抱不平,深的语意,却是挖苦他。为同学们赏识,在其上浓圈密点,批评狼藉。这是一时学校中的大笑话。过了几天,蔡先生在一大会中演说,最后说到此事,大意是说:

诸位在墙壁上攻击□□君的事,是不合做人的道理的。诸君对□君有不满,可以规劝,这是同学的友谊。若以为不可规劝,尽可对学校当局说。这才是正当的办法。至于匿名揭帖,受之者纵有过,也决不易改悔,而施之者则为丧失品性之开端。凡做此事者,以后都要痛改前非,否则这种行动,必是品性沉沦之渐。

这一篇话,在我心中生了一个大摆动。我小时,有一位先生教我"正心""诚意""不欺暗室",虽然《大学》念得滚熟,却与和尚念经一样,毫无知觉;受了此番教训,方才大彻大悟,从此做事,决不匿名,决不推自己责任。大家听蔡先生这一段话之后印象如何我不得知,北大的匿名"壁报文学"从此减少,几至绝了迹。

(二)蔡先生第二次游德国时,大约是在民国十三年吧,那时候我也是在柏林。蔡先生到后,我们几个同学自告奋勇照料先生,凡在我的一份中,无事不办了一个稀糟。我自己自然觉得非常惭愧,但蔡先生从无一毫责备。有一次,一个同学给蔡先生一个电报,说是要从来比锡来看蔡先生。这个同学出名的性情荒谬,一面痛骂,一面要钱,我以为他此行必是来要钱,而蔡先生正是穷得不得了,所以与三四同学主张去电谢绝他,以此意陈告先生。先生沉吟一下说:"《论语》上有几句话,'与其进也,不与其退也,唯何甚?人洁己以进,与其洁也,不保其往也。'你说他无聊,但这样拒人于千里之外,他能改了他的无聊吗?"

于是我又知道读《论语》是要这样读的。

(三)北伐胜利之后,我们的兴致很高。有一天在先生家中吃饭,有几个同学都喝醉了酒,蔡先生喝的更多,不记得如何说起,说到后来我便肆口乱说了。我说:"我们国家整好了,不特要灭了日本小鬼,就是西洋鬼子,也要把他赶出苏黎士运河以西,自北冰洋至南冰洋,除印度、波斯、土尔其以外,都要'郡县之'。"蔡先生听到这里,不耐烦了,说:"这除非你作大将。"

此外如此类者尚多,或牵连他人,或言之太长,姑不提。即此三事,已足证先生责人之态度是如何诚恳而严肃的,如何词近而旨远的。

蔡先生之接物,有人以为滥,这全不是事实,是他在一种高深的理想上,与众不同。大凡中国人以及若干人,在法律之应用上,是先假定一个人有罪,除非证明其无罪;西洋近代之法律是先假定一人无罪,除非证明其有罪。蔡先生不特在法律上如此,一切待人接物,无不如此。他先假定一个人是善人,除非事实证明其不然。凡有人以一说进,先假定其意诚,其动机善,除非事实证明其相反。如此办法,自然要上当,但这正是孟子所谓"君子可欺以其方,难罔以非其道"了。

若以为蔡先生能恕而不能严,便是大错了,蔡先生在大事上是丝毫不苟的。有人若做了他以为大不可之事,他虽不说,心中却完全当数。至于临艰危而不惧,有大难而不惑之处,只有古之大宗教家可比,虽然他是不重视宗教的。关于这一类的事,我只举一个远例。

在"五四"前若干时,北京的空气,已为北大师生的作品动荡得很了。北洋政府很觉得不安,对蔡先生大施压力与恫吓,至于侦探之跟随,是极小的事了。有一天晚上,蔡先生在他当时的一个"谋客"家中谈起此事,还有一个谋客也在。当时蔡先生有此两谋客,专商量如何对付北洋政府的,其中的那个老谋客说了无穷的话,劝蔡先生解陈独秀先生之聘,并要约制胡适之先生一下,其理由无非是要保存机关,保存北方读书人,一类似是而非之谈。蔡先生一直不说一句话。直到他们说了几个钟头以后,蔡先生站起来说:"这些事我都不怕,我忍辱至此,皆为学校,但忍辱是有止境的。北京大学一切的事,都在我蔡元培一人身上,与这些人毫不相干。"这话在现在听来或不感觉如何,但试想当年的情景,北京城中,只是此北洋军匪、安福贼徒、袁氏遗孽,具人形之识字者,寥寥可数,蔡先生一人在那里办北大,为国家种下读书爱国革命的种子,是何等大无畏的行事!

蔡先生实在代表两种伟大的文化,一是中国传统圣贤之修养,一是法兰西革命中标揭自由平等博爱之理想,此两种伟大文化,具其一已难,兼备尤不可觊。先生殁后,此两种文化在中国之气象已亡矣!至于复古之论,欧化之谈,皆皮毛渣滓,不足论也。

一、文学常识

(一) 作者简介

傅斯年(1896—1950),字孟真,山东聊城人,祖籍江西永丰。历史学家、学术领导人、"五四运动"学生领袖之一、中央研究院历史语言研究所的创办者。他所提出的"上穷碧落下黄泉,动手动脚找东西"的原则影响深远。

(二) 背景

蔡元培(1868—1940),革命家、教育家、政治家。中华民国首任教育总长,1916年至1927年任北京大学校长,革新北大,开"学术"与"自由"之风。他为发展中国新文化教育事业,建立中国资产阶级民主制度作出了重大贡献,堪称"学界泰斗、人世楷模"。

二、字词积累

(一) 难读字正音

揭帖(tiě)　　匿(nì)名　　编(biān)辑(jí)　　沉沦(lún)之渐(jiān)
遗孽(niè)　　可觏(gòu)　　渣滓(zhā)(zǐ)　　恫(dòng)吓(hè)
殁(mò)　　狼藉(jí)　　稀糟(zāo)　　罔(wǎng)顾

(二) 难解词释义

1. 狼藉:乱七八糟,杂乱不堪。
2. 恫吓:威吓,吓唬。
3. 寄象:寄托的物象。
4. 痛改前非:彻底地改正以前所犯错误。痛,彻底;非,错误。
5. 不欺暗室:欺,欺骗自己。在没有人看见的地方,也不做见不得人的事。
6. 肆口乱说:肆口,犹随口。有时含任意或无所忌惮之意。肆意胡说的意思。
7. 词近旨远:旨,意思。文词很浅近,但意蕴很深远。
8. 沉沦之渐:越来越低迷,逐渐向坏的方向发展。

三、文本细读

(一) 课文主旨

本文通过写蔡元培先生严词责人的三件小事,澄清世间对蔡元培先生接物"滥"的原因,写了蔡元培先生临大事而不苟的勇气魄力,最后画龙点睛地指出蔡元培先生伟大人格中蕴含的两种伟大的文化,并通过对比手法表现对先生深深的敬仰之情。

(二) 课文赏析

课文结构:写蔡元培先生严词责人的三件小事。
(1) 写先生谴责匿名揭帖"讨伐"同学的行为。
(2) 写先生批评阻止性情荒谬的学生前来拜访的建议。
(3) 写先生斥责"我"信口开河"驱逐""西洋鬼子"。

亡人逸事

（一）

旧式婚姻，过去叫做"天作之合"，是非常偶然的。据亡妻言，她十九岁那年，夏季一个下雨天，她父亲在临街的梢门洞里闲坐，从东面来了两个妇女，是说媒为业的，被雨淋湿了衣服。她父亲认识其中的一个，就让她们到梢门下避避雨再走，随便问道：

"给谁家说亲去来？"

"东头崔家。"

"给哪村说的？"

"东辽城。崔家的姑娘不大般配，恐怕成不了。"

"男方是怎么个人家？"

媒人简单介绍了一下，就笑着问：

"你家二姑娘怎样？不愿意寻吧？"

"怎么不愿意。你们就去给说说吧，我也打听打听。"她父亲回答得很爽快。

就这样，经过媒人来回跑了几趟，亲事竟然说成了。结婚以后，她跟我学认字，我们的洞房喜联横批，就是"天作之合"四个字。她点头笑着说：

"真不假，什么事都是天定的。假如不是下雨，我就到不了你家里来！"

（二）

虽然是封建婚姻，第一次见面却是在结婚之前。定婚后，她们村里唱大戏，我正好放假在家里。她们村有我的一个远房姑姑，特意来叫我去看戏，说是可以相相媳妇。开戏的那天，我去了，姑姑在戏台下等我。她拉着我的手，走到一条长板凳跟前。板凳上，并排站着三个大姑娘，都穿得花枝招展，留着大辫子。姑姑叫着我的名字，说：

"你就在这里看吧，散了戏，我来叫你家去吃饭。"

姑姑的话还没有说完，我看见站在板凳中间的那个姑娘，用力盯了我一眼，从板凳上跳下来，走到照棚外面，钻进了一辆轿车。那时姑娘们出来看戏，虽在本村，也是套车送到台下，然后再搬着带来的板凳，到照棚下面看戏的。

结婚以后，姑姑总是拿这件事和她开玩笑，她也总是说姑姑会出坏道儿。

她礼教观念很重。结婚已经好多年，有一次我路过她家，想叫她跟我一同回家去。她严肃地说：

"你明天叫车来接我吧，我不能这样跟着你走。"我只好一个人走了。

（三）

她在娘家，因为是小闺女，娇惯一些，从小只会做些针线活，没有下场下地劳动过。到了我们家，我母亲好下地劳动，尤其好打早起，夏秋两季，听见鸡叫，就叫起她来做饭。

又没个钟表，有时饭做熟了，天还不亮。她颇以为苦。回到娘家，曾向她父亲哭诉。她父亲问：

"婆婆叫你早起，她也起来吗？"

"她比我起得更早。还说心痛我，让我多睡了会儿哩！"

"那你还哭什么呢？"

我母亲知道她没有力气，常对她说：

"人的力气是使出来的，要伸懒筋。"

有一天，母亲带她到场院去摘北瓜，摘了满满一大筐。母亲问她：

"试试，看你背得动吗？"

她弯下腰，挎好筐系猛一立，因为北瓜太重，把她弄了个后仰，沾了满身土，北瓜也滚了满地。她站起来哭了。母亲倒笑了，自己把北瓜一个个拣起来，背到家里去了。

我们那村庄，自古以来兴织布，她不会。后来孩子多了，穿衣困难，她就下决心学。从纺线到织布，都学会了。我从外面回来，看到她两个大拇指，都因为推机杼，顶得变了形，又粗、又短，指甲也短了。

后来，因为闹日本，家境越来越不好，我又不在家，她带着孩子们下场下地。到了集日，自己去卖线卖布。有时和大女儿轮换着背上二斗高粱，走三里路，到集上去粜卖。从来没有对我叫过苦。

几个孩子，也都是她在战争的年月里，一手拉扯成人长大的。农村少医药，我们十二岁的长子，竟以盲肠炎不治死亡。每逢孩子发烧，她总是整夜抱着，来回在炕上走。在她生前，我曾对孩子们说：

"我对你们，没负什么责任。母亲把你们弄大，可不容易，你们应该记着。"

（四）

一位老朋友、老邻居，近几年来，屡次建议我写写"大嫂"。因为他觉得她待我太好，帮助太大了。老朋友说：

"她在生活上，对你的照顾，自不待言。在文字工作上的帮助，我看也不小。可以看出，你曾多次借用她的形象，写进你的小说。至于语言，你自己承认，她是你的第二源泉。当然，她瞑目之时，冰连地结，人事皆非，言念必不及此，别人也不会作此要求。但目前情况不同，文章一事，除重大题材外，也允许记些私事。你年事已高，如果仓促有所不讳，你不觉得是个遗憾吗？"

我唯唯，但一直拖延着没有写。这是因为，虽然我们结婚很早，但正像古人常说的：相聚之日少，分离之日多；欢乐之时少，相对愁叹之时多耳。我们的青春，在战争年代中抛掷了。以后，家庭及我，又多遭变故，直到最后她的死亡。

我衰年多病,实在不愿再去回顾这些。但目前也出现一些异象:过去,青春两地,一别数年,求一梦而不可得。今老年孤处,四壁生寒,却几乎每晚梦见她,想摆脱也做不到。按照迷信的说法,这可能是地下相会之期,已经不远了。因此,选择一些不太使人感伤的片断,记述如上。已散见于其他文字中者,不再重复。就是这样的文字,我也写不下去了。

我们结婚四十年,我有许多事情,对不起她,可以说她没有一件事情是对不起我的。在夫妻的情分上,我做得很差。

正因为如此,她对我们之间的恩爱,记忆很深。我在北平当小职员时,曾经买过两丈花布,直接寄至她家。临终之前,她还向我提起这一件小事,问道:

"你那时为什么把布寄到我娘家去啊?"

我说:

"为的是叫你做衣服方便呀!"

她闭上眼睛,久病的脸上,展现了一丝幸福的笑容。

一、文学常识

(一) 作者简介

孙犁(1913—2002),现代小说家、散文家,被誉为"荷花淀派"的创始人。1942年加入中国共产党。1944年在延安发表"白洋淀纪事之一《荷花淀》、之二《芦花荡》"等短篇小说,以其清新的艺术风格引起了文艺界的注意。《白洋淀纪事》是作者最负盛名的一部小说和散文合集,其中的《荷花淀》《芦花荡》等作品,成为"荷花淀派"的主要代表作品。孙犁、赵树理、周立波和柳青四位作家,被誉为描写农村生活的"四大名旦"和"四杆铁笔"。他的小说被称为"诗体小说",即诗歌型文体小说。

(二) 解题

这是一篇悼念亡妻的回忆性散文。"亡人"在文中指亡妻;"逸事"指世人不知道的关于某人的事迹,多指不见于正式记载的。

二、字词积累

(一) 难读字正音

逸(yì)事　　　　相(xiāng)亲　　　　场(cháng)院　　　　场(chǎng)地
机杼(zhù)　　　　瞑(míng)目　　　　唯唯(wěi)　　　　　抛掷(zhì)
粜(tiào)卖　　　　不讳(huì)　　　　孤处(chǔ)

(二) 难解词释义

1. 天作之合:上天撮合的婚姻。形容极其美满配对的婚姻。

2. 花枝招展：形容妇女打扮得十分艳丽。
3. 粜卖：卖粮食。粜，卖粮食。
4. 瞑目：闭上眼睛(多指人死时心中没有牵挂)。
5. 唯唯：表示听从，相当于说"是、是"一类的答语。
6. 抛掷：扔，丢弃。
7. 不讳：婉辞，指死亡。

三、文本细读

（一）课文主旨

本文通过对亡妻几件逸事的回忆，展现了妻子温柔、腼腆、传统、倔强、坚韧、宽容的贤妻良母形象，抒发了对亡妻的深深悼念之情和感激、愧疚、思念之情。

（二）结构分析

第一部分，天作之合：从"天作之合"的婚姻说起，回忆起作者与妻子是怎么结婚的。
第二部分，初次见面：着重写了自己和妻子初次见面时的情景。
第三部分，勤劳持家：写妻子如何从一个娇惯女儿变成一个吃苦耐劳的妻子与母亲。
第四部分，临终痛别：写作者对妻子的愧疚并回忆妻子临终前的情景。

（三）特色欣赏

1. 细节描写细腻感人
例：我看见站在板凳中间的那个姑娘，用力盯了我一眼，从板凳上跳下来，走到照棚外面，钻进了一辆轿车。
分析：这是动作细节描写。一个"盯"字，就把一个受着礼教束缚的姑娘意外见到未婚夫时，那种又羞又嗔，腼腆而又多情的心理刻画得淋漓尽致。

2. 运用对比手法
例：我寄花布到妻子娘家的事。
分析：妻子为家庭、为丈夫付出很多，要求于丈夫的却很少，丈夫做的一件小事，她却记了一辈子，临终前仍为此展现幸福的笑容，可见她的善良质朴，以及对恩爱的珍视。

第三册

第四单元

随笔单元　艺林漫步

　　本单元所选为随笔,它亦称杂文,是散文的一个分支,是议论文的一个变种,兼有议论和抒情两种特性,通常篇幅短小,形式多样,写作者惯常用各种修辞手法曲折传达自己的见解和情感,富有"理趣"是它们的突出特色。语言灵动,婉而多讽。从表现手法上,大体上可以分为记叙性随笔、议论性随笔和说明性随笔。

小树林中的泉水

许多俄国字本身就现出诗意，犹如宝石放射出神秘的闪光。

当然我明白宝石的光泽，并没有什么神秘的地方，任何一个物理学家都能很容易地用光学法则来解释这种现象。

但是宝石的光彩仍旧引起人一种神秘的感觉。发出光彩的宝石里面，自身并没有光源——要摆脱这样的想法是有困难的。

许多宝石都是这样，甚至像海蓝宝石那样平凡的宝石也是一样。它的颜色简直说不上来。一时还找不出相当的字眼来说明这种颜色。

海蓝宝石照它的名字看来，是表现海浪颜色的石头。并不完全是这样。在它透明的深处有柔和的浅绿和碧蓝的色调。但宝石的总的特征在于它从内部灿烂地发出纯粹银色的（银色的，而不是白色的）闪光。

据说，如果仔细观察海蓝宝石，你就会看见一片静静的星星色的海水。

显然，就是海蓝宝石和其他一些宝石的这些色泽的特点，引起我们的神秘感。它们的美，我们总觉得是不可解的。

解释许多俄国字的"诗的流露"是比较容易的。显然，只有当文字表达那在我们看来是充满诗的内容的概念时，才是有诗意的。

但文字本身（不是它所表达的概念），譬如即使像"露水闪"这么一个普通的词儿，对我们的想象力的影响都是难以解释的。这个词儿的声音本身就好像表现着夜间远方雷电缓慢的闪光。

当然这个感觉是极其主观的。不能执着于这种感觉，而把它作为普遍的原则。我是这样意会这个词的。但完全不想强使别人也如此感受。

只有大多数这些富有诗意的词和我们的大自然有着关联这一点是无可争辩的。

俄罗斯语言只对那无限热爱自己的人民，了解他们到"入骨"的程度、而且感觉得到我们的土地的玄秘的美的人，才会全部展示出它的真正的奇幻性和丰富性来。

自然中存在的一切——水、空气、天空、白云、太阳、雨、森林、沼泽、河流和湖泊、草原和田野、花朵和青草——在俄罗斯语言中，都有无数的美丽的字眼和名称。

为了证明这一点，为了研究丰富准确的词汇，我们除了研究像凯果罗多夫、普利希文、高尔基、阿历克赛·托尔斯泰、阿克萨科夫、列斯柯夫、蒲宁和其他许多作家这样的了解自然和人民语言的专家的作品而外，还应该去研究主要的取之不尽的语言源泉——人民自己的语言，即集体农庄庄员、船夫、牧人、养蜂人、猎人、渔夫、老工人、守林人、海标看守人、手工业者、农村画家、手艺匠和所有那些字字金石的久经风霜的人的语言。

在我遇到一个守林人之后，这些思想对我格外明确了。

记得好像在什么地方已经讲过这件事情。如果是这样，便请原谅，只好重弹一番老调。

因为这个故事对俄罗斯语言这个话题非常重要。

我和这位守林人走在一座小树林里。这个地方自古以来是一大片泥沼,后来泥沼干涸,便为草莽芜蔓了,现在只有深厚的多年的苔藓、苔藓上的一些小水塘和无数的矶踯躅还会勾起人们对往日的池沼的记忆来。

我不像一般那样轻视小树林。林中动人的地方很多。各种柔嫩的小树——云杉和松树,白杨和白桦——都密密地和谐地长在一起。那里总是明亮、干净,好像收拾好准备过节的农舍的上房一样。

我每次到这个小树林里来,都觉得画家涅斯切洛夫正是在这种地方找到了他的风景画的轮廓。在这里,每一支修茎,每一条细枝都挺秀如画,所以特别出色、动人。

在苔藓上,有些地方,像我已经说过的,会碰到一些圆圆的小水塘。里边的水看上去像是静止的。但假如仔细看下去,便可以发现水塘的深处时时刻刻涌出静静的水流来,有越桔的枯叶和黄松针在里面打旋。

我们在一个这样的水塘旁边站下,喝了许多水。这水有一股松脂的味道。

"泉水!"守林人看到一个拼命挣扎的甲虫,从水塘中浮起来,又立刻沉了下去,说道:"伏尔加河想必也是由这样的水塘发源的吧?"

"是的,大概是的,"我同意说。

"我最喜欢分析字眼,"守林人忽然说,难为情地微笑了一下。"真奇怪!有的时候一个字儿缠住你,弄得你坐立不安。"

守林人沉默了一下,把肩上的枪扶正,然后问道:"听说,您好像是个写书的?"

"是的。"

"那就是说,您用的词儿是经过考虑的?而我不管怎样努力琢磨,总难给一个字找到解释。人在林子里走着,脑子翻来覆去地想着词儿,这么想,那么想:这些词儿是打哪儿来的?什么也想不出来。我没有知识。没受过教育。不过有的时候,给一个词儿找到了一种解释,那真高兴。可高兴什么呢?我也不是教小孩子的。我是看林子的,普通的看守。"

"现在是个什么词儿缠着您呢?"我问。

"就是'泉水'这个词儿。我早就注意到这个词儿了。我四面八方绕着圈子琢磨这个词儿。大概因为水是从这儿淌出来的。泉水产生河,而河水流过我们的母亲大地,流遍祖国各地,养育着人民。您看这多有道理——ролник(泉水), ролина(祖国), Нарол(人民)。而这些词儿好像亲族似的。好像亲戚一样!"他重复一下,笑了起来。

这些普通的词儿给我掘出了我国语言最深的根蒂。

世世代代人民的全部经验,所有他们性格的诗的方面,都蕴含在这些词里。

一、文学常识

(一) 作者简介

帕乌斯托夫斯基(1892—1968),前苏联作家。出身于莫斯科一个铁路员工家庭。从中学时代起他就醉心于文学,1912年发表了第一个短篇小说。他的作品多以普通人、艺术家为主人公,突出地表现了对人类美好品质的赞颂,具有动人的抒情风格。他于1956年发表的《金蔷薇》是一本创作札记,其中谈了许多创作体会和经历,受到广泛欢迎。长篇自传体小说《一生的故事》,反映了19世纪末直到20世纪30年代作者的经历,是作者对创作历程和道德、精神内容的思考、探索的总结。

(二) 解题

文艺随笔是一种形式灵活、笔调轻松、富有趣味性的批评样式。随笔很注重内容的知识性,它不像规范的论文那样,注重逻辑和理论论证,而是选用富有趣味性的材料作铺垫,从中引出对某种观点和哲理的议论,再与文学领域的有关话题联系起来加以评论。文艺随笔属于杂文的范畴。

二、字词积累

(一) 难读字正音

譬(pì)如　　　橘(jú)　　　芜(wú)蔓(màn)

(二) 难解词释义

1. 入骨:刻骨铭心,感受上达到极点,此处指对俄语喜爱到了极点。
2. 坐立难安:坐着也不是,站着也不是。形容心情紧张,情绪不安。
3. 久经风霜:也作"饱经风霜"。经,经历;风霜,比喻艰难困苦。形容经历过长期的艰难困苦的生活和斗争。

三、文本细读

(一) 课文主旨

俄罗斯语言如宝石般"诗意的流露"的奇幻与丰富,来自取之不尽的语言源泉:世世代代生活在低层的俄罗斯人民,来自他们久经风霜的诗意和性格里。

(二) 课文赏析

1. 如何理解"许多俄国文字本身就现出诗意,犹如宝石放射出神秘的闪光"?

明确:作者用宝石来比喻俄国的文字是非常恰当的。宝石的光对于物理学家是容易理解的,而对普通人来说,是璀璨而神秘的。而祖国语言也会给人同样的神秘的美的感受。

2. 作者如何来阐述宝石"神秘的闪光"?

明确:用到了举例论证。作者详细地阐述了宝石中平凡的海蓝宝的颜色的神秘美。作者用"浅绿""碧蓝""纯粹银色""静静的星星色的海水"来形容海蓝宝给我们带来的美的感觉,由此来告诉大家宝石的神秘的闪光的美。

五月的鲜花

　　那一年，十六岁。

　　校园里栽下的不到两年的竹子，逢着三四月的连阴雨，细细的竹笋一节一节拔起来。然后是晴天，也就是说夏天到了。到处是阳光，在人们的渴望中扑下来的天上地上脸上桌子上无处不在的阳光，天很深很蓝，云朵又大又湿，连一向显得古旧的青色教学楼，也显示出一点亮色。好像是为了什么节日，学校里开始飘荡起歌声。当时才放过电影《城南旧事》不久，有一次从操场上打球回来，听到同班的女生唱"长亭外，古道边，芳草碧连天……"于是，那一排白衣裳、蓝裙子、十五岁青果子般的少女——这走进教室撞入眼帘的第一景象，便永远地留在了脑子里。从此，"圣洁"这个字眼永远具有了特别鲜活的想象力，每逢碰到这个词，我就想起一大群白衣少女齐唱《送别》的情景。

　　不，这些还不是主要的。最主要的是，一个人的灵魂醒了。十六岁之前和十六岁之后有什么区别吗？不仅有，而且，简直是天壤之别。

　　人的判断力和感觉力确实得益于一些神秘的变化。以我自己的经验，我知道在某种年龄让你懂得某种艺术，几乎是绝无可能。由此我一直怀疑一些神童，特别是音乐神童，当他（她）能把勃拉姆斯甚至贝多芬弹得像模像样时，我怀疑这是不是仅仅是记忆力或模仿力在作怪，而不是真正地有所感悟。当然，莫扎特是另一回事，尤其莫扎特早年的曲子是另一回事。也许我是常人，所以不能懂得真正的天才是怎样的。

　　我对音乐的兴趣很早就种下了，在我童年的时候，唱歌——甚至比说话还要多。我是一个沉默的孩子，一直是。但那些我热爱的歌曲所给予我的感受，顶多也就是喜欢而已。欣赏力的巨变是在十七岁以后，在我步行从家走往学校的途中，总能听到远处的高音喇叭传来的一些声音——歌或者音乐，它们在风中忽大忽小、忽远忽近、时有时无，有时，我的灵魂突然地就被扯疼了，不，应该说是狂飞到了高空，这个时候就有一股力量从身体的不知什么地方升起，要应和，要叫，要喊，要唱，但是这一切都不够，就是把全世界的喉管都拿出来了也不够，通常我并不出声，但灵魂中已是一片轰鸣，我不由张了张嘴，喊出了永远喊不出，也永远听不见的一种声音。

　　那是些什么音乐？那是些什么歌？我不知道，从来也没有想过要知道；而当我今天想要知道的时候，已永远永远不可能知道。也许它们是些什么并不重要，重要的是一颗新鲜的心，在几百个百年中的这一年，再次被碰响。确实，这乐声就像人一样，从不知什么地方来，从风里穿过，又在风里消失；又像是风本身，一直在大地飘荡，无声无息，忽然碰到了一串风铃，发出了哗啦啦的一阵响。我们注视到风铃，什么也没看见。风铃慢慢地复归于宁静，一切好像从来没有发生。

　　那是一九八二年，我十六岁。那一年我刚上高中，在徐州一中高一（三）班。我下面要说的这件事实际上是一九八三年,是第二学期,所以说是五月,是阳光,是又一年的夏天来临。

　　班里新换了班主任,叫李连军,是教外语的,却是一个文学爱好者和音乐爱好者。那时,学校的每一位老师都是很脸熟的,偶尔出现一个新面孔,印象便很深,而李连军的印象就更深——约三十岁,白,微胖,连着几天的下午六点,那人准时出现在操场的单双杠上,先是双手吊杠做两腿上举,然后是在双杠上前后摆荡、一垂一起,做悬空的仰卧起坐。有一次我去玩双杠,站旁边看他玩,暗想他腹肌真好,他就过来跟我说话,用英语说话;这令我很窘,因为我的英语总是开不了口的。其实这个时候他已知道我是他的学生,是高一(三)班的班长。

　　李连军的字是那种很想"转(zhuǎi)"却"转"不好的字,没有一笔是直的,像他的身材一样,是软的,有点儿肉(形容词),有一天他就用这种字把《五月的鲜花》词谱写到了黑板上,就是女同学齐唱李叔同后的那两天。当时,我的灵魂一下子就被扯疼了,这是第一次被一首明明确确的歌所扯动,所以我记得非常非常清楚。

　　我想,所谓似曾相识的感受,从来都不会是偶然的吧,它们一定关乎记忆,或由此及彼的联想或通感;由于我们一般觉察不到,所以音乐的似曾相识,便往往给我们极其强烈而震撼的神秘的体验。《五月的鲜花》响起的时候,它曾给予我无比强烈的似曾相识的感受,好像这首歌一直会唱似的,再次唱起只不过是从时间的深海中捞起那份泛黄的久远的记忆。为什么会是这样? 后来我发现它的谱:1 76 55 | 06 54 32 1 | 1 ……这起首的一句,刚好就是C大调下行音阶的一个变形,它稍稍改变了一下节奏,在"5"这里延宕了一下,又接下去把这列音阶继续唱完。这使它袅娜而伸展,这使它详细而陌生,而这就是全部的机密——源自我们最最相熟的曲调,因为巧妙的变化而使我们辨不出那原有的形态。有谁想过"五月的鲜花,开遍了原野",就是我们从开蒙识谱唱起,并在一生中暗唱最多遍的 17654321 吗? 没有,从来没有。而接下去的另外三句,继续隐藏着这列音阶的片段并成为乐句中的关键字句:"鲜花掩盖着志士的鲜血"中隐藏着 21765("志士的鲜血"句);"为了挽救这垂危的民族"中隐藏着 671 和 176("为了挽救这垂危的"句);"他们曾顽强地抗战不歇"隐藏着 432 和 321("他们曾"和"战不歇"句);全都是音阶的下行或上行! 它们就这样修改了记忆,制造了记忆,裹挟了记忆,带来似曾相识的感觉,那实际上是既存在又不存在,既现实又虚幻的若即若离的记忆!

　　那记忆啊! 一下子就把我曾经经历的一切综合了,覆盖了。几乎在一秒钟会聚了一生:我少年任意游荡的田野,万木复苏的春天,集体扫墓的薄雾的清晨,云龙山,烈士塔,这些童年的景象,一瞬间涌入了脑海——"五月的鲜花,开遍了原野",再没有什么声音比这一句的众声齐唱更能带给我无边的原野和无边的鲜花的想象。而这也是有迹可寻。因为它是C调音阶的变形,所以它极为舒缓,而音乐上的舒缓,正与视觉上的广阔相通。电子音乐中用不变的长音表现茫茫宇宙的幻觉,正是这种舒缓与广阔相互交融的极端一例。更何况是人声的合唱,进一步将声音的厚、泛音的宽这些声音的尺度化成了空间的尺度;后来的电子音乐也变相而夸张的印证了同一原理,当一种长音裹挟着杂质、噪音、混响等毛边组织时,它的宽广会更有效,或者是它的不变中含有察觉不到的变化时,它的宇宙奇想的作用力几乎使人灵魂出窍,达到可知而不可知、可触而不可触的狂想症知觉状态的极限。

一、文学常识

（一）音乐评论

音乐评论是从理论上研究、分析音乐现象的一种社会实践活动。音乐评论的本质是对音乐现象的理论研究，是在理论研究基础上对音乐现象的总结、分析和评价。音乐评论具有创造性与继承性、附属性与独立性、客观性与主观性、时代性与历史性、批判性与指导性。

（二）作者简介

李皖，祖籍安徽，1966年出生于江苏徐州。现任《武汉晨报》常务副总编辑，高级编辑。著名音乐评论家、学者。曾任第二、三、四届华语音乐传媒大奖赛评委会主席。

（三）背景

《五月的鲜花》歌词曲作者是阎述诗，词作者是光未然，创作于1935年抗日救亡时期。后被电影《青春之歌》选为主题曲，诠释了一个民族的精神：抵御外侮，抗战到底，成为红色经典歌曲。

五月的鲜花，开遍了原野，鲜花掩遮盖着志士的鲜血。为了挽救这垂危的民族，他们正顽强地抗战不歇。如今的东北已沦亡了四年，我们天天在痛苦中熬煎。失掉自由更失掉了饭碗，屈辱地忍受那无情的皮鞭。敌人的铁蹄已越过了长城，中原大地依然歌舞升平。"亲善睦邻"呵，卑污的投降，忘掉了国家更忘掉了我们。再也忍不住这满腔的愤怒，我们期待着这一声怒吼。怒吼惊起这不幸的一群，被压迫者一起挥动拳头。

二、字词积累

（一）难读字正音

| 应和(hè) | 誊(téng)写 | 嬗(shàn)变 | 山麓(lù) |
| 寒暄(xuān) | 缅(miǎn)怀 | 契(qì)机 | 渗(shèn)透 |

（二）难解词释义

1. 天壤之别：天壤，天上和地下。比喻相隔很远，差别很大。
2. 一望无际：际，边际。形容辽阔。
3. 威武不屈：威武，权势；屈，屈服。表示坚贞顽强。
4. 义无反顾：义，应该做的事；反顾，回头看。形容为正当的事业而勇往直前。

三、文本细读

（一）课文主旨

这篇文章就是一篇音乐评论，写《五月的鲜花》这首歌给作者带来的震撼，作者详细地描述了这首音乐的美妙旋律与深刻内涵，去追忆那些为了民族的延续献出自己生命的革命先烈们。抒发了作者对音乐唤醒人性、振奋人类的力量的赞美。

（二）课文赏析

文章叙述的是作者16岁时发生的一件事，他听到了一首歌——《五月的鲜花》，于是他的"灵魂醒了"。作者从16岁那一年的夏天写起，那是一个普通的夏天，作者用抒情的笔调写了那个似乎与往年一样的夏天，阳光、蓝天、云朵，还有古旧的青色的教学楼，盛夏的景色衬着"白衣裳、蓝裙子、15岁青果子般的"少女们的形象，是那样的美好，尤其是校园的飘荡的歌声和"撞入眼帘"的一大群白衣少女齐唱《送别》的情景，更是加深了作者的记忆。

如果说前面是写音乐给自己的内心带来震动的话，那么接下来自然而然的就会写到带给他这种变化的人——新班主任李连军老师。作者首先讲述了这个人物的状况，这是一个教外语的老师，同时也是一个文学和音乐的爱好者，他还喜欢运动，用英语与人对话，还要拽拽自己的字。从这些描述中，可以看出这位新老师是新潮的、浪漫的、优雅的，由他把《五月的鲜花》带到作者面前就是十分自然的事了。但是写到这里，作者又戛然而止，没有沿着这个人物继续向前走，而是把笔触转向了《五月的鲜花》这首歌，从而进入了音乐的内部。

经过对一首歌全方位的分析之后，李皖又折回头来，开始了对这个将他引入音乐圣殿的老师的追忆。文章仿佛又回到了开头，与第一部分的一些段落相呼应，作者用抒情的笔调回忆了当时的环境和歌唱的情景，"孩子们坐在半暗的光线中唱着，有一个孩子就是我"，但这个孩子就因为这首歌"他的生命正发生着微妙的改变"，这个改变是这个新老师带给他的，而这个老师却并不知晓。接下来，作者写自己惊闻老师去世的消息，并得之他的妻子也殉情而亡，让人震惊的除了死还有决绝的、义无反顾的爱情。

文章的结尾又重回《五月的鲜花》，又是一次"偶然"，让作者从电视上"看"到了这首歌，它勾起的回忆不言而喻，作者强调，是"站着把它看完"的，而且"没有落泪"，传达给读者一种肃穆的、庄严的、圣洁的情感。

千篇一律与千变万化
——音乐、绘画、建筑之间的通感

在艺术创作中，往往有一个重复和变化的问题。只有重复而无变化，作品就必然单调枯燥；只有变化而无重复，就容易陷于散漫零乱。在有"持续性"的作品中，这一问题特别重要。我所谓"持续性"，有些是时间的持续；有些是空间转移的持续，由于作品或者观赏者由一个空间逐步转入另一空间，同时也具有时间的持续性，所以又有时间、空间的综合的持续。

就举首都人民大会堂为例。它的艺术效果中一个最突出的因素就是那几十根柱子。虽然在不同的部位上，这一列柱和另一列柱在高低大小上略有不同，但每一根柱子都是另一根柱子的完全相同的简单重复。至于其他门、窗、檐、额等等，也都是一个个依样葫芦。这种重复却是给予这座建筑以其统一性和雄伟气概的一个重要因素，是它的形象上最突出的特征之一。

历史中最杰出的一个例子是北京的明清故宫。从已被拆除了的中华门（大明门、大清门）开始就以一间接着一间，重复了又重复的千步廊一口气排列到天安门。从天安门到端门、午门又是一间间重复着的"千篇一律"的朝房。再进去，太和门和太和殿、中和殿、保和殿成为一组"前三殿"与乾清门和乾清宫、交泰殿、坤宁宫成为一组的"后三殿"的大同小异的重复，就更像乐曲中的主题和"变奏"；每一座的本身也是许多构件和构成部分（乐句、乐段）的重复；而东西两侧的廊、庑、楼、门，又是比较低微的，以重复为主但亦有相当变化的"伴奏"。然而整个故宫，它的每一个组群，每一个殿、阁、廊、门却全部都是按照明清两朝工部的"工程做法"的统一规格、统一形式建造的，连彩画、雕饰也尽如此，都是无尽的重复。我们完全可以说它们"千篇一律"。

但是，谁能不感到，从天安门一步步走进去，就如同置身于一幅大"手卷"里漫步；在时间持续的同时，空间也连续着"流动"。那些殿堂、楼门、廊庑虽然制作方法千篇一律，然而每走几步，前瞻后顾、左睇右盼，那整个景色的轮廓、光影，却都在不断地改变着，一个接着一个新的画面出现在周围，千变万化。空间与时间，重复与变化的辩证统一在北京故宫中达到了最高的成就。

至于颐和园的长廊，可谓千篇一律之尤者也。然而正是那目之所及的无尽的重复，才给游人以那种只有它才能给人的特殊感受。大胆来个荒谬绝伦的设想：那八百米长廊的几百根柱子，几百根梁枋，一根方，一根圆，一根八角，一根六角……；一根肥，一根瘦，一根曲，一根直……；一根木，一根石，一根铜，一根钢筋混凝土……；一根红，一根绿，一根黄，一根蓝……；一根素净无饰，一根高浮盘龙，一根浅雕卷草，一根彩绘团花……；这样"千变万化"地排列过去，那长廊将成何景象！

有人会问：那么走到长廊以前，乐寿堂临湖回廊墙上的花窗不是各具一格，千变万化的吗?是的。就回廊整体来说,这正是一个"大同小异",大统一中的小变化的问题。既得花窗"小异"之谐趣,又无伤回廊"大同"之统一。且先以这些花窗的小小变化,作为廊柱无尽重复的"前奏",也是一种"欲扬先抑"的手法。

一、文学常识

作者简介

梁思成(1901—1972),中国现代建筑学家,建筑史学家,建筑教育家。在美国宾夕法尼亚大学学习建筑,获学士和硕士学位。在美国哈佛大学研究院研究世界建筑史。

二、字词积累

(一) 难读字正音

鳟(zūn)鱼　　　　瓦垄(lǒng)　　　　廊庑(wǔ)
荒谬(miù)绝伦　　左睇(dì)右盼

(二) 难解词释义

1. 左睇右盼:向左右两边看。睇,看、望。
2. 荒谬绝伦:荒唐、错误到了无可比拟的地步。
3. 悠然自得:悠闲的样子自己感到得意而舒适。
4. 杂乱无章:又多又乱,没有条理。
5. 千篇一律:泛指事物只有一种形式,毫无变化。
6. 层出不穷:连接不断地出现,没有穷尽。

三、文本细读

(一) 课文主旨

文章就艺术创作中重复和变化的问题,提出了既要百花齐放,丰富多彩,又要避免杂乱无章,相互减色;既要和谐统一,全局完整,又要避免千篇一律,单调枯燥的观点。

(二) 课文赏析

1. 在谈艺术创作中的重复和变化的时候,作者为什么要强调"持续性"?
答:没有持续性,就谈不上重复和变化。
2. 为什么从艺术创作谈起?
答:为后面的论述构筑一个基础平台,使我们得以从艺术规律的高度审视问题,这样写,才可以把建筑设计中重复与变化的统一问题说透彻。建筑设计是一种艺术创作,必须符合艺术创作的规律。建筑设计要努力做到重复与变化的统一,是由艺术创作的规律决定的。

3. 本文的论题是什么?

答:在艺术创作中,往往有一个重复与变化的问题。

4. 本文针对的现实问题有哪些?

答:"千篇一律"到孩子哭着找不到家。"千变万化"到令人眼花缭乱。

5. 本文的论点是什么?

答:既要百花齐放,丰富多彩,又要避免杂乱无章,相互减色;既要和谐统一,全局完整,又要避免千篇一律,单调枯燥。

6. 本文的写作目的是什么?

答:结尾一段批评了我们有些住宅设计的弊端,即现实的建筑中,存在着重复与变化不能很好统一的问题,或影响美观,或给百姓生活带来不便,提醒建筑设计师们应引起注意。

第三册

第五单元

文言文单元　文言文的津渡

本单元所选为文言文,对于荀子《劝学》,要求学生领会其用生动的比喻阐述学习的意义、作用、方法和态度;理解贾谊《过秦论》中对比论述的使用;领悟苏轼的《赤壁赋》表达的豁达进取的人生态度和叙事、写景、抒情、说理融为一体的艺术手法。

劝　　学

　　君子曰：学不可以已。

　　青，取之于蓝而青于蓝；冰，水为之而寒于水。木直中绳，輮(róu)以为轮，其曲中规。虽有(yòu)槁暴(pù)，不复挺者，輮使之然也。故木受绳则直，金就砺则利，君子博学而日参省乎己，则知明而行无过矣。

　　吾尝终日而思矣，不如须臾之所学也。吾尝跂而望矣，不如登高之博见也。登高而招，臂非加长也，而见者远；顺风而呼，声非加疾也，而闻者彰。假舆马者，非利足也，而致千里；假舟楫者，非能水也，而绝江河。君子生(xìng)非异也，善假于物也。

　　积土成山，风雨兴焉；积水成渊，蛟龙生焉；积善成德，而神明自得，圣心备焉。故不积跬步，无以至千里；不积小流，无以成江海。骐骥一跃，不能十步；驽马十驾，功在不舍。锲而舍之，朽木不折；锲而不舍，金石可镂。蚓无爪牙之利，筋骨之强，上食埃土，下饮黄泉，用心一也。蟹六跪而二螯，非蛇鳝之穴无可寄托者，用心躁也。

一、文学常识

作者简介

　　荀子(约前313—前238)，名况，当时人们尊重他，称他荀卿，我国古代的思想家、教育家，是先秦儒家最后的代表，朴素唯物主义思想集大成者。

二、字词积累

(一) 难读字正音

中(zhòng)绳　　砺(lì)　　参省(xǐng)　　跂(qì)　　须臾(yú)　　螯(áo)

(二) 难解词释义

1. 通假字

(1) 虽有槁暴，不复挺者："有"通"又"，再一次；"暴"通"曝"，晒。

(2) 则知明而行无过矣："知"通"智"，智慧。

(3) 輮使之然也："輮"通"煣"，使……弯曲。

(4) 君子生非异也："生"通"性"，天赋，资质。

2. 词类活用

(1) 假舟楫者，非能水也，而绝江河：水，名词用作动词，游泳。

(2) 君子博学而日参省乎己：日，名词作状语，每日。

(3) 假舆马者,非利足也:利,形容词使动,使……快。
(4) 上食埃土,下饮黄泉:上、下,方位名词作状语,向上、向下。
(5) 用心一也:一,数词作形容词,作"专一"讲。

三、文本细读

(一) 课文主旨

用"君子曰"引出中心论点"学不可以已",使观点更具权威性。这个论点包括两个方面的意思,一是因为学习意义很大,所以学习不能停止;二是学习的态度和方法,就是不能停止学习。

(二) 课文赏析

1. 课文有哪几个分论点?

三个分论点。一,学习具有重大的意义;二,学习具有重要的作用;三,学习要采取正确的态度和方法。

2. 课文论述学习的方法和态度,可以分为几个层次?是如何正反设喻论证的?

可分为三层。第一层论述学习要积累,是先正面后反面设喻论述的。第二层论述学习要持之以恒,是反正、反正设喻论述的。第三层论述学习要专一,是先正面后反面设喻论述的。

```
                            提高自己    青出于蓝
        学习的重要性                    冰寒于水      木受绳则直    知明而行无过矣
        (正面设喻)      改变自己:輮木为轮              金就砺则利
中
心   学习的作用:弥补自   登高博见
论   己不足(反复设喻)    登高而招    顺风而呼    善假于物也
点                       假舆马      假舟楫
↓
学                       要积累    积土成山   积水成渊   神明自得   圣心备焉
不                                 不积跬步   不积小流
可   学习的方法和态度    要坚持不懈  骐骥    驽马
以   (正反对照设喻)                朽木    金石
已
                         要专一    蚓——用心一  (积的保证缺一不可)
                                 蟹——用心躁
```

过秦论(上)

秦孝公据崤函之固，拥雍州之地，君臣固守以窥周室，有席卷天下，包举宇内，囊括四海之意，并吞八荒之心。当是时也，商君佐之，内立法度，务耕织，修守战之具；外连衡而斗诸侯。于是秦人拱手而取西河之外。

孝公既没，惠文、武、昭襄蒙故业，因遗策，南取汉中，西举巴、蜀，东割膏腴之地，北收要害之郡。诸侯恐惧，会盟而谋弱秦，不爱珍器重宝肥饶之地，以致天下之士，合从缔交，相与为一。当此之时，齐有孟尝，赵有平原，楚有春申，魏有信陵。此四君者，皆明智而忠信，宽厚而爱人，尊贤而重士，约从离衡，兼韩、魏、燕、楚、齐、赵、宋、卫、中山之众。于是六国之士，有宁越、徐尚、苏秦、杜赫之属为之谋，齐明、周最、陈轸、召滑、楼缓、翟景、苏厉、乐毅之徒通其意，吴起、孙膑、带佗、倪良、王廖、田忌、廉颇、赵奢之伦制其兵。尝以十倍之地，百万之众，叩关而攻秦。秦人开关延敌，九国之师，逡(qūn)巡而不敢进。秦无亡矢遗镞之费，而天下诸侯已困矣。于是从散约败，争割地而赂秦。秦有余力而制其弊，追亡逐北，伏尸百万，流血漂橹。因利乘便，宰割天下，分裂山河。强国请服，弱国入朝。延及孝文王、庄襄王，享国之日浅，国家无事。

及至始皇，奋六世之余烈，振长策而御宇内，吞二周而亡诸侯，履至尊而制六合，执敲扑而鞭笞天下，威振四海。南取百越之地，以为桂林、象郡；百越之君，俯首系颈，委命下吏。乃使蒙恬北筑长城而守藩篱，却匈奴七百余里。胡人不敢南下而牧马，士不敢弯弓而报怨。于是废先王之道，焚百家之言，以愚黔首；隳(huī)名城，杀豪杰，收天下之兵，聚之咸阳，销锋镝(dí)，铸以为金人十二，以弱天下之民。然后践华为城，因河为池，据亿丈之城，临不测之渊，以为固。良将劲弩守要害之处，信臣精卒陈利兵而谁何。天下已定，始皇之心，自以为关中之固，金城千里，子孙帝王万世之业也。

始皇既没，余威震于殊俗。然陈涉瓮牖绳枢之子，甿(méng)隶之人，而迁徙之徒也；才能不及中人，非有仲尼、墨翟之贤，陶朱、猗(yī)顿之富；蹑足行伍之间，而倔起阡陌之中，率疲弊之卒，将数百之众，转而攻秦，斩木为兵，揭竿为旗，天下云集响应，赢粮而景从。山东豪俊遂并起而亡秦族矣。

且夫天下非小弱也，雍州之地，崤函之固，自若也。陈涉之位，非尊于齐、楚、燕、赵、韩、魏、宋、卫、中山之君也；锄耰(yōu)棘矜(qín)，非铦于钩戟长铩也；谪戍之众，非抗于九国之师也；深谋远虑，行军用兵之道，非及向时之士也。然而成败异变，功业相反，何也？试使山东之国与陈涉度(duó)长絜大，比权量力，则不可同年而语矣。然秦以区区之地，致万乘之势，序八州而朝同列，百有余年矣；然后以六合为家，崤函为宫；一夫作难(nàn)而七庙隳，身死人手，为天下笑者，何也？仁义不施而攻守之势异也。

一、文学常识

作者简介

贾谊是西汉杰出的政论家、文学家,最早的汉赋作家之一。他的为人,很为司马迁推崇,司马迁把他和不同时代的屈原相提并论,撰写了《屈原贾生列传》。

二、字词积累

(一)难读字正音

合从(zòng)缔交	赢粮而景(yǐng)从(cóng)	
因利乘(chéng)便	万乘(shèng)之势	陈轸(zhěn)
宁(nìng)越	乐(yuè)毅	翟(zhái)景墨翟(dí)
召(shào)滑	蒙恬(tián)	逡(qūn)巡(xún)
锄耰(yōu)棘矜(qín)	铦(xiān)铩(shā)	度(duó)德量力
内立法度(dù)	鞭笞(chī)	七庙隳(huī)
膏腴(yú)	镞(zú)	将(jiàng)数百之众
藩(fān)篱	崤(xiáo)函	瓮牖(yǒu)钩戟(jǐ)
黔(qián)首	氓(méng)隶	孝公既没(mò)
劲弩(nǔ)	镝(dí)	谪(zhé)戍

(二)难解词释义

1. 通假字

(1) 外连衡而斗诸侯:"衡"通"横"。
(2) 合从缔交,相与为一:"从"通"纵"。
(3) 倔起阡陌之中:"倔"通"崛"。
(4) 赢粮而景从:"景"通"影"。
(5) 威振四海:"振"通"震"。
(6) 百有余年矣:"有"通"又"。

2. 词类活用

(1) 名词作动词

过秦:过,指责过失。
子孙帝王万世之业也:帝王,做帝王。
然陈涉瓮牖绳枢之子:瓮,用瓦缸做;绳,用绳子系。

(2) 名词作状语

席卷天下:席,像卷席子那样。

包举宇内：包，像打包袱那样。
囊括四海：囊，袋子；像装袋子那样。
天下云集响应：云，像云彩那样；响，回声，像回声那样。
赢粮而景从：景，像影子那样。
南取汉中：南，向南。
（3）动词作名词
追亡逐北：亡，逃跑的败兵；北，溃败，溃败的军队。
（4）动词的使动用法
外连衡而斗诸侯：斗，使……争斗。
序八州而朝同列：朝，使……朝见。
亡诸侯：亡，使……亡。
却匈奴七百余里：却，使……退却。
3. 古今异义
（1）于是秦人拱手而取西河之外（古：黄河以西一带/今：河的西面）
（2）赢粮而景从（古：担负/今：输赢的"赢"）
（3）山东豪俊并起（古：崤山以东/今：指山东省）
（4）流血漂橹（古：盾牌/今：使船前进的工具）

三、文本细读

（一）课文主旨

《过秦论》分上、中、下三篇。本篇课文是上篇，着重叙述秦王朝的兴亡过程，揭露秦始皇的暴虐无道，最后指出，"仁义不施而攻守之势异也"是秦王朝迅速灭亡的原因。这是从史实中提炼观点。这个观点也贯穿在其余两篇之中。作者总结秦王朝覆灭的历史教训，意在借古讽今，即从反面说明"牧民之道，务在安之而已"，而"安之"之策莫大于施行仁义，目的是劝汉文帝对人民实行宽松的政策。

（二）课文赏析

"过秦"，即言秦之过。作者以秦的兴亡史实为基本依据，采用对比方法，层层推进，水到渠成地指出导致秦亡的过失，这充分体现在第5段议论中。

作者议论秦的过失，首先肯定地理条件没有变，接着采用多项对比的论证方法，层层推进。最详细的是陈涉与九国的对比，从各个角度对比，极言陈涉弱小；其次是秦国与统一天下的秦朝相比，强调秦朝的强大。九国与秦的对比包含在上面第二个对比中，不够明显，但从课文第2段"秦人开关延敌"等句中已经明确。不能忘记陈涉与秦朝的对比。对比得出的结论是自然而然的，既告诉我们秦亡的原因，也点明了课题"秦之过"。当然，"秦之过"主要是"仁义不施"而非"攻守之势异也"。这一段议论是全文的重点，需要反复朗读与全面理解。抓住对比即抓住了重点纲目。

赤 壁 赋

　　壬戌之秋，七月既望，苏子与客泛舟游于赤壁之下。清风徐来，水波不兴。举酒属客，诵"明月"之诗，歌"窈窕"之章。少焉，月出于东山之上，徘徊于斗牛之间。白露横江，水光接天。纵一苇之所如，凌万顷之茫然。浩浩乎如冯虚御风，而不知其所止；飘飘乎如遗世独立，羽化而登仙。

　　于是饮酒乐甚，扣舷而歌之。歌曰："桂棹兮兰桨，击空明兮溯流光。渺渺兮予怀，望美人兮天一方。"客有吹洞箫者，倚歌而和之。其声呜呜然，如怨如慕，如泣如诉，余音袅袅，不绝如缕。舞幽壑之潜蛟，泣孤舟之嫠妇。

　　苏子愀然，正襟危坐而问客曰："何为其然也？"客曰："'月明星稀，乌鹊南飞'，此非曹孟德之诗乎？西望夏口，东望武昌，山川相缪，郁乎苍苍，此非孟德之困于周郎者乎？方其破荆州，下江陵，顺流而东也，舳舻千里，旌旗蔽空，酾酒临江，横槊赋诗，固一世之雄也，而今安在哉？况吾与子渔樵于江渚之上，侣鱼虾而友麋鹿。驾一叶之扁舟，举匏樽以相属。寄蜉蝣于天地，渺沧海之一粟。哀吾生之须臾，羡长江之无穷。挟飞仙以遨游，抱明月而长终。知不可乎骤得，托遗响于悲风。"

　　苏子曰："客亦知夫水与月乎？逝者如斯，而未尝往也；盈虚者如彼，而卒莫消长也。盖将自其变者而观之，则天地曾不能以一瞬；自其不变而观之，则物与我皆无尽也。而又何羡乎？且夫天地之间，物各有主，苟非吾之所有，虽一毫而莫取。惟江上之清风，与山间之明月，耳得之而为声，目遇之而成色，取之无禁，用之不竭，是造物者之无尽藏也，而吾与子之所共适。"

　　客喜而笑，洗盏更酌。肴核既尽，杯盘狼藉。相与枕藉乎舟中，不知东方之既白。

一、文学常识

　　赋是介于韵文和散文之间的一种文体，它从先秦诗歌派生出来，到汉代形成了一种特定的体制，讲究文采、韵律，兼有散文与诗歌的性质。其常采用主客问答的手法来展开描写。

　　散文赋，也叫文赋，是中唐之后出现的一种文体。它兼有诗歌和散文的特点，较多地吸收散文的笔调和手法，形成了散文式的清新流畅的气势。本篇就是这种文体的典型。

二、字词积累

（一）难读字正音

壬(rén)戌(xū)　　　　　属(zhǔ)客　　　　　窈(yǎo)窕(tiǎo)

冯(píng)虚御风　　　　桂棹(zhào)　　　　　倚歌而和(hè)

横槊(shuò)　　余音袅袅(niǎo)　　幽壑(hè)
扁(piān)舟　　嫠(lí)妇　　愀(qiǎo)然
山川相缪(liáo)　　舳(zhú)舻(lú)　　旌(jīng)旗
酾(shī)酒　　渔樵(qiáo)　　江渚(zhǔ)
匏(páo)樽　　蜉(fú)蝣　　无尽藏(zàng)
狼藉(jí)　　枕藉(jiè)

(二) 难解词释义

1. 舞幽壑之潜蛟：舞，使……起舞，动词的使动用法。
2. 泣孤舟之嫠妇：泣，使……哭泣，动词的使动用法。
3. 况吾与子渔樵于江渚之上：渔樵，打鱼砍柴，名词做动词。
4. 侣鱼虾而友麋鹿：侣，以……为伴侣。友，以……为朋友。名词意动用法。

三、文本细读

(一) 课文主旨

文章通过泛游赤壁的所见所闻，以及主客之间的相互辩驳，反映了作者由故作旷达到陷于苦闷，又由苦闷到解脱的思想过程，表现了作者在"乌台诗案"遭到巨大的挫折后，虽身处逆境却仍然热爱生活的积极乐观的人生态度。

(二) 课文赏析

1. 找出文中直接表明情感的几个词语，整体感知课文内容。
情感基调：乐——哀/悲——喜

2. 第四段分为三层，第一层承上，议论"水"与"月"；第二层议论"变"与"不变"的哲理；第三层指出"明月清风"为大自然之"无尽藏"。是作为道者的苏轼超然物外的情怀给客人极大的宽解，读出旷达洒脱的情感。

3. 第五段客人之喜与文章开头之乐的不同。课文开头是主客欣赏美景之乐，结尾是指客人精神得到超脱忘怀得失而喜。
现实中的水月　　融入自然，游赏之乐
历史中的水月　　感慨历史，人生之悲　　儒者(入世)　　渴望建功立业　　慨叹人生短促
哲理中的水月　　分析哲理，超脱之喜　　道者(出世)　　清静无为超然物外逍遥之游

4.《前赤壁赋》在结构上继承了赋的何种表现手法？其实质是什么？
文中的主客对话，实则代表了作者思想中两个不同侧面的矛盾斗争。作者把政治失意的苦闷通过"客"来渲泄，把乐观旷达的情怀通过"主"来表现。"主"终于说服了"客"，反映了其思想中积极的一面战胜了消极的一面，从而肯定了积极乐观的人生观。

第四册

第一单元

散文单元　思想的路径

　　本单元所选多为议论性散文，它就是用"散文"的笔法来发议论，或者说是以阐述某个观点为中心的散文。它侧重的是形象的描绘和情感的抒发，具有抒情性、形象性和哲理性的特点，它给读者一种富于理性的形象和情感，从而提供一个广阔的思想和联想的空间。

春末闲谈

北京正是春末,也许我过于性急之故罢,觉着夏意了,于是突然记起故乡的细腰蜂。那时候大约是盛夏,青蝇密集在凉棚索子上,铁黑色的细腰蜂就在桑树间或墙角的蛛网左近往来飞行,有时衔一只小青虫去了,有时拉一个蜘蛛。青虫或蜘蛛先是抵抗着不肯去,但终于乏力,被衔着腾空而去了,坐了飞机似的。

老前辈们开导我,那细腰蜂就是书上所说的蜾蠃,纯雌无雄,必须捉螟蛉去做继子的。她将小青虫封在窠里,自己在外面日日夜夜敲打着,祝道"像我像我",经过若干日,——我记不清了,大约七七四十九日罢,——那青虫也就成了细腰蜂了,所以《诗经》里说:"螟蛉有子,蜾蠃负之。"螟蛉就是桑上小青虫。蜘蛛呢?他们没有提。我记得有几个考据家曾经立过异说,以为她其实自能生卵;其捉青虫,乃是填在窠里,给孵化出来的幼蜂做食料的。但我所遇见的前辈们都不采用此说,还道是拉去做女儿。我们为存留天地间的美谈起见,倒不如这样好。当长夏无事,遣暑林阴,瞥见二虫一拉一拒的时候,便如睹慈母教女,满怀好意,而青虫的宛转抗拒,则活像一个不识好歹的毛丫头。

但究竟是夷人可恶,偏要讲什么科学。科学虽然给我们许多惊奇,但也搅坏了我们许多好梦。自从法国的昆虫学大家法布尔(Fabre)仔细观察之后,给幼蜂做食料的事可就证实了。而且,这细腰蜂不但是普通的凶手,还是一种很残忍的凶手,又是一个学识技术都极高明的解剖学家。她知道青虫的神经构造和作用,用了神奇的毒针,向那运动神经球上只一螫,它便麻痹为不死不活状态,这才在它身上生下蜂卵,封入窠中。青虫因为不死不活,所以不动,但因为不活不死,所以不烂,直到她的子女孵化出来的时候,这食料还和被捕当日一样的新鲜。

三年前,我遇见神经过敏的俄国的E君,有一天他忽然发愁道,不知道将来的科学家,是否不至于发明一种奇妙的药品,将这注射在谁的身上,则这人即甘心永远去做服役和战争的机器了?那时我也就皱眉叹息,装作一齐发愁的模样,以示"所见略同"之至意,殊不知我国的圣君,贤臣,圣贤,圣贤之徒,却早已有过这一种黄金世界的理想了。不是"唯辟作福,唯辟作威,唯辟玉食"么?不是"君子劳心,小人劳力"么?不是"治于人者食(去声)人,治人者食于人"么?可惜理论虽已卓然,而终于没有发明十全的好方法。要服从作威就须不活,要贡献玉食就须不死;要被治就须不活,要供养治人者又须不死。人类升为万物之灵,自然是可贺的,但没有了细腰蜂的毒针,却很使圣君,贤臣,圣贤,圣贤之徒,以至现在的阔人,学者,教育家觉得棘手。将来未可知,若已往,则治人者虽然尽力施行过各种麻痹术,也还不能十分奏效,与蜾蠃并驱争先。即以皇帝一伦而言,便难免时常改姓易代,终没有"万年有道之长";"二十四史"而多至二十四,就是可悲的铁证。现在又似乎有些别开生面了,世上挺生了一种所谓"特殊知识阶级"的留学生,在研究室中研究之结果,说医学不发达是有益于人种改良的,中国妇女的境遇是极其平等的,一切道理都已不错,一切状态都已够好。E君的发愁,或者也不为无因罢,然而俄国是不要紧的,因为他们不像我们中国,有所谓"特别国情",还有所谓"特殊知识阶级"。

但这种工作,也怕终于像古人那样,不能十分奏效的罢,因为这实在比细腰蜂所做的要难得多。她于青虫,只须不动,所以仅在运动神经球上一螫,即告成功。而我们的工作,却求其能运动,无知觉,该在知觉神经中枢,加以完全的麻醉的。但知觉一失,运动也就随之失却主宰,不能贡献玉食,恭请上自"极峰"下至"特殊知识阶级"的赏收享用了。就现在而言,窃以为除了遗老的圣经贤传法,学者的进研究室主义,文学家和茶摊老板的莫谈国事律,教育家的勿视勿听勿言勿动论之外,委实还没有更好,更完全,更无流弊的方法。便是留学生的特别发见,其实也并未轶出了前贤的范围。

那么,又要"礼失而求诸野"了。夷人,现在因为想去取法,姑且称之为外国,他那里,可有较好的法子么?可惜,也没有。所有者,仍不外乎不准集会,不许开口之类,和我们中华并没有什么很不同。然亦可见至道嘉猷,人同此心,心同此理,固无华夷之限也。猛兽是单独的,牛羊则结队;野牛的大队,就会排角成城以御强敌了,但拉开一匹,定只能哞哞地叫。人民与牛马同流,——此就中国而言,夷人别有分类法云,——治之之道,自然应该禁止集合:这方法是对的。其次要防说话。人能说话,已经是祸胎了,而况有时还要做文章。所以苍颉造字,夜有鬼哭。鬼且反对,而况于官?猴子不会说话,猴界即向无风潮,——可是猴界中也没有官,但这又作别论,——确应该虚心取法,返璞归真,则口且不开,文章自灭:这方法也是对的。然而上文也不过就理论而言,至于实效,却依然是难说。最显著的例,是连那么专制的俄国,而尼古拉二世"龙御上宾"之后,罗马诺夫氏竟已"覆宗绝祀"了。要而言之,那大缺点就在虽有二大良法,而还缺其一,便是:无法禁止人们的思想。

于是我们的造物主——假如天空真有这样的一位"主子"——就可恨了:一恨其没有永远分清"治者"与"被治者";二恨其不给治者生一支细腰蜂那样的毒针;三恨其不将被治者造得即使砍去了藏着的思想中枢的脑袋而还能动作——服役。三者得一,阔人的地位即永久稳固,统御也永久省了气力,而天下于是乎太平。今也不然,所以即使单想高高在上,暂时维持阔气,也还得日施手段,夜费心机,实在不胜其委屈劳神之至……

假使没有了头颅,却还能做服役和战争的机械,世上的情形就何等地醒目呵!这时再不必用什么制帽勋章来表明阔人和窄人了,只要一看头之有无,便知道主奴,官民,上下,贵贱的区别。并且也不至于再闹什么革命,共和,会议等等的乱子了,单是电报,就要省下许多许多来。古人毕竟聪明,仿佛早想到过这样的东西,《山海经》上就记载着一种名叫"刑天"的怪物。他没有了能想的头,却还活着,"以乳为目,以脐为口",——这一点想得很周到,否则他怎么看,怎么吃呢,——实在是很值得奉为师法的。假使我们的国民都能这样,阔人又何等安全快乐?但他又"执干戚而舞",则似乎还是死也不肯安分,和我那专为阔人图便利而设的理想的好国民又不同。陶潜先生又有诗道:"刑天舞干戚,猛志固常在。"连这位貌似旷达的老隐士也这么说,可见无头也会仍有猛志;阔人的天下一时总怕难得太平的了。但有了太多的"特殊知识阶级"的国民,也许有特在例外的希望;况且精神文明太高了之后,精神的头就会提前飞去,区区物质的头的有无也算不得什么难问题。

一九二五年四月二十二日

一、文学常识

（一）作者简介

（鲁迅，前面已有，此处从略）

（二）解题

《春末闲谈》是鲁迅杂文中的篇章，以一种闲谈的方式，将自然景物人格化，通过形象化的说理，揭露了统治阶级"治术"的险恶实质，对阻挠民主改革和社会进步的反动派进行了强烈抨击。

（三）背景

该文写于1925年4月22日。以北洋军阀政府为中心的封建势力和帝国主义势力，为了对抗日益高涨的革命运动，在思想文化战线上提倡"尊孔诗经"，妄图用封建思想麻痹革命人民的斗志，瓦解革命运动。针对这股反动逆流，写了这篇批判奴化思想的战斗檄文。文题似小，旨意却大。严密为文，喻庄于谐，读后令人叫绝不已。

二、字词积累

（一）难读字正音

蜾（luǒ）蠃	嬴（yíng）政	嬴（léi）弱	螟（míng）蛉
瞑（míng）目	冥（míng）王	窠（kē）臼	缲（sāo）丝
虫豸（shì）	蛰（zhé）伏	贽（zhì）	棘（jí）手
刺（cì）秦	阿刺（lá）伯	贡（gòng）献	供（gōng）给
供（gòng）认	中枢（shū）	老妪（yù）	孵（fū）化
抠（kōu）门	嘉猷（yóu）	酋（qiú）长	遒（qiú）劲
绝祀（sì）	麻痹（bì）		

（二）难解词释义

1. 遣暑：消暑。
2. 麻痹：人体某一部分的感觉或运动功能完全或部分丧失。通常指不能随意运动。
3. 轶出：超出。
4. 嘉猷：好的计策。
5. 覆宗绝祀：毁败宗族。
6. 螟蛉有子，蜾蠃负之：见《诗经·小雅·小宛》。蜾蠃常捕捉螟蛉存放在窝里，产卵在它们身体里，卵孵化后就拿螟蛉作食物。

三、文本细读

(一) 课文主旨

由细腰蜂的毒针闲谈开去,联想到"圣君,贤臣,圣贤,圣贤之徒"尽力施行的"各种麻痹术",再联系现实中"治人者"的"治之之道",对封建统治者为了达到统治目的所采用恶劣手段的揭露与辛辣嘲讽,对人民思想和行动上进行反抗的极大期待与赞颂。

(二) 课文赏析

1. 文章的题目是"春末闲谈",作者在文中闲谈了哪些内容?

提示:(1) 闲谈捉青虫的"闲趣",谈细腰蜂毒针的神奇功能;

(2) "圣君,贤臣,圣贤,圣贤之徒"尽力施行的"各种麻痹术";

(3) 现实中"治人者"的"治之之道",讽刺了旧时统治者精神控制术的手段极其失败。

2. 文中所谓"我国的圣君,贤臣,圣贤,圣贤之徒,却早已有过这一种黄金世界的理想了",这里"黄金世界的理想"指什么?

提示:"君子劳心,小人劳力","治于人者食人,治人者食于人"。

3. 为了达成这样的世界,有哪些圣贤们都想出了怎样的方法来?有怎样的结果?

提示:遗老们——圣经贤传　　　　　　学者——进研究室主义

文学家茶摊——莫谈国事无法禁锢人们的思想　　教育家——四勿

留学生——特别发现　　　　　　夷人——禁止集会,防说话

4. 作者举刑天的例子是为了说明什么道理?

提示:(1) 统治者为了达到统治的目的,会采用极端卑劣的手段,甚至杀戮;

(2) 即使是杀戮也无法禁止人民的反抗;

(3) "精神文明太高了之后,精神的头就会提前飞去,区区物质的头的有无也算不得什么难问题",即杀戮也禁锢不了人民的思想!

5. 体会下面的句子,并回答括号里的问题。

于是我们的造物主——假如天空真有这样的一位"主子"——就可恨了:一恨其没有永远分清"治者"与"被治者";二恨其不给治者生一支细腰蜂那样的毒针;三恨其不将被治者造得即使砍去了藏着的思想中枢的脑袋而还能动作——服役。三者得一,阔人的地位即永久稳固,统御也永久省了气力,而天下于是乎太平。(这段话中"三恨"的具体含义是什么?)

提示:① 暴虐的统治最终会被推翻;② 手段终究无耻且有限;③ 人民的思想不可禁止。

假如给我三天光明

有时我认为,如果我们像明天就会死去那样去生活,才是最好的规则。这样一种态度可以尖锐地强调生命的价值。我们每天都应该怀着友善、朝气和渴望去生活,但是,当时间在我们前面日复一日,月复一月,年复一年地不断延伸开去,这些品质常常就会丧失。我们大多数人都把人生视为当然。我们并不感激我们的所有,直到我们丧失了它;我们意识不到我们的健康,直到我们生了病——自古以来,莫不如此。

我常想,如果每个人在他的初识阶段患过几天盲聋症,这将是一种幸福。黑暗会使他更珍惜视觉;哑默会教导他更喜慕声音。我时常测验我那些有视觉的朋友,看他们究竟看见了什么。

前几天,一位很要好的朋友来探望我,她刚从树林里远足而来,于是我就问她,观察到了些什么。"没有什么特别的。"她回答说。要不是我惯于听到这样的回答(因为我很早就已确信有视觉的人看得很少),我简直会不相信我的耳朵。

在树林中穿行一个小时,却没有看到什么值得注意的东西,这怎么可能呢?我自问着。我这个不能用眼睛看的人,仅仅凭借触觉,就能发现好几百种使我感兴趣的东西。我用双手亲切地抚摸一株桦树光滑的外皮,或者一株松树粗糙不平的树皮。在春天,我摸着树枝,满怀希望地寻找蓓蕾,寻找大自然冬眠之后苏醒过来的第一个征兆。有时,我感觉到一朵花的可爱而柔润的肌理,发现它那不平常的卷曲。偶尔,如果我非常走运,将手轻柔地放在小树上,我可以感觉到小鸟在音律丰满的歌声中快乐地跳跃。我非常喜欢让小溪凉爽的流水从我张开的手指缝隙间急促地淌过。我觉得,松针或者海绵似的柔草铺就的茂盛葱郁的地毯,比豪华奢侈的波斯小地毯更受欢迎。对我来说,四季的盛景是一场极其动人而且演不完的戏剧,它的情节从我指尖一幕幕滑过。

有时,我的心在哭泣,渴望看到所有这些东西。如果我仅仅凭借触觉就能得到那么多的快乐,那么凭借视觉将会有多少美展现出来啊!可是,那些有视觉的人显然看得很少。对于世界上充盈的五颜六色、千姿百态万花筒般的景象,他们认为是理所当然的。也许人类就是这样,极少去珍惜我们所拥有的东西,而渴望那些我们所没有的东西。在光明的世界中,视觉这一天赋才能,竟只被作为一种便利,而不是一种丰富生活的手段,这是多么可惜啊!

也许我能凭借想象来说明,假如给我哪怕三天的光明,我最喜欢看到一些什么。

在我想的时候,也请你想一下吧,请想想这个问题,假定你也只有三天光明,那么你会怎样使用你自己的眼睛,你最想让你的目光停留在什么上面呢?自然,我将尽可能看看在我黑暗的岁月里令我珍惜的东西,你也想让你的目光停留在令你珍惜的东西上,以便在那即将到来的夜晚,将它们记住。

如果,由于某种奇迹,我可以睁眼看三天,紧跟着回到黑暗中去,我将会把这段时间分成三部分。

第一天,我要看人,他们的善良、温厚与友谊使我的生活值得一过。首先,我希望长久地凝视我亲爱的老师,安妮·莎莉文·梅西太太的面庞,当我还是个孩子的时候,她就来到了我面前,为我打开了外面的世界。我将不仅要看到她面庞的轮廓,以便我能够将它珍藏在我的记忆中,而且还要研究她的容貌,发现她出自同情心的温柔和耐心的生动迹象,她正是以此来完成教育我的艰巨任务的。我希望从她的眼睛里看到能使她在困难面前站得稳的坚强性格,并且看到她那经常向我流露的、对于全人类的同情。

第一天,将会是忙碌的一天。我将把我所有亲爱的朋友都叫来,长久地望着他们的脸,把他们内在美的外部迹像铭刻在我的心中。我也将会把目光停留在一个婴儿的脸上,以便能够捕捉到在生活冲突所致的个人意识尚未建立之前的那种渴望、天真无邪的美。

我还将看看我的小狗们忠实信赖的眼睛——庄重、宁静的小司格梯、达吉,还有健壮而又懂事的大德恩,以及黑尔格,它们的热情、幼稚而顽皮的友谊,使我获得了很大的安慰。

在忙碌的第一天,我还将观察一下我的房间里简单的小东西,我要看看我脚下的小地毯的温暖颜色,墙壁上的画,将房子变成一个家的那些亲切的小玩意。我的目光将会崇敬地落在我读过的盲文书籍上,然而那些能看的人们所读的印刷字体的书籍,会使我更加感兴趣。在我一生漫长的黑夜里,我读过的和人们读给我听的那些书,已经成为了一座辉煌的巨大灯塔,为我指示出了人生及心灵的最深的航道。

在能看见的第一天下午,我将到森林里进行一次远足,让我的眼睛陶醉在自然界的美丽之中,在几小时内,拼命吸取那经常展现在正常视力人面前的光辉灿烂的广阔奇观。自森林郊游返回的途中,我要走在农庄附近的小路上,以便看看在田野耕作的马(也许我只能看到一台拖拉机),看看紧靠着土地过活的悠然自得的人们,我将为光艳动人的落日奇景而祈祷。

当黄昏降临,我将由于凭借人为的光明看见外物而感到喜悦,当大自然宣告黑暗到来时,人类天才地创造了灯光,来延伸他的视力。在第一个有视觉的夜晚,我将睡不着,心中充满对于这一天的回忆。

有视觉的第二天,我要在黎明前起身,去看黑夜变为白昼的动人奇迹。我将怀着敬畏之心,仰望壮丽的曙光全景,与此同时,太阳唤醒了沉睡的大地。

这一天,我将向世界,向过去和现在的世界匆忙瞥一眼。我想看看人类进步的奇观,那变化无穷的万古千年。这么多的年代,怎么能被压缩成一天呢?当然是通过博物馆。我常常参观纽约自然史博物馆,用手摸一摸那里展出的许多展品,但我曾经渴望亲眼看看地球的简史和陈列在那里的地球上的居民——按照自然环境描画的动物和人类,巨大的恐龙和剑齿象的化石,早在人类出现并以他短小的身材和有力的头脑征服动物王国以前,它们就漫游在地球上了;博物馆还逼真地介绍了动物、人类,以及劳动工具的发展经过,人类使用这些工具,在这个行星上为自己创造了安全牢固的家;博物馆还介绍了自然史的其他无数方面。

我的下一站将是首都艺术博物馆,因为它正像自然史博物馆显示了世界的物质外观那样,首都艺术博物馆显示了人类精神的无数个小侧面。在整个人类历史阶段,人类对于艺术表现的强烈欲望几乎像对待食物、藏身处,以及生育繁殖一样迫切。在这里,在首都艺术博物馆巨大的展览厅里,埃及、希腊、罗马的精神在它们的艺术中表现出来,展现在我面前。

我通过手清楚地知道了古代尼罗河国度的诸神和女神。我抚摸了巴台农神庙中的复制品,感到了雅典冲锋战士有韵律的美。阿波罗、维纳斯以及双翼胜利之神莎莫瑞丝都使我爱不释手。荷马的那副多瘤有须的面容对我来说是极其珍贵的,因为他也懂得什么叫失明。我的手依依不舍地留恋罗马及后期的逼真的大理石雕刻,我的手抚摸遍了米开朗基罗的感人的英勇的摩西石雕像,我感知到罗丹的力量,我敬畏哥特人对于木刻的虔诚。这些能够触摸的艺术品对我来讲,是极有意义的,然而,与其说它们是供人触摸的,毋宁说它们是供人观赏的,而我只能猜测那种我看不见的美。我能欣赏希腊花瓶的简朴的线条,但它的那些图案装饰我却看不到。

因此,这一天,给我光明的第二天,我将通过艺术来搜寻人类的灵魂。我会看见那些我凭借触摸所知道的东西。更妙的是,整个壮丽的绘画世界将向我打开,从富有宁静的宗教色彩的意大利早期艺术及至带有狂想风格的现代派艺术。我将细心地观察拉斐尔、达芬奇、提香、伦勃朗的油画。我要饱览维洛内萨的温暖色彩,研究艾尔·格列科的奥秘,从科罗的绘画中重新观察大自然。啊,你们有眼睛的人们竟能欣赏到历代艺术中这么丰富的意味和美!在我对这个艺术神殿的短暂的游览中,我一点儿也不能评论展开在我面前的那个伟大的艺术世界,我将只能得到一个肤浅的印象。艺术家们告诉我,为了达到深刻而真正的艺术鉴赏,一个人必须训练眼睛。一个人必须通过经验学习判断线条、构图、形式和颜色的品质优劣。假如我有视觉从事这么使人着迷的研究,该是多么幸福啊!但是,我听说,对于你们有眼睛的许多人,艺术世界仍是个有待进一步探索的世界。

我十分勉强地离开了首都艺术博物馆,它装纳着美的钥匙。但是,看得见的人们往往并不需要到首都艺术博物馆去寻找这把美的钥匙。同样的钥匙还在较小的博物馆中甚或在小图书馆书架上等待着。但是,在我假想的有视觉的有限时间里,我应当挑选一把钥匙,能在最短的时间内去开启藏有最大宝藏的地方。

我重见光明的第二晚,我要在剧院或电影院里度过。即使现在我也常常出席剧场的各种各样的演出,但是,剧情必须由一位同伴拼写在我手上。然而,我多么想亲眼看看哈姆雷特的迷人的风采,或者穿着伊丽莎白时代鲜艳服饰的生气勃勃的弗尔斯塔夫!我多么想注视哈姆雷特的每一个优雅的动作,注视精神饱满的弗尔斯塔夫的大摇大摆!因为我只能看一场戏,这就使我感到非常为难,因为还有数十幕我想要看的戏剧。

你们有视觉,能看到你们喜爱的任何一幕戏。当你们观看一幕戏剧、一部电影或者任何一个场面时,我不知道,究竟有多少人对于使你们享受它的色彩、优美和动作的视觉的奇迹有所认识,并怀有感激之情呢?由于我生活在一个限于手触的范围里,我不能享受到有节奏的动作美。但我只能模糊地想象一下巴英洛娃的优美,虽然我知道一点律动的快感,因为我常常能在音乐震动地板时感觉到它的节拍。我能充分想象那有韵律的动作,一定是世界上最令人悦目的一种景象。我用手指抚摸大理石雕像的线条,就能够推断出几分。如果这种静态美都能那么可爱,看到的动态美一定更加令人激动。我最珍贵的回忆之一就是,约瑟·杰佛逊让我在他又说又做地表演他所爱的里卜·万·温克时去摸他的脸庞和双手。

我多少能体会到一点戏剧世界,我永远不会忘记那一瞬间的快乐。但是,我多么渴望观看和倾听戏剧表演进行中对白和动作的相互作用啊!而你们看得见的人该能从中得到多少快乐啊！如果我能看到仅仅一场戏，我就会知道怎样在心中描绘出我用盲文字母读到或了解到的近百部戏剧的情节。所以，在我虚构的重见光明的第二晚，我没有睡成，整晚都在欣赏戏剧文学。

　　第三天清晨，我将再一次迎接黎明，急于寻找新的喜悦，因为我相信，对于那些真正看得见的人，每天的黎明一定是一个永远重复的新的美景。依据我虚构的奇迹的期限，这将是我有视觉的第三天，也是最后一天。我将没有时间花费在遗憾和热望中，因为有太多的东西要去看。第一天，我奉献给了我有生命和无生命的朋友。第二天，向我显示了人与自然的历史。今天，我将在当前的日常世界中度过，到为生活奔忙的人们经常去的地方去，而哪儿能像纽约一样找得到人们那么多的活动和那么多的状况呢？所以城市成了我的目的地。

　　我从我的家，长岛的佛拉斯特小而安静的郊区出发。这里，环绕着绿色草地、树木和鲜花，有着整洁的小房子，到处是妇女儿童快乐的声音和活动，非常幸福，是城里劳动人民安谧的憩息地。我驱车驶过跨越伊斯特河上的钢制带状桥梁，对人脑的力量和独创性有了一个崭新的印象。忙碌的船只在河中嘎嘎急驶——高速飞驶的小艇，慢悠悠、喷着鼻息的拖船。如果我今后还有看得见的日子，我要用许多时光来眺望这河中令人欢快的景象。我向前眺望，我的前面耸立着纽约——一个仿佛从神话的书页中搬下来的城市的奇异高楼。多么令人敬畏的建筑啊！这些灿烂的教堂塔尖，这些辽阔的石砌钢筑的河堤坡岸——真像诸神为他们自己修建的一般。这幅生动的画面是几百万人民每天生活的一部分。

　　我匆匆赶到那些庞大建筑物之一——帝国大厦的顶端，因为不久以前，我在那里凭借我秘书的眼睛"俯视"过这座城市，我渴望把我的想像同现实作一比较。我相信，展现在我面前的全部景色一定不会令我失望，因为它对我将是另一个世界的景色。此时，我开始周游这座城市。首先，我站在繁华的街角，只看看人，试图凭借对他们的观察去了解一下他们的生活。看到他们的笑颜，我感到快乐；看到他们的严肃的决定，我感到骄傲；看到他们的痛苦，我不禁充满同情。

　　我沿着第五大街散步。我漫然四顾，眼光并不投向某一特殊目标，而只看看万花筒般五光十色的景象。我确信，那些活动在人群中的妇女的服装色彩一定是一幅绝不会令我厌烦的华丽景色。然而如果我有视觉的话，我也许会像其他大多数妇女一样——对个别服装的时髦式样感到兴趣，而对大量的灿烂色彩不怎么注意。而且，我还确信，我将成为一位习惯难改的橱窗顾客，因为，观赏这些无数精美的陈列品一定是一种眼福。

　　从第五大街起，我作一番环城游览——到公园大道去，到贫民窟去，到工厂去，到孩子们玩耍的公园去，我还将参观外国人居住区，进行一次不出门的海外旅行。我始终睁大眼睛注视幸福和悲惨的全部景象，以便能够深入调查，进一步了解人们是怎样工作和生活的。

　　我的心充满了人和物的形象。我的眼睛决不轻易放过一件小事，它争取密切关注它所看到的每一件事物。有些景象令人愉快，使人陶醉；但有些则是极其凄惨，令人伤感。对于后者，我绝不闭上我的双眼，因为它们也是生活的一部分。在它们面前闭上眼睛，就等于关闭了心房，关闭了思想。

　　我有视觉的第三天即将结束了。也许有很多重要而严肃的事情，需要我利用这剩下的几个小时去看，去做。但是，我担心在最后一个夜晚，我还会再次跑到剧院去，看一场热闹而有趣的戏剧,好领略一下人类心灵中的谐音。

到了午夜,我摆脱盲人苦境的短暂时刻就要结束了,永久的黑夜将再次向我迫近。在那短短的三天,我自然不能看到我想要看到的一切。只有在黑暗再次向我袭来之时,我才感到我丢下了多少东西没有见到。然而,我的内心充满了甜蜜的回忆,使我很少有时间来懊悔。此后,我摸到每一件物品,我的记忆都将鲜明地反映出那件物品是个什么样子。

我的这一番如何度过重见光明的三天的简述,也许与你假设知道自己即将失明而为自己所做的安排不相一致。可是,我相信,假如你真的面临那种厄运,你的目光将会尽量投向以前从未曾见过的事物,并将它们储存在记忆中,为今后漫长的黑夜所用。你将比以往更好地利用自己的眼睛。你所看到的每一件东西,对你都是那么珍贵,你的目光将饱览那出现在你视线之内的每一件物品。然后,你将真正看到,一个美的世界在你面前展开。

失明的我可以给那些看得见的人们一个提示——对那些能够充分利用天赋视觉的人们一个忠告:善用你的眼睛吧,犹如明天你将遭到失明的灾难。同样的方法也可以应用于其他感官。聆听乐曲的妙音,鸟儿的歌唱,管弦乐队的雄浑而铿锵有力的曲调吧,犹如明天你将遭到耳聋的厄运。抚摸每一件你想要抚摸的物品吧,犹如明天你的触觉将会衰退。嗅闻所有鲜花的芳香,品尝每一口佳肴吧,犹如明天你再不能嗅闻品尝。充分利用每一个感官,通过自然给予你的几种接触手段,为世界向你显示的所有愉快而美好的细节而自豪吧!不过,在所有感官中,我相信,视觉一定是最令人赏心悦目的。

一、文学常识

(一) 作者简介

海伦·凯勒,美国女作家、教育家。幼时患病,两耳失聪,双目失明。在家庭教师莎莉文的帮助下,海伦就读于马萨诸塞州剑桥女子学校,后又入剑桥的拉德克利夫学院,1904年以优异成绩毕业。在大学期间写了第一本书《我生命的故事》,以后,她还写了几部自传性小说《我所生活的世界》《从黑暗中出来》《我的信仰》《中流——我以后的生活》和《愿我们充满信心》,1964年被授予美国公民最高的荣誉——总统自由勋章。

(二) 解题

本文通篇都是一位盲人作家的想象,想象自己看不见听不见的美好世界,没有沮丧与悲伤,相反洋溢着对生命和生活的热爱、乐观与欣赏。

二、字词积累

(一) 难读字正音

哑(yǎ)默　　桦(huà)树　　奢侈(chǐ)　　祈祷(dǎo)
虔(qián)诚　　毋(wú)宁　　安谧(mì)　　憩(qì)息

（二）难解词释义

1. 安谧：安定、平静。
2. 虔诚：恭敬而有诚意。
3. 憩息：休息。
4. 悠然自得：形容自由清闲，心情舒畅。
5. 天真无邪：形容儿童心地单纯善良，直率而不虚伪。
6. 爱不释手：形容极其喜爱。
7. 茂盛葱郁：青翠茂盛。
8. 铿锵有力：指言辞慷慨激昂，有打动人心的力量。
9. 赏心悦目：指因欣赏美好的事物而心情愉快。

三、文本细读

（一）课文主旨

文章通过想象，描述了自己三天的活动，写出了对自己的感情生活、人类社会的过去和现在、人类文化知识及自然风光的全面考察，表达自己对生命的热爱、对知识的渴望和对人类的友爱的向往，规劝人们要珍惜眼前的幸福。

（二）课文赏析

1. 作者这三天的活动各侧重什么？作者为什么这样安排？

提示：第一天的活动主要是看望亲友，表现对亲情的极度重视；第二天的活动是对"世界的物质方面"和人类精神的千姿百态的关注；第三天安排周游城区的活动，表现出对世人生活的关心。三天的活动，既涉及自己的感情生活，又涉及人类文化知识领域、人类社会的过去和现在，还涉及自然风光。实际上是对人类生活的全面考察。

2. 作者在第二天想要参观博物馆的原因，参观了哪些博物馆？看到了什么？

提示：因为作者想看看人类所走过的艰难曲折的道路，看看历代的兴衰和沧桑之变，如此众多东西无法在一天中看完。

自然历史博物馆：各种动物、不同肤色的人种、恐龙骨架、剑齿象化石、动物与人类的进化过程、人类建造居室的工具。

艺术博物馆：埃及、希腊、罗马的艺术，雅典武士、阿波罗、维纳斯、胜利女神雕像、米开朗基罗、罗丹、拉斐尔、达·芬奇、伦勃朗等的绘画。

3. 海伦第三天的活动，可以看出她对日常世界拥有怎样的心态？

提示：把别人的欢乐和痛苦当成自己的欢乐和痛苦，充分显示了一位残疾人的博爱襟怀和跟外部世界交流的强烈愿望。她渴望一种平凡的生活，从这位残疾人身上，我们看到了人类最美好的心灵，最善良的天性。

文学是灯

二十一世纪初年,有媒体问了我一个问题,让我举出青少年时期对自己影响最深的两本文学作品,前提是只举两本。一本中国的,一本外国的。这提问有点苛刻,尤其对于写作的人。这是一个谁都怕说自己不深刻的时代,如果我讲实话,很可能不够深刻;如果我讲假话,列举两本深奥的书,可那些深奥的书在当时并没有影响我——或者说没有机会影响我。最后我还是决定说实话。我出生在一个知识分子家庭,上世纪七十年代初是我的少年时代。正值中国的"文化大革命"。那是一个鄙视知识、限制阅读的文化荒凉的时代。又因为出身的灰色,内心便总有某种紧张和自卑。我自幼喜欢写日记,在那个年代紧张着自卑着也还坚持写着,只是那时的日记都是"忏悔体"了。我每天都在日记里检讨自己所犯的错误,期盼自己能够成为一个纯粹的人。实在没有错误,还会虚构一点写下来——不知这是否可以算作我最初的"文学训练"。

在那样一个历史时期,我们所能看到和听到的文艺作品更多的是愤怒、仇恨以及对个体的不屑。就是在这样的日子里,我读到一部被家中大人偷着藏起来的书,是法国作家罗曼·罗兰的《约翰·克利斯朵夫》。记得扉页上的题记是这样两句话:"真正的光明绝不是永没有黑暗的时间,只是永不被黑暗所淹没罢了;真正的英雄绝不是永没有卑下的情操,只是永不被卑下的情操所屈服罢了。"这两句话使我受到深深的感动。一时间我觉得这么伟大的作家都说连英雄也可以有卑下的情操,更何况我这样一个普通人呢。正是这两句话震撼了我,让我偷着把我自己解放了那么一小点又肯定了那么一小点,并生出一种既鬼祟又昂扬的豪情,一种冲动,想要去为这个世界做点什么。所以我说,《约翰·克利斯朵夫》在文学史上或许不是一流的经典,但在那个特殊年代,它对我的精神产生了重要影响。我初次真正领略到文学的魅力,这魅力照亮了我精神深处的幽暗之地,同时给了我身心的沉稳和力气。另一本中国文学,我选择了《聊斋志异》这部中国清代的短篇小说集。在那个沉默、呆板和压抑的时代读《聊斋》,觉得书中的那些狐狸,她们那么活泼、聪慧、率真、勇敢而又娇憨,那么反常规。作者蒲松龄生活在同样也很压抑的中国清代,他却有那么神异、飞扬、趣味盎然的想象力,他的那些充满人间情味的狐仙鬼怪实在是比人更像人。她们的悲喜交加的缠绵故事,为我当时狭窄的灰色生活开启了一个秘密的有趣味的、又不可与人言的空间。我要说,这就是在我的青春期文学给我的恩泽和"打击"。这"打击"具有一种宝贵和难忘的重量,它沉入我的心底,既甜蜜又酣畅。

我的文学之梦也就此开始。1975年我高中毕业后,受了要当一个作家的狂想的支配,自愿离开城市,来到被称做华北大平原的乡村当了四年农民,种了四年小麦和棉花。中国乡村是我从学校到社会的第一个落脚点,到达乡村之后接触最多的是和我年龄相差无几的女孩子。每天的劳动甚至整夜的浇灌庄稼,我都是和她们在一起。对我来说,最初的劳动实在是艰苦的,我一方面豪迈地实践着,又带着一点自我怜惜的、做作的心情。所以,当我在日记里写到在村子里的玉米地过十八岁生日,手上磨出了十二个血泡时,我有一种炫耀感。那日记的话外音仿佛在不停地说:你看我多肯吃苦啊,我手上都有十二个血泡了啊!我不仅在日记里炫耀我的血泡,也在庄稼地里向那些村里的女孩子们展览。其中一个叫素英的捧住我的手,看着那些血泡,她忽然就哭了。她说这活儿本来就不该是你们来干的啊,这本来应该是我们干的活儿啊。她和我非亲非故,她却哭着,觉得她们手上有泡是应该的,而我们是不应该到乡村来弄满一手血泡的。她捧着我的手,哭着说着一些朴素的话,没有一点怨毒之心。我觉得正是这样的乡村少女把我的不自然的、不朴素的、炫耀的心抚平了,压下去了。是她们接纳了我,成全了我在乡村,或者在生活中看待人生和生活的基本态度。

岁月会磨损掉人的很多东西,生活是千变万化的,一个作家要有能力打倒自己的过去,或者说不断打倒自己,但是你同时也应该有勇气站出来守住一些东西。三十多年已经过去,今天我生活在北京,我的手不会再磨出十二个血泡,也再不会有乡村的女孩子捧着我的手站在玉米地里痛哭。值得我怀恋的也不仅仅是那种原始、朴素的记忆,那些醇厚的活生生的感同身受却成为了我生活和文学永恒不变的底色。那里有一种对人生深沉的体贴,有一种凛然的情义。我想,无论生活发生怎样的变化,无论我们的笔下是如何严酷的故事,文学最终还是应该有力量去呼唤人类积极的美德。正像大江健三郎先生的有些作品,在极度绝望中洋溢出希望。文学应该是有光亮的,如灯,照亮人性之美。

文学是灯。这样说话在今天也许有点冒险。文学其实一直就不在社会生活的中心,特别在信息时代的今天。但我仍然要说,我在文学和文化最荒凉的上世纪七十年代爱上了文学,今天,当信息爆炸——也包括各种文化信息的爆炸再次把文学挤压到一个稍显尴尬的角落的时刻,我仍然不想放弃对文学的爱。读乔尔·科特金的《全球城市史》,他谈到要成为世界名城必须具备精神、政治、经济三个方面的特质,那就是:神圣,安全,繁忙。毫无疑问,我们正在目睹世界很多大都市的繁忙。这里所说的繁忙特指对财富孜孜不倦地追求,如亚当·斯密所倡导的那样。当时有人形容他的声音在世界的耳朵里响彻了好几十年。但实现经济大国的目标,并不意味着现代公民就一定出现。而一座城市的神圣,从广义上也可以理解为高尚信仰的自觉,道德操守的约束,市民属性的认同,以及广博的人性关怀。

我想一座城市如香槟泡沫般璀璨的灯火里,一定有一盏应该属于文学。文学是灯,或许它的光亮并不耀眼,但即使灯光如豆,若能照亮人心,照亮思想的表情,它就永远具备着打不倒的价值。而人心的诸多幽暗之处,是需要文学去点亮的。自上世纪七十年代初期开始,在阅读中国和外国文学名著并不能公开的背景下,我以各种可能的方式陆续读到托尔斯泰、陀思妥耶夫斯基、普希金、普宁、契诃夫、福楼拜、雨果、歌德、莎士比亚、狄更斯、奥斯汀、梅里美、司汤达、卡夫卡、萨特、伯尔、海明威、厄普代克、川端康成等品貌各异的著作。虽然那时我从未去过他们的国度,但我必须说,他们用文学的光亮烛照着我的心,也照耀出我生活中那么多丰富而微妙的颜色——有光才有颜色。而中国唐代诗人李白、李贺的那些诗篇,他们的意境、情怀更是长久地浸润着我的情感。从古至今,人世间一切好的文学之所以一直被需要着,原因之一是它们有本领传达出一个民族最有活力的呼吸,有能力表现出一个时代最本质的情绪,它们能够代表一个民族在自己的时代所能达到的最高的想象力。

我青少年时期的文学营养,由于中国特殊的政治、文化背景,若用吃东西来作比喻,不是你想吃什么就有什么,而是这儿有什么你就吃什么。用前苏联作曲家肖斯塔科维奇的话:"端给你的是啤酒,你就不要在杯子里找咖啡。"他以此言来形容斯大林时代的暴政。但那时的我,毕竟还是鬼鬼祟祟、偷偷摸摸地在"杯子"之外找到了一些"咖啡"——一些可以被称作经典的文学。它们外表破旧、排名无序、缺乏被人导读地来到我的眼前,我更是怀着对"偷来的东西"的兴奋之情持续着混乱的阅读。但时至今日,当阅读早就自由,而中国作家趁着国家改革、国门敞开,中国越来越融入世界的时代大背景,积极审视和研究各种文学思潮、自觉吸纳和尝试多种文体的实验。当代东西方名著也源源不断地扑面而来,即使在这样的大背景之下,我仍然怀念过去的岁月里对那些经典的接触。那样的阅读带给我最大的益处,是我不必预先接受评论家或媒体的论断,我以不带偏见的眼光看待世界上所有能被称之为经典的文学。其实若把文学简单分为两类,只有好的和不好的。而所有好的文学,不论是从一个岛,一座山,一个村子,一个小镇,一个人,一群人或者一座城市、一个国家出发,它都可以超越民族、地域、历史、文化和时间而抵达人心。也因此,我对文学的本质基本持一种乐观的认识。

　　文学是灯,这说法真的有些冒险吧?但想到任何同创造有关的活动都有冒险的因素,我也就不打算改口了。我要认真对待的是,坚持写作的难度,保持对人生和世界的惊异之情,和对人类命脉永不疲倦的摸索,以自己的文学实践去捍卫人类精神的健康和心灵真正的高贵。我知道这是极不容易的。几年前我曾经从一个外行的角度写过一本谈论画家和绘画的小书《遥远的完美》,在书的后记中我写道,几十年的文学实践使我感受到绘画和文学之间的巨大差异:在作家笔下无法发生的事情,在好画家的笔下,什么都有可能发生。我又感受到艺术和文学之间的相似:在本质上它们共同的不安和寂寞,在它们的后台上永远有着数不清的高难度的训练,数不清的预演,数不清的或激昂或乏味的过程。然而完美距离我们始终是陌生而又遥远的,因为陌生,才格外想要亲近;因为遥远,才格外想要追寻。我看到在文学和艺术发展史上从来就没有从天而降的才子或才女。当我们认真凝视那些好作家、好画家的历史,就会发现无一人逃脱过前人的影响。那些大家的出众不在于轻蔑前人,而在于响亮继承之后适时的果断放弃,并使自己能够不断爆发出创新的能力。这是辛酸的,但是有欢乐;这是"绝情"的,却孕育着新生。于是我在敬佩他们的同时,也不断想起谦逊这种美德。当我们固执地指望用文学去点亮人生的幽暗之处时,有时我会想到,也许我们应该首先用谦逊把自己的内心照亮。

　　面对由远而近的那些东西方文学经典和我们自己的文学实践,要做到真正的谦逊是不容易的,它有可能让我们接近那遥远的完美。但真正的抵达却仍然是难以抵达。我对此深信。

一、文学常识

(一) 作者简介

　　铁凝(1957—)当代作家。现为中国作家协会主席,河北省作家协会主席。主要著作有:

《玫瑰门》《无雨之城》《大浴女》《麦秸垛》《哦,香雪》《孕妇和牛》以及散文、电影文学剧本等百余篇、部,300余万字。

(二) 背景

这是一篇回忆性散文,作者回忆了她少年时代的阅读,体会到了文学的魅力。

二、字词积累

(一) 难读字正音

娇憨(hān)　　　醇(chún)厚　　　凛(lǐn)然
璀(cuǐ)璨(càn)　　不屑(xiè)　　　吸纳(nà)
酣(hān)畅　　　鬼鬼祟祟(suì)　　趣味盎(àng)然

(二) 难解词释义

1. 醇厚:气味、滋味纯正浓厚。
2. 趣味盎然:形容气氛、趣味等洋溢的样子。
3. 璀璨:形容光彩夺目,非常绚丽的人或事物。

三、文本细读

(一) 课文主旨

这是一篇回忆性散文,作者回忆了她少年时代的阅读,讲述了她对文学作品的感受和文学对她的影响,进而为我们诠释了文学的内涵,表现了文学的内在价值。

(二) 课文赏析

1. 在第一部分中,作者在回答媒体提问时,首先回顾了自己少年时代的社会状况,当时的时代有什么特点?作者为什么要写这些内容?

明确:当时是一个鄙视知识、文化荒凉的时代,文学作品中大多充斥着愤怒、仇恨以及对个体的不屑。运用反衬手法,以时代文化的"荒凉"突出好的文学作品的建设,突出好的文学作品对"我"的鼓舞和指引作用。

2. 如何理解"文学是灯"这一标题的含义?它在内容和结构上分别有什么作用?

提示:在那个文化荒凉的时代,文学照亮了"我"精神深处的幽暗之地,指引"我"走上文学创作之路;在如今这个文化边缘化的时代,作者仍然坚信文学应该有力量去呼唤人类积极的东西,去照亮人性之美,并以此作为自己坚守的创作宗旨。结构上,"文学是灯"是全文的线索,将"我"作为一个文学的阅读者和创作者两个不同的人生阶段的文学经历贯穿起来;内容上,"文学是灯"以形象的比喻揭示了文章的主旨。

第四册

第二单元

古诗单元　大珠小珠落玉盘

　　本单元所选为唐诗宋词名篇佳作,要求背诵。王维《山居秋暝》动静结合,蕴藉着空灵之美;白居易《琵琶行(并序)》将琵琶女悲凉身世和作者官场失意谪居而写,以"同是天涯沦落人,相逢何必曾相识"的主题表达引起读者的共鸣;柳永《八声甘州》以健笔写柔情,境界阔大,情感深挚;辛弃疾《青玉案·元夕》塑造了孤高淡泊、自甘寂寞的女性形象,寄托了词人的身世之感。

山居秋暝

空山新雨后，天气晚来秋。
明月松间照，清泉石上流。
竹喧归浣女，莲动下渔舟。
随意春芳歇，王孙自可留。

一、文学常识

(一) 作者简介

王维(701—761)，唐朝著名诗人、画家，字摩诘，号摩诘居士，世称"王右丞"，早年信道，后期因仕途波折转而信佛言禅。王维精通诗、书、画、音乐等，开创唐山水田园诗新局面，与孟浩然合称"王孟"。苏轼评价其："味摩诘之诗，诗中有画；观摩诘之画，画中有诗。"

(二) 解题

清新、幽静、恬淡、优美的山中秋季的黄昏美景。王维所居别墅在终南山下，故称山居。

二、字词积累

(一) 难读字正音

暝(míng)　　　　浣(huàn)

(二) 难解词释义

1. 暝：夜，晚。此指傍晚。
2. 喧：大声说话，声音大而杂乱。
3. 浣女：洗衣服的女子们。
4. 随意：任凭。
5. 春芳歇：春天的芳华凋谢了。歇，消散。
6. 王孙：原指贵族子弟，后来也泛指隐居的人，此处指诗人自己。

琵琶行（并序）

元和十年，予左迁九江郡司马。明年秋，送客湓浦口。闻舟中夜弹琵琶者，听其音，铮铮然有京都声。问其人，本长安倡女。尝学琵琶于穆、曹二善才。年长色衰，委身为贾人妇。遂命酒，使快弹数曲，曲罢悯然。自叙少小时欢乐事，今漂沦憔悴，转徙于江湖间。予出官二年，恬然自安，感斯人言，是夕始觉有迁谪意。因为长句，歌以赠之，凡六百一十六言，命曰《琵琶行》。

浔阳江头夜送客，枫叶荻花秋瑟瑟。主人下马客在船，举酒欲饮无管弦。醉不成欢惨将别，别时茫茫江浸月。忽闻水上琵琶声，主人忘归客不发。

寻声暗问弹者谁，琵琶声停欲语迟。移船相近邀相见，添酒回灯重开宴。千呼万唤始出来，犹抱琵琶半遮面。转轴拨弦三两声，未成曲调先有情。弦弦掩抑声声思，似诉平生不得意。低眉信手续续弹，说尽心中无限事。轻拢慢捻抹复挑，初为霓裳后六幺。大弦嘈嘈如急雨，小弦切切如私语。嘈嘈切切错杂弹，大珠小珠落玉盘。间关莺语花底滑，幽咽泉流冰下难。冰泉冷涩弦疑绝，疑绝不通声暂歇。别有幽愁暗恨生，此时无声胜有声。银瓶乍破水浆迸，铁骑突出刀枪鸣。曲终收拨当心画，四弦一声如裂帛。东舟西舫悄无言，唯见江心秋月白。

沉吟放拨插弦中，整顿衣裳起敛容。自言本是京城女，家在虾蟆陵下住。十三学得琵琶成，名属教坊第一部。曲罢曾教善才伏，妆成每被秋娘妒。五陵年少争缠头，一曲红绡不知数。钿头云篦击节碎，血色罗裙翻酒污。今年欢笑复明年，秋月春风等闲度。弟走从军阿姨死，暮去朝来颜色故。门前冷落鞍马稀，老大嫁作商人妇。商人重利轻别离，前月浮梁买茶去。去来江口守空船，绕船月明江水寒。夜深忽梦少年事，梦啼妆泪红阑干。

我闻琵琶已叹息，又闻此语重唧唧。同是天涯沦落人，相逢何必曾相识。我从去年辞帝京，谪居卧病浔阳城。浔阳地僻无音乐，终岁不闻丝竹声。住近湓江地低湿，黄芦苦竹绕宅生。其间旦暮闻何物，杜鹃啼血猿哀鸣。春江花朝秋月夜，往往取酒还独倾。岂无山歌与村笛，呕哑嘲哳难为听。今夜闻君琵琶语，如听仙乐耳暂明。莫辞更坐弹一曲，为君翻作琵琶行。

感我此言良久立，却坐促弦弦转急。凄凄不似向前声，满座重闻皆掩泣。座中泣下谁最多？江州司马青衫湿。

一 文学常识

（一）作者简介

白居易（772—846），字乐天，晚年又号香山居士，我国唐代伟大的现实主义诗人。他的诗歌题材广泛,形式多样,语言平易通俗,有"诗王"之称。官至翰林学士、左赞善大夫。在文学上与元稹共同发起了"新乐府运动",世称"元白",主张"文章合为时而著,歌诗合为事而作"。代表诗作有《长恨歌》《卖炭翁》《琵琶行》《忆江南》等,有《白氏长庆集》传世。

(二)解题

《琵琶行》原作《琵琶引》,选自《白氏长庆集》。行,又叫"歌行",源于汉魏乐府。篇幅较长,句式灵活,平仄不拘,用韵富于变化,可多次换韵。歌、行、引本来是古代歌曲的三种形式,它源于汉魏乐府,是乐府曲名之一,后来成为古代诗歌中的一种体裁。

(三)背景

《琵琶行》创作于元和十年(816年)。白居易任谏官时,直言敢谏,同情民间疾苦,写了大量的讽谕诗,触怒了唐宪宗,得罪了权贵。元和十年,宰相武元衡被藩镇李师道派人刺杀。白居易情急之中上书请捕刺客,触犯了权贵的利益,被指责越职奏事,贬为江州刺史;又进而诬陷他作《赏花》《新井》诗"甚伤名教",再贬江州司马。江州当时被看成是"蛮瘴之地",加之州司马虽然名义上是刺史的佐史,实际上是一种闲散职务,这对白居易来说是一种莫大的嘲弄。他的被贬其实是一桩冤案,他连遭打击,心境凄凉,满怀郁愤。次年送客湓浦口,遇到琵琶女,创作出这首传世名篇。

"歌行体",为南朝宋鲍照所创,鲍照模拟和学习乐府,经过充分地消化吸收和熔铸创造,不仅得其风神气骨,自创格调,而且发展了七言诗,创造了以七言体为主的歌行体。

三、字词积累

(一)难读字正音

湓(pén)浦(pǔ)口 铮(zhēng) 悯(mǐn)然 贾(gǔ)人
恬(tián)然 迁谪(zhé) 荻(dí)花 管弦(xián)
霓(ní)裳 嘈嘈(cáo) 呕(ōu)哑(yā) 虾(há)蟆(ma)陵
六幺(yāo) 嘲(zhāo)哳(zhā) 钿(diàn)头

(二)难解词释义

1. 古今异义词
(1)因为长句
古义:因此作。今义:表原因的连词。
(2)凄凄不似向前声
古义:刚才。今义:介词和方位名词构成的两个词。
(3)老大嫁作商人妇
古义:年龄大。今义:兄弟排序第一。

八声甘州

对潇潇、暮雨洒江天,一番洗清秋。渐霜风凄紧,关河冷落,残照当楼。是处红衰翠减,苒苒物华休。惟有长江水,无语东流。

不忍登高临远,望故乡渺邈,归思难收。叹年来踪迹,何事苦淹留?想佳人,妆楼颙望,误几回、天际识归舟。争知我,倚栏杆处,正恁凝愁。

一、文学常识

(一)作者简介

(柳永,前面已有,此处从略)

(二)解题

"八声甘州",又名"甘州"。唐初从龟兹传入,故以甘州为名。唐坊大曲有《甘州》,杂曲有《甘州子》,《八声甘州》是从大曲《甘州》截取一段而成的慢词。音节慷慨悲壮,柳永精通音律,用来抒写他贫士失意的感慨,有声情并茂的艺术效果。因全词前后共八韵,故名八声,又名《潇潇雨》《宴瑶沁池》等。《词谱》以柳永为正体。九十七字,平韵。

(三)背景

柳永出身士族家庭,从小接受儒家思想,有求仕用世之志。因天性浪漫和有音乐才能,适逢北宋安定统一,城市繁华,首都歌楼妓馆林林总总被流行歌曲吸引,乐与伶工、歌妓为伍,初入世竟因谱写俗曲歌词,遭致当权者挫辱而不得伸其志。他于是浪迹天涯,用词抒写羁旅之志和怀才不遇的痛苦愤懑。《八声甘州》即此类词的代表作。被苏轼称赞其佳句为"不减唐人高处"。

二、字词积累

(一)难读字正音

苒(rǎn) 渺邈(miǎo) 颙(yóng)望 争(zhēng)知我 恁(nèn)

(二)难解词释义

红衰翠减:指花叶凋零。红,代指花。翠,代指绿叶。此句为借代用法。

青玉案·元夕

东风夜放花千树。更吹落,星如雨。宝马雕车香满路。凤箫声动,玉壶光转,一夜鱼龙舞。蛾儿雪柳黄金缕,笑语盈盈暗香去。众里寻他千百度,蓦然回首,那人却在,灯火阑珊处。

一、文学常识

(一) 作者简介

(辛弃疾,前面已有,此处从略)

(二) 背景

这首词作于公元 1174 年或 1175 年(南宋淳熙元年或二年)。当时,强敌压境,国势日衰,而南宋统治阶级却不思恢复,偏安江左,沉湎于歌舞享乐,以粉饰太平。洞察形势的辛弃疾,欲补天穹,却恨无路请缨。他满腹的激情、哀伤、怨恨,交织成了这幅元夕求索图。

二、字词积累

(一) 难读字正音

凤箫(xiāo)　　　金缕(lǚ)　　　蓦然(mò)　　　阑(lán)珊(shān)

(二) 难解词释义

1. 花千树:花灯之多如千树花开。
2. 星如雨:指焰火纷纷,乱落如雨。
3. 玉壶:指月亮。
4. 鱼龙舞:即舞鱼、龙灯。
5. 蛾儿、雪柳、黄金缕:皆古代妇女带的首饰。这里指盛装的妇女。
6. 阑珊:零落稀疏的样子。

三、文本细读

课文主旨

此词从极力渲染元宵节绚丽多彩的热闹场面入手,反衬出一个孤高淡泊、超群拔俗、不同于金翠脂粉的女性形象,寄托着作者政治失意后,不愿与世俗同流合污的孤高品格。

第四册

第三单元

说明文单元　发现与创造

　　本单元所选为说明文,说明文是客观地说明事物的一种文体,目的在于给人以知识,或说明事物的状态、性质、功能,或阐明事理。说明文的文体上的特点:内容上的科学性、结构上的条理性、语言上的准确性。学生模仿写作说明文,首先要把握说明对象的特征,其次要合理地安排说明顺序。

《物种起源》绪论

当我在比格尔号皇家军舰上充当自然学者的时候,我曾深深地被栖息在南美洲的生物分布的一些事实以及该洲现存生物和古生物在地质上的关系的一些事实所打动。本书以后几章将要叙述这些事实。归国以后,在1837年我就想到,如果耐心地搜集和思索可能与这个问题有任何关联的各种事实,也许能够对于这个问题得到一些了解。经过了五年的工作之后,我曾专心思考这个问题,并且写出若干简短笔记。1844年我把这些简短笔记扩大为结论的纲要,这些结论我当时认为是正确的。从那时候起直到现在,我曾不间断地专心于同一事物的研究。我希望读者能够原谅我讲这些私事,我之所以说明这些事情,是为了要表明我并没有轻率地下结论。

现在(1859年)我的工作已将近结束了。但是因为要完成它还需要许多年月,又因为我的健康很坏,所以被催促来发表这个"摘要"。特别诱使我这样做的原因,是华莱斯先生现在正在研究马来群岛的自然史,对于物种起源,他得到了差不多与我完全相同的一般结论。1858年,他寄给我一篇关于这个问题的论文,并且要求我把它送给赖亦尔爵士,赖亦尔爵士把这篇论文送给林那学会,并刊登在第三卷会报上。赖亦尔爵士和虎克博士都是知道我的工作的人,虎克博士曾读过我1844年的"纲要",他们给我荣誉,认为可以把我的原稿中的若干提要和华莱斯的优秀论文同时发表。

我现在刊印的这个"摘要"必然是不完善的。我不能在这里为我的一些叙述提出参考资料和证据。我期望读者对于我的正确性能有所信任。我虽然时常注意,只信赖良好的证据,但是无疑错误还是会混入的。这里我只能举出我所得到的一般结论,用少数事实来作说明,但我希望这样做通常可以把事情说清楚。没有人比我更感觉到有把结论所依据的一切事实和参考资料在这里详细刊印出来的必要,但我希望在将来的一部著作中做到这一点。因为我十分清楚:本书中所讨论的几乎没有任何一点不能引用事实来作证,而每一论点显然往往会引出一些与我所得到的完全相反的结论。只有对于一个问题的两方面的事实和论点加以充分地叙述和比较,才能得到良好的结果,但这里不可能这样做。

我极抱歉的是,由于篇幅的限制,我不能对于那些慷慨帮助我的自然学者一一表示谢意,其中有些是不相识的。然而我仍想利用这个机会,对虎克博士表示深深的感谢,最近十五年来,他以丰富的知识和优秀的判断力多方面地帮助了我。

关于"物种起源",如果一个自然学者,对于生物的相互亲缘关系、它们的胚胎的关系、它们的地理分布、地质上的连续以及其他的此类事实加以思考,就可能得到如下的结论:物种不是被独立创造出来的,而是像变种一样,是从其他物种传下来的。然而这样的结论,即使很有根据,也还是不充分的,除非等到能够说明世界上无数的物种曾经是怎样变化以获得如此完善地、正当地引起了我们赞叹的构造和相互适应。自然学者们常常把变异的惟一可能原因归之于如气候、食物等等外界条件，从某一狭隘的意义上来说，这是正确的，我们以后会论述到。但是要把像啄木鸟那样的构造，它的脚、尾、嘴及舌，如此巧妙地适应于捉取树皮下的昆虫，仅仅归因于外界的条件是不合理的。又如槲寄生的情形，它从某几种树木吸取养料，它的种子必须由某几种鸟为它传播，它的花雌雄分开，绝对需要借某几种昆虫的帮助，把花粉从一朵花带到另一朵花上。如果说这种寄生物的构造，以及它与其他数种不同生物的关系，是外界条件或植物的习性导致的结果，也同样是不合理的。

所以，洞察变化和相互适应的方法是极其重要的。我开始观察的时候，便觉得细心研究家养动物和栽培植物，会给了解这个难解的问题提供最良好的机会。结果没有使我失望，我经常获得在家养状况下的变异的知识，虽然不完备，却能给研究提供最良好的和最安全的指导。此项研究虽然通常为自然学者们所忽略，我却要冒昧地表示我对于它的高度价值的确信。

由于这种理由，我把"摘要"的第一章用来专门讨论"在家养状况下的变异"。我们将由此看到，大量的遗传变异至少是可能的，并且，同样重要的或更加重要的是我们将看到，人类的"选种"在积累连续的微小变异中，具有何等巨大的力量。然后，我要讲一讲物种"在自然状况下的变异"。但是很不幸，我只能把这个问题讲得十分简单，因为如果要把它好好地讲起来，必须举出大量的事实。然后我们才能够讨论什么环境条件对于变异是最有利的。次一章将考察全世界整个生物界中的"生存斗争"，那是依照几何级数高度繁生的不可避免的结果。这是马尔萨斯（Malthus）学说对于整个动物界和整个植物界的应用。因为所产生的每一物种的个体比可能生存的多得多，因此各生物间便经常不断地发生生存斗争。任何生物如果能以任何方式发生有利于自己的、纵使是微小的变异，它在复杂的而且时常变化中的生活条件下，将会获得较好的生存机会，它自然地被选择了。由于坚强的遗传原理，任何被选择的变种，将会繁殖它的新的和变异了的类型。

"自然选择"的基本问题，将在第四章里有若干论述。那时我们将看到，"自然选择"怎样几乎不可避免地使改进较少的生物类型大量"绝灭"，并且由此引出我所谓的"性状分歧"。在下一章我将论述复杂的而且还所知不多的变异法则。以后的五章中将论述在承认此学说时所遇到的最显著和最严重的困难：第一，转化的困难，即简单的生物或简单的器官怎样能够变化和改进成为高度发展的生物或构造精密的器官；第二，"本能"，即动物的精神能力的问题；第三，"杂种"问题，即当杂交时，物种间的不育性和变种间的能育性；第四，"地质记录"的不完全。在下一章，我将考察生物通过时间，在地质上的连续。在第十二和十三章里，将论述生物通过空间的地理分布。第十四章，将论述生物的分类或亲缘关系，包括成熟期和胚胎期。最后一章，我将对全书作一简短的概括，并提出一些结论。

如果认识到我们极不了解生活在我们周围的许多生物之间的相互关系，那么关于物种和变种的起源至今还有许多不能解释这一点，就没有人会觉得奇怪了。谁能解释为什么同一物种分布得广远而且繁多，而另一个近似物种分布得狭小而稀少呢？然而这些关系是极其重要的，因为它们决定着这个世界上的一切生物现在的安全，并且我相信也决定着生物未来的命运和变异的趋向。关于世界上无数生物在许多已往地质时代里的相互关系，我们所知道的就更少了。虽然有许多情形至今还不清楚，并且将会在很长时期内还弄不清楚，但是经过我能做到的精细研究和冷静判断，我毫不怀疑地主张，许多自然学者直到最近还保持着的和我以前所保持的观点——每一物种都是被独立创造的观点——是错误的。我充分相信,物种不是不变的。那些属于所谓同属的生物都是另一个并且一般是已经绝灭的物种的直系后代,这与任何一个物种的公认的变种是该物种的后代,是同样的情形。而且,我相信"自然选择"是物种变化最主要的但不是独一无二的手段。

一、文学常识

(一) 作者简介

查理·罗伯特·达尔文(1809—1882),英国博物学家,进化论的创始人。22岁剑桥大学毕业。开始学医,后又去神学系学习。热心研究自然科学,特别是生物学。1859年出版了震动当时学术界的《物种起源》,成为生物学史上的一个转折点。

(二) 解题

进化论,亦称演化论,是研究生物进化、生物发展规律以及如何运用这些规律的科学。进化论一词最初是拉马克(法)提出。达尔文的《物种起源》一书奠定了进化论的科学基础。现代生物学的发展,促进了生命起源、物种分化和形成等进化理论的进步,认为生物最初从何而来,现代地球上生存的各种生物,有共同的祖先,它们在进化过程中,通过遗传变异和自然选择,由低级到高级、从简单到复杂、种类由少到多地发展。

二、字词积累

难读字正音

栖(qī)息	轻率(shuài)	慷慨(kǎi)	狭隘(ài)
槲(hú)寄生	冒昧(mèi)	摘(zhāi)要	胚(pēi)胎

三、文本细读

(一) 课文主旨

本文交代了作者写作《物种起源》一书的经过及提前发表的原因、说明书的内容,阐述作者对物种起源的观点,表达了达尔文严谨审慎、实事求是的科学态度和长期刻苦钻研、勇于坚持真理的科学精神。

(二) 课文赏析

1. 本文语言准确、严谨,作者讲究选词,讲究用结构复杂的句式表达周密严谨的内容。
2. 本文采用以说明文为主,结合叙述和议论的表达方式。

南州六月荔枝丹

幼年时只知道荔枝干,壳和肉都是棕褐色的。上了小学,老师讲授白居易的《荔枝图序》,读到"壳如红缯,膜如紫绡,瓤肉莹白如冰雪,浆液甘酸如醴酪"时,实在无法理解:荔枝哪里会是红色的!荔枝肉像冰雪那样洁白,不是更可怪吗?向老师提出疑问,老师也没有见过鲜荔枝,无法说明白,只好不了了之。假如是现在,老师纵然没有见过鲜荔枝,也可以找出科学的资料,给有点钻牛角尖的小学生解释明白吧。

白居易用比喻的笔法来描写荔枝的形态,的确也有不足之处。缯是丝织物,丝织物滑润,荔枝壳却是粗糙的。用果树学的术语来说,荔枝壳表面有细小的决状裂片,好像龟甲,特称龟裂片。裂片中央有突起部分,有的尖锐如刺,这叫做片峰。裂片大小疏密,片峰尖平,都因品种的不同而各异。旧籍记载荔枝,说到有的品种皮粗厚,刺尖,唐代徐寅诗云"龙绡壳绽红纹粟",就已观察到这种构造。

成熟的荔枝,大多数是深红色或紫色。生在树头,从远处当然看不清它壳面的构造,只有红色映入眼帘,因而把它比做"绛囊""红星""珊瑚珠",都很逼真。至于整株树以至成片树林,那就成为"飞焰欲横天"(明郭子章)、"红云几万重"(宋邓肃)那样绚丽烂漫的动人景色了。荔枝的成熟,广东是四月下旬到七月,福建是六月下旬到八月,都以七月为盛期,"南州六月荔枝丹"(明陈辉)指的是阴历六月,正当阳历七月。荔枝也有淡红色的,如广东产的"三月红"和"挂绿"等。又有黄荔,淡黄色而略带淡红。

荔枝呈心脏形、卵圆形或圆形,通常蒂部大,顶端稍小。蒂部周围微微突起,称为果肩;有的一边高,一边低。顶端叫果顶,浑圆或尖圆。两侧从果顶到蒂部有一条沟,叫做缝合线,显隐随品种而不同。旧记载中还有一些稀奇的品种,如细长如指形的"龙牙"、圆小如珠的"珍珠",因为缺少经济价值,现在已经绝种了。

荔枝大小,通常是直径三四厘米,重十多克到二十多克。20世纪60年代,广东调查得知,有鹅蛋荔和丁香大荔,重达四五十克。还有四川合江产的"楠木叶",《四川果树良种图谱》说它重19克左右,《中国果树栽培学》则说大者重60克,不知哪一本书记载正确。

所谓"膜如紫绡",是指壳内紧贴壳的内壁的白色薄膜。说它"如紫绡",是把壳内壁的花纹误作膜的花纹了。明代徐勃有一首《咏荔枝膜》诗,描写吃荔枝时把壳和膜扔在地上,好似"盈盈荷瓣风前落,片片桃花雨后娇",是夸张的说法。

荔枝的肉大多数白色半透明,说它"莹白如冰雪",完全正确。有的则微带黄色。从植物学的观点看,它不是果肉,而是种子外面的层膜发育而成的,应称做假种皮。真正的果肉倒是前面说的连同果壳扔掉的那一层膜。荔枝肉的细胞壁特别薄,所以入口一般都不留渣滓。味甜微酸,适宜于生食。有的纯甜。早熟品种则酸味较强。也有一些品种,肉的内壁有褐色层,果脐处即接近果蒂处,色更浓而质硬,这一类品种不适于制作罐头荔枝。荔枝晒干或烘干,肉就变成红褐色,完全失去洁白的面貌。宋代用盐卤和扶桑花制成红浆,浸渍荔枝,然后晒干,壳仍红色,叫做红盐,现已失传。单纯晒干的叫做白晒,就是现在通行的干制法。还有剥出肉来蜜渍的,现在也没有了。

荔枝不耐贮藏,正如白居易说的:"一日而色变,二日而香变,三日而味变,四五日外,色香味尽去矣。"在21摄氏度的环境里,可贮藏一二星期。人们一直在设法延长贮藏期,以利于长途运输。早在1800多年前,即东汉和帝时,唐羌曾谏阻从南方向洛阳贡献生荔枝和龙眼。唐代杜牧诗云:"长安回望绣成堆,山顶千门次第开。一骑红尘妃子笑,无人知是荔枝来。"当时是"昼夜奔腾,有毒虫猛兽之害"(宋蔡襄),"颠坑仆谷相枕藉","惊尘溅血流千载"(宋苏轼)。为了封建统治者个人口腹之好,竟如此劳民伤财!但也足见当时荔枝贮藏与运输的不易。

荔枝的核就是种子,长圆形,表面光滑,棕褐色,少数品种为绿色。优良的荔枝,种子发育不全,形状很小,有似丁香,也叫焦核。现在海南岛有无核荔枝,核就更加退化了。

荔枝花期是二月初到四月初,早晚随品种而不同。广东有双季荔枝,一年开花两次。又有四季荔枝,一年开花四次之多。花形小,绿白色或淡黄色,不耀眼。花分雌雄,仅极少数品种有完全花。明林叔学《荔枝花》诗说:"苞蕊还分雄与雌",应是从果农那里得来的知识。雌雄花往往不同时开放,宜选择适当的品种混栽在一起,以增加受粉的机会。一个荔枝花序,生花可有一二千朵,但结实总在百数以下,所以俗有"荔枝十花一子"的谚语。

荔枝花多,花期又长,是一种重要的蜜源植物。明屠本畯有一首诗,叙述煎荔枝的方法,说"旋沉荔花蜂酿蜜,清香不减蔗浆寒",大概是关于荔枝蜜最早的记载。

荔枝原产于我国,是我国的特产。海南岛和廉江有野生的荔枝林,可为我国是原产地的明证。据记载,南越王尉佗曾向汉高祖进贡荔枝,足见当时广东已有荔枝。它的栽培历史,就从那个时候算起,也已在2000年以上了。唐代对四川荔枝多有记述。自从蔡襄的《荔枝谱》(1059年)成书以后,福建荔枝也为所重视。广西和云南也产荔枝,却少有人说起。

记述荔枝的古籍包括蔡襄这一本在内,现在知道的共有13种,而以记载福建产的为最多,除了一种失传外,尚存8种。有关广东产的,两种已失传,仅存一种。还有清初陈鼎一谱,则对川、粤、闽三省所产都有记载。蔡谱不仅是我国,也是世界果树志中著作年代最早的一部。内容包括荔枝的史实、产地、生态、功用、加工、运销等,并记载了荔枝的32个品种。其中"陈紫"一种,现名"莆田荔枝",仍然广为栽培。"宋公荔枝"现名"宋家香",有老树一株,尚生活在莆田宋氏祠堂里,依然每年开花结果。

荔枝是亚热带果树,性喜温暖,遇到微霜,就会受害。所以成都、福州都是它生长的北限。汉武帝曾筑扶荔宫,把荔枝移植到长安,没有栽活,迁怒于养护的人,竟然对他们施以极刑。宋徽宗赵佶时,福建"以小株结实者置瓦器中,航海至阙下(开封),移植宣和殿"。(《三国志》)。赵佶写诗吹嘘说:"密移造化出闽山,禁御新栽荔枝丹。"实际上只是当年成熟一次而已。明代文徵明有《新荔篇》诗,说常熟顾氏种活了几株,"仙人本是海山姿,从此江乡亦萌蘖。"但究竟活了多少年,并无下文。现在科学发达,使荔枝北移,将来也许不是完全不可能的事。

我国幅员广阔,不同地区有不同的特产。适应风土,因地制宜,努力发展传统的生产,是切合实际的做法。苏轼有:"罗浮山下四时春,卢橘(枇杷)杨梅次第新。日啖荔枝三百颗,不妨长作岭南人。"但日啖三百颗,究竟能有几人呢?社会主义现代化的荔枝生产,应该能够改变过去那种只能供少数人享受的状况了吧!

一、文学常识

(一) 作者简介

贾祖璋(1901—1988),浙江海宁人,我国著名的生物学家、科普作家。他创作、编写、翻译了二十九部生物学著作。

(二) 解题

"南州六月荔枝丹"是明朝陈辉《荔枝》诗中的句子。用古诗命题蕴藉含蓄,引人入胜。此题内涵丰富:产地南州,泛指我国南部地区;成熟的季节六月(公历七月);鲜果的色彩丹,绚丽如丹。突出了荔枝生态的主要特点产地、成熟期、颜色。充满诗情画意。

(三) 背景

本文是一篇科学小品,属于说明文。所谓小品就是随笔之类的小文章,科学小品则是介绍科学常识的文艺性说明文,既有很强的科学性,又有一定的文学情趣。

二、字词积累

(一) 难读字正音

褐(hè)色	红缯(zēng)	紫绡(xiāo)	瓤(ráng)肉
醴(lǐ)酪(lào)	绛(jiàng)囊(náng)	屠本畯(jùn)	龟(jūn)裂
徐渤(yín)	薄膜(mó)	盐卤(lǔ)	蜜渍(zì)
贮(zhù)藏	羌(qiāng)笛	粗糙(cāo)	萌蘖(niè)
日啖(dàn)	谏(jiàn)阻	渣(zhā)滓(zǐ)	

(二) 难解词释义

1. 不了了之:把问题放在一边,就算了事。了,完成。了(第二个),了结、结束。
2. 龟裂:呈现出许多裂纹。
3. 谏阻:向君主规劝使其改正错误。
4. 萌蘖:指植物长出新芽。萌,生芽、发芽。蘖,树木砍去后又长出来的新芽。

三、文本细读

课文主旨

本文从生态特征和生产情况两个方面介绍荔枝的有关知识,提出了大力发展荔枝生产的建议。

"可燃冰"将解千年能源忧?

怎样解决人类即将面临的能源危机一直以来都是世界各国苦苦思索的问题。目前全球蕴藏的煤和汽油等资源仅够人类今后数十年之用,一旦其消耗殆尽,我们能用什么来替代能源?是核能还是太阳能?或是其他什么类型的能源?

第28届国际地质大会提供的资料显示:海底有大量的天然气水合物,可满足人类1 000年的能源需要。

什么是天然气水合物呢?它真有如此巨大的潜质能力吗?

天然气水合物是天然气(主要成分是甲烷)和水在中高压和低温条件下混合时产生的晶体物质,外貌极似冰雪,点火即可燃烧,故又称之为"可燃冰"或者"气冰""固体瓦斯"。它在自然界分布十分广泛,海底以下0到1 500米深的大陆架和北极等地的永久冻土带都有可能存在,世界上已有79个国家和地区都发现了天然气水合物气藏。

从能源的角度看,"可燃冰"可视为被高度压缩的天然气资源,每立方米能分解释放出160～180标准立方米的天然气。迄今为止,在世界各地的海洋及大陆地层中,已探明的"可燃冰"储量是全球传统化石能源(煤、石油、天然气、油页岩等)的两倍以上。

其实,人们对气水合物的探究由来已久,最早可追溯到1810年,英国科学家戴维在实验室中把氯气通入水中,在摄氏零度以上出现了"冰块",由此人们首次认识到了气水合物这种物质。之后人们出于科学好奇,再也没有停止过对气水合物的研究和探索,他们纷纷把各种各样的气体通入水中试一试,看是否能够形成"冰块",例如甲烷、二氧化碳等等。而随着实验条件的不断进步,人们可以在越来越苛刻的条件下进行气体与水合成的实验,像氮气、氧气这些气体就要在100多个大气压下才能与水合成。2002年美国科学家发现,氢气在2 000多个大气压下和一定的温度条件下也能够形成气水合物,由于气体分子越小,形成气水合物越难,而氢气分子是最小的,这就从理论上证明了所有气体都可以和水生成"冰块"。

"可燃冰"或者说甲烷水合物,正是作为一种科学探索的产物,被科学家维纳德于1888年合成,但此时的它没有多大的实际意义。到了1930年,工程师在天然气输送管道里发现了这种奇怪的"冰块",堵塞住了天然气的输送,成为麻烦制造者。随后,美国科学家汉默施密特在1934年发表了关于天然气水合物造成输气管道堵塞的有关数据,人们从负面认识到天然气水合物的工业重要性,开始深入对其进行研究,以期在工业条件下对天然气水合物进行预报和清除,以及水合物生成阻化剂的开发和应用———这个时期,人们恨不得天然气水合物越少越好!

直到上世纪60年代末,在苏联科学家的帮助下,"可燃冰"终于翻了身。科学家们想,此前不论是在实验室里的,还是输气管道里的"可燃冰",都是人为环境中产生的,那么在自然环境中,如果满足低温高压、有气有水的条件,是否有天然的"可燃冰"生成?况且,这种条件在自然界还真有不少，例如永冻区、冻土带、海底地表层等等，就连彗星上也不能排除。由此推测，自然界中存在着天然的"可燃冰"。果真，1968年，人们在俄罗斯西西伯利亚北部的麦索雅哈气田（现已关闭）发现了它的身影，这成为天然气水合物气藏的一个典型的实例。

现在，随着对"可燃冰"在未来能源方面所扮演角色重要性的认识，人们现在巴不得它的储量越多越好，尽管当前技术还不足以规模开采，但是可以预见，利用"可燃冰"作为第四代能源只是时间上早晚的问题。

到底在什么样的条件下才能形成"可燃冰"？专家认为，形成"可燃冰"最少要满足三方面条件。首先是温度，海底的温度在2 ℃至4 ℃时，适合"可燃冰"的形成，高于20 ℃则分解。其次是压力，在0 ℃时，只需要30个大气压就可以形成可燃冰。如果在海底，海深每增加10米，压力就增加一个大气压。因此海深300米就可达到30个大气压。海越深，压力越大，"可燃冰"就越稳定。第三是气源，海底古生物尸体的沉积物，被细菌分解会产生甲烷，或者是天然气在地球深处产生并不断进入地壳。在上述三个条件都具备的情况下，天然气可在介质的空隙中和水生成"可燃冰"。甲烷分子被若干个水分子形成的笼型结构接纳，生成笼型固体结晶水合物，分散在海底的岩层的空隙中。在常温常压下，"可燃冰"分解为甲烷和水。最有可能形成"可燃冰"的区域一个高纬度的冻土层。如美国的阿拉斯加、俄罗斯的西伯利亚都已有发现，而且俄国已经开采了近20年。另一个是海底大陆架斜坡。如美国和日本的近海海域，加勒比海沿岸及我国南海和东海海底均有储藏，估计我国黄海海域和青藏高原的冻土带也有储藏。二者之中，海底的"可燃冰"储量较大。

天然"可燃冰"主要埋藏于海底的岩石中，中国科学院院士、中国地球物理学会理事汪集旸认为，开采这种气水合物会给生态造成一系列严重问题。因为"可燃冰"中存在两种气体——甲烷和二氧化碳。甲烷是绝大多数"可燃冰"中的主要成分，同时也是一种反应快速、影响明显的温室气体。"可燃冰"中甲烷的总量大致是大气中甲烷数量的3 000倍。作为短期温室气体，甲烷比二氧化碳所产生的温室效应要大得多。有学者认为，在导致全球气候变暖方面，甲烷所起的作用比二氧化碳要大10~20倍。如果在开采中甲烷气体大量泄漏于大气中，造成的温室效应比将比二氧化碳更严重。而"可燃冰"矿藏哪怕受到最小的破坏，甚至是自然的破坏，都足以导致甲烷气的大量散失。而这种气体如果进入大气，无疑会增加温室效应，进而使地球升温更快。

此外，"可燃冰"也可能是引起地质灾害的主要因素之一。由于"可燃冰"经常作为沉积物的胶结物存在，它的形成或分解能够影响沉积物的强度。美国地质调查所的调查表明，开采"可燃冰"可能导致大陆斜坡上发生滑坡，这种地质灾害对海岸及海底的各种设施是一种极大的威胁。

和石油、天然气相比，"可燃冰"不易开采和运输，世界上至今还没有完美的开发方案。"可燃冰"气藏的最终确定必须通过钻探，其难度比常规海上油气钻探要大得多，由于"可燃冰"遇减压会迅速分解，极易造成井喷，进而使海水汽化，引发海啸导致翻船。

由此可见，"可燃冰"作为一种被寄予厚望的未来新能源的同时，也是一种具有一定危险性的能源。"可燃冰"的开发利用就像一柄"双刃剑"，需要加以小心对待。日益增多的成果表明，由自然或人为因素所引起的温压变化，均可使气水合物分解的研究工作已迫在眉睫，对"可燃冰"钻采和利用的技术开发也刻不容缓。

一、文学常识

(一) 作者简介

向杰(1977—),湖南洪江市人,2000年毕业于北京师范大学,当年留校工作。2002年调往《科技日报》任新闻中心记者。2012年入职《南方日报》任专刊部记者。

(二) 文体简介

本文是一篇科技新闻,是对科学技术领域新近发生的事实的报道。科技新闻既有新闻性,又有科学性,一般来说,科技新闻的主体部分属于科技说明文。

二、字词积累

(一) 难读字正音

蕴(yùn)藏　　追溯(sù)　　甲烷(wán)　　消耗殆(dài)尽
储(chǔ)量　　压缩(suō)　　氮(dàn)气　　堵塞(sè)

(二) 难解词释义

1. 追溯:比喻回首或钩沉往事,探寻本质或源泉。追,追寻;溯,逆流而上。
2. 迫在眉睫:形容事情已在眼前,情势十分紧迫。
3. 刻不容缓:刻,片刻;容,容许;不,不允许;缓,延缓,耽搁。比喻情势紧迫,一刻也不允许拖延。

三、文本细读

(一) 课文主旨

本文通过对"可燃冰"的定义、分布、储量、探究过程、形成条件、开采的难度等介绍,告诉人们作为一种被寄予厚望的未来新能源,"可燃冰"的开发和利用就像是一柄"双刃剑",需要加以小心对待。

(二) 课文赏析

1. 逻辑严密,阐释思路清晰。
2. 概念清晰,定义准确,能用准确的语言揭示事物的本质属性。
3. 综合运用多种说明方式说明事物。下定义、列数字、作比较、打比方、分类别、举例子。
4. 语言既有科学性,又有通俗性。

第四册

第四单元

散文单元　悠远的情思

　　本单元所选的是一组文质兼美的散文,萧红《回忆鲁迅先生》是写人散文,郁达夫《故都的秋》和亨利·戴维·梭罗《神的一滴》是写景散文。学习本单元的散文要与以前的散文学习结合起来,从具体的语言文字出发,反复诵读,整体感知,抓住文章的线索,理清作者的行文思路,理解文章的内容。

回忆鲁迅先生

鲁迅先生的笑声是明朗的,是从心里的欢喜。若有人说了什么可笑的话,鲁迅先生笑的连烟卷都拿不住了,常常是笑的咳嗽起来。

鲁迅先生走路很轻捷,尤其使人记得清楚的,是他刚抓起帽子来往头上一扣,同时左腿就伸出去了,仿佛不顾一切地走去。

鲁迅先生不大注意人的衣裳,他说:"谁穿什么衣裳我看不见得……"

鲁迅先生生的病,刚好了一点,他坐在躺椅上,抽着烟,那天我穿着新奇的大红的上衣,很宽的袖子。

鲁迅先生说:"这天气闷热起来,这就是梅雨天。"他把他装在象牙烟嘴上的香烟,又用手装得紧一点,往下又说了别的。

许先生忙着家务,跑来跑去,也没有对我的衣裳加以鉴赏。

于是我说:"周先生,我的衣裳漂亮不漂亮?"

鲁迅先生从上往下看了一眼:"不大漂亮。"

过了一会又接着说:"你的裙子配的颜色不对,并不是红上衣不好看,各种颜色都是好看的,红上衣要配红裙子,不然就是黑裙子,咖啡色的就不行了;这两种颜色放在一起很浑浊……你没看到外国人在街上走的吗?绝没有下边穿一件绿裙子,上边穿一件紫上衣,也没有穿一件红裙子而后穿一件白上衣的……"

鲁迅先生就在躺椅上看着我:"你这裙子是咖啡色的,还带格子,颜色浑浊得很,所以把红色衣裳也弄得不漂亮了。"

"……人瘦不要穿黑衣裳,人胖不要穿白衣裳;脚长的女人一定要穿黑鞋子,脚短就一定要穿白鞋子;方格子的衣裳胖人不能穿,但比横格子的还好;横格子的胖人穿上,就把胖子更往两边裂着,更横宽了,胖子要穿竖条子的,竖的把人显得长,横的把人显的宽……"

那天下午要赴一个筵会去,我要许先生给我找一点布条或绸条束一束头发。许先生拿了来米色的绿色的还有桃红色的。经我和许先生共同选定的是米色的。为着取美,把那桃红色的,许先生举起来放在我的头发上,并且许先生很开心地说着:

"好看吧!多漂亮!"

我也非常得意,很规矩又顽皮地在等着鲁迅先生往这边看我们。

鲁迅先生这一看,脸是严肃的,他的眼皮往下一放向着我们这边看着:

"不要那样装饰她……"

许先生有点窘了。

我也安静下来。

鲁迅先生在北平教书时,从不发脾气,但常常好用这种眼光看人,许先生常跟我讲。她在女师大读书时,周先生在课堂上,一生气就用眼睛往下一掠,看着他们,这种眼光是鲁迅先生在记范爱农先生的文字曾自己述说过,而谁曾接触过这种眼光的人就会感到一个旷代的全智者的催逼。

我开始问:"周先生怎么也晓得女人穿衣裳的这些事情呢?"

"看过书的,关于美学的。"

"什么时候看的……"

"大概是在日本读书的时候……"

"买的书吗?"

"不一定是买的,也许是从什么地方抓到就看的……"

"看了有趣味吗?!"

"随便看看……"

"周先生看这书做什么?"

"……"没有回答,好像很难以答。

许先生在旁说:"周先生什么书都看的。"

鲁迅先生的休息,不听留声机,不出去散步,也不倒在床上睡觉,鲁迅先生自己说:"坐在椅子上翻一翻书就是休息了。"

鲁迅先生从下午二三点钟起就陪客人,陪到五点钟,陪到六点钟,客人若在家吃饭,吃完饭又必要在一起喝茶,或者刚刚吃完茶走了,或者还没走又来了客人,于是又陪下去,陪到八点钟,十点钟,常常陪到十二点钟。从下午三点钟起,陪到夜里十二点,这么长的时间,鲁迅先生都是坐在藤躺椅上,不断地吸着烟。

客人一走,已经是下半夜了,本来已经是睡觉的时候了,可是鲁迅先生正要开始工作。在工作之前,他稍微阖一阖眼睛,燃起一支烟来,躺在床边上,这一支烟还没有吸完,许先生差不多就在床里边睡着了。(许先生为什么睡得这样快?因为第二天早晨六七点钟就要来管理家务。)海婴这时在三楼和保姆一道睡着了。

全楼都寂静下去,窗外也一点声音没有了,鲁迅先生站起来,坐到书桌边,在那绿色的台灯下开始写文章了。

许先生说鸡鸣的时候,鲁迅先生还是坐着,街上的汽车嘟嘟地叫起来了,鲁迅先生还是坐着。

有时许先生醒了,看着玻璃窗白萨萨的了,灯光也不显得怎么亮了,鲁迅先生的背影不像夜里那样高大。

鲁迅先生的背影是灰黑色的,仍旧坐在那里。

人家都起来了,鲁迅先生才睡下。

海婴从三楼下来了,背着书包,保姆送他到学校去,经过鲁迅先生的门前,保姆总是吩咐他说:

"轻一点走,轻一点走。"

鲁迅先生刚一睡下，太阳就高起来了，太阳照着隔院子的人家，明亮亮的，照着鲁迅先生花园的夹竹桃，明亮亮的。

鲁迅先生的书桌整整齐齐的，写好的文章压在书下边，毛笔在烧瓷的小龟背上站着。

一双拖鞋停在床下，鲁迅先生在枕头上边睡着了。

鬼到底是有的没有的？传说上有人见过，还跟鬼说过话，还有人被鬼在后边追赶过，吊死鬼一见了人就贴在墙上。但没有一个人捉住一个鬼给大家看看。

鲁迅先生讲了他看见过鬼的故事给大家听。

"是在绍兴……"鲁迅先生说，"三十年前……"

那时鲁迅先生从日本读书回来，在一个师范学堂里也不知是什么学堂里教书，晚上没有事时，鲁迅先生总是到朋友家去谈天。这朋友住的离学堂几里路，几里路不算远，但必得经过一片坟地。谈天有的时候就谈得晚了，十一二点钟才回学堂的事也常有，有一天鲁迅先生就回去得很晚，天空有很大的月亮。

鲁迅先生向着归路走得很起劲时，往远处一看，远远有一个白影。

鲁迅先生不相信鬼的，在日本留学时是学的医，常常把死人抬来解剖的，鲁迅先生解剖过二十几个，不但不怕鬼，对死人也不怕，所以对坟地也就根本不怕。仍旧是向前走的。

走了不几步，那远处的白影没有了，再看突然又有了。并且时小时大，时高时低，正和鬼一样。鬼不就是变幻无常的吗？

鲁迅先生有点踌躇了，到底向前走呢？还是回过头来走？本来回学堂不止这一条路，这不过是最近的一条就是了。

鲁迅先生仍是向前走，到底要看一看鬼是什么样，虽然那时候也怕了。

鲁迅先生那时从日本回来不久，所以还穿着硬底皮鞋。鲁迅先生决心要给那鬼一个致命的打击，等走到那白影旁边时，那白影缩小了，蹲下了，一声不响地靠住了一个坟堆。

鲁迅先生就用了他的硬皮鞋踢了出去。

那白影噢的一声叫起来，随着就站起来，鲁迅先生定眼看去，他却是个人。

鲁迅先生说在他踢的时候，他是很害怕的，好像若一下不把那东西踢死，自己反而会遭殃的，所以用了全力踢出去。

原来是个盗墓子的人在坟场上半夜作着工作。

鲁迅先生说到这里就笑了起来。

"鬼也是怕踢的，踢他一脚就立刻变成人了。"

我想，倘若是鬼常常让鲁迅先生踢踢倒是好的，因为给了他一个作人的机会。

楼上楼下都是静的了，只有海婴快活的和小朋友们的吵嚷躲在太阳里跳荡。

海婴每晚临睡时必向爸爸妈妈说："明朝会！"

有一天他站在上三楼去的楼梯口上喊着：

"爸爸，明朝会！"

鲁迅先生那时正病的沉重，喉咙里边似乎有痰，那回答的声音很小，海婴没有听到，于是

他又喊:

"爸爸,明朝会!"他等一等,听不到回答的声音,他就大声地连串地喊起来:

"爸爸,明朝会,爸爸,明朝会,……爸爸,明朝会……"

这一次鲁迅先生保持了很长时间,没有下楼更没有到外边去过。

在病中,鲁迅先生不看报,不看书,只是安静地躺着。但有一张小画是鲁迅先生放在床边上不断看着的。

那张画,鲁迅先生未生病时,和许多画一道拿给大家看过的,小得和纸烟包里抽出来的那画片差不多。那上边画着一个穿大长裙子飞散着头发的女人在大风里边跑,在她旁边的地面上还有小小的红玫瑰的花朵。

记得是一张苏联某画家着色的木刻。

鲁迅先生有很多画,为什么只选了这张放在枕边?

许先生告诉我的,她也不知道鲁迅先生为什么常常看这小画。

这一次鲁迅先生好了。

还有一样不同的,觉得做事要多做……

鲁迅先生以为自己好了,别人也以为鲁迅先生好了。

准备冬天要庆祝鲁迅先生工作三十年。

又过了三个月。

一九三六年十月十七日,鲁迅先生病又发了,又是气喘。

十七日,一夜未眠。

十八日,终日喘着。

十九日的下半夜,人衰弱到极点了。天将发白时,鲁迅先生就像他平日一样,工作完了,他休息了。

一、文学常识

作者简介

萧红(1911—1942),黑龙江呼兰人,中国现代女作家。主要作品有《生死场》《马伯乐》《呼兰河传》《小城三月》。被誉为"30年代的文学洛神"的萧红,是民国四大才女(另三个是吕碧城、石评梅、张爱玲)中命运最为悲苦的女性。

二、字词积累

(一) 难读字正音

咳(ké)嗽(sou)　　筵(yán)会　　窘(jiǒng)　　抽屉(tì)

阖(hé)　　踌(chóu)躇(chú)　　虔(qián)诚　　抹(mǒ)杀

肋(lèi)膜　　　紊(wěn)乱　　　唠(láo)叨(dao)　　　隔三差(chà)五

(二) 难解词释义

1. 旷代：空前,绝代。
2. 遭殃：遭遇困难,遇到麻烦。殃,祸害。
3. 混浊：(水、空气等)含有杂质,不清洁,不新鲜。

三、文本细读

(一) 课文主旨

全文通过对鲁迅先生的笑声、走路、待人接物、读书、写作、养病、去世等描述,展示伟大的鲁迅先生的平凡生活,表现他的审美情趣及魅力气质,抒发作者对他的热爱和怀念之情。

(二) 课文赏析

1. 作者选取了哪些生活场景来表现鲁迅的性格？在选择的材料安排上有什么特殊之处？这种材料安排表明了什么？

从先生的饮食起居、待人接物、读书写作、休闲娱乐来选择材料。

在内容上材料与材料之间互不关联,形成某种断裂,有些片段似乎即使倒置也对文章没有影响。这表明文章是一篇非常情绪化的文章。动笔前对全篇布局全无预设,动笔后感情喷涌,凡作者感到要倾诉的内容就断断续续写出来,用感情的线将材料串联起来。

2. 写鲁迅先生昼夜陪客人和深夜加班时,作者用了什么手段？有什么作用？

先用白描手法,突出先生与常人不同的生活状况；再用反衬手法,以汽车有声反衬夜晚宁静,用他人的动反衬先生的静眠。

通过这些环境的烘托、细节的描写和衬托手法的运用,向读者展现先生的忘我工作。

3. 本文表达了作者对鲁迅先生怎样的情感？请举例说明。

作者对鲁迅的为人性格、日常生活十分了解,她时时处处都感受到鲁迅先生伟大人格魅力和无私诚挚、宽厚慈爱的长者风范。作者以女性特有的敏感细腻、纯洁率真来描写鲁迅的饮食起居、待人接物、读书写作、休闲娱乐,语言平淡朴素,细细咀嚼,却又深情隽永,字里行间渗透着作者对鲁迅的热爱、景仰和怀念之情,没有丝毫的矫揉造作。如文章的最后五个自然段,作者好像只是客观记录鲁迅生命的最后时光,但却字字含情。六句话分五行排列,显得沉重庄重。作者在这里没有议论抒情,没有大悲大泣,只是在朴素的叙述中饱含着悲痛的感情,隐含作者的至亲至爱。

4. 怎样理解鲁迅先生病中时刻伴随的小画？

这幅画正是鲁迅本人的写照,在狂风中抗争,仿佛在不断地憧憬与追求,追求个性的解放与自由,小画的人物是自由的象征、战斗的象征、爱的象征、美的象征、健全而活泼的生命的象征,是鲁迅灵魂最深处的神圣女神,也是鲁迅精神的底蕴所在。

故都的秋

秋天，无论在什么地方的秋天，总是好的；可是啊，北国的秋，却特别地来得清，来得静，来得悲凉。我的不远千里，要从杭州赶上青岛，更要从青岛赶上北平来的理由，也不过想饱尝一尝这"秋"，这故都的秋味。

江南，秋当然也是有的；但草木雕得慢，空气来得润，天的颜色显得淡，并且又时常多雨而少风；一个人夹在苏州上海杭州，或厦门香港广州的市民中间，浑浑沌沌地过去，只能感到一点点清凉，秋的味，秋的色，秋的意境与姿态，总看不饱，尝不透，赏玩不到十足。秋并不是名花，也并不是美酒，那一种半开，半醉的状态，在领略秋的过程上，是不合适的。

不逢北国之秋，已将近十余年了。在南方每年到了秋天，总要想起陶然亭的芦花，钓鱼台的柳影，西山的虫唱，玉泉的夜月，潭柘寺的钟声。在北平即使不出门去罢，就是在皇城人海之中，租人家一椽破屋来住着，早晨起来，泡一碗浓茶、向院子一坐，你也能看得到很高很高的碧绿的天色，听得到青天下驯鸽的飞声。从槐树叶底，朝东细数着一丝一丝漏下来的日光，或在破壁腰中，静对着像喇叭似的牵牛花（朝荣）的蓝朵，自然而然地也能够感觉到十分的秋意。说到了牵牛花，我以为以蓝色或白色者为佳，紫黑色次之，淡红色最下。最好，还要在牵牛花底，教长着几根疏疏落落的尖细且长的秋草，使作陪衬。

北国的槐树，也是一种能使人联想起秋来的点缀。像花而又不是花的那一种落蕊，早晨起来，会铺得满地。脚踏上去，声音也没有，气味也没有，只能感出一点点极微细极柔软的触觉。扫街的在树影下一阵扫后，灰土上留下来的一条条扫帚的丝纹，看起来既觉得细腻，又觉得清闲，潜意识下并且还觉得有点儿落寞，古人所说的梧桐一叶而天下知秋的遥想，大约也就在这些深沉的地方。

秋蝉的衰弱的残声，更是北国的特产；因为北平处处全长着树，屋子又低，所以无论在什么地方，都听得见它们的啼唱。在南方是非要上郊外或山上去才听得到的。这秋蝉的嘶叫，在北平可和蟋蟀耗子一样，简直像是家家户户都养在家里的家虫。

还有秋雨哩，北方的秋雨，也似乎比南方的下得奇，下得有味，下得更像样。

在灰沉沉的天底下，忽而来一阵凉风，便息列索落地下起雨来了。一层雨过，云渐渐地卷向了西去，天又青了，太阳又露出脸来了；着着很厚的青布单衣或夹袄的都市闲人，咬着烟管，在雨后的斜桥影里，上桥头树底下去一立，遇见熟人，便会用了缓慢悠闲的声调，微叹着互答着的说：

"唉，天可真凉了——"（这了字念得很高，拖得很长。）

"可不是么？一层秋雨一层凉了！"

北方人念阵字，总老像是层字，平平仄仄起来，这念错的歧韵，倒来得正好。

北方的果树，到秋来，也是一种奇景。第一是枣子树；屋角，墙头，茅房边上，灶房门口，它都会一株株地长大起来。像橄榄又像鸽蛋似的这枣子颗儿,在小椭圆形的细叶中间,显出淡绿微黄的颜色的时候,正是秋的全盛时期;等枣树叶落,枣子红完,西北风就要起来了,北方便是尘沙灰土的世界,只有这枣子、柿子、葡萄,成熟到八九分的七八月之交,是北国的清秋的佳日,是一年之中最好也没有的 Golden Days。

有些批评家说,中国的文人学士,尤其是诗人,都带着很浓厚的颓废色彩,所以中国的诗文里,颂赞秋的文字特别的多。但外国的诗人,又何尝不然?我虽则外国诗文念得不多,也不想开出账来,做一篇秋的诗歌散文钞,但你若去一翻英德法意等诗人的集子,或各国的诗文的 Anthology 来,总能够看到许多关于秋的歌颂与悲啼。各著名的大诗人的长篇田园诗或四季诗里,也总以关于秋的部分,写得最出色而最有味。足见有感觉的动物,有情趣的人类,对于秋,总是一样的能特别引起深沉,幽远,严厉,萧索的感触来的。不单是诗人,就是被关闭在牢狱里的囚犯,到了秋天,我想也一定会感到一种不能自已的深情;秋之于人,何尝有国别,更何尝有人种阶级的区别呢?不过在中国,文字里有一个"秋士"的成语,读本里又有着很普遍的欧阳子的《秋声》与苏东坡的《赤壁赋》等,就觉得中国的文人,与秋的关系特别深了。可是这秋的深味,尤其是中国的秋的深味,非要在北方,才感受得到底。

南国之秋,当然是也有它的特异的地方的,比如廿四桥的明月,钱塘江的秋潮,普陀山的凉雾,荔枝湾的残荷等等,可是色彩不浓,回味不永。比起北国的秋来,正像是黄酒之与白干,稀饭之与馍馍,鲈鱼之与大蟹,黄犬之与骆驼。

秋天,这北国的秋天,若留得住的话,我愿把寿命的三分之二折去,换得一个三分之一的零头。

一、文学常识

(一) 作者简介

郁达夫(1896—1945),现代小说家、散文家。

(二) 背景

郁达夫从1933年4月由上海迁居杭州,1936年离杭州赴福州,在杭州居住了近三年。这段时间他思想苦闷,创作枯竭,过的是一种闲散安逸的生活。并花了许多时间到处游山玩水,在一定程度上也是为了派遣现实带给他的苦闷和离群索居的寂寞。在游山玩水的过程中,他写了许多游记。1934年7月,郁达夫"不远千里"从杭州经青岛去北平,再次饱尝了故都的秋"味",并写下了优美的散文——《故都的秋》。

二、字词积累

(一) 难读字正音

混(hùn)沌　　落蕊(ruǐ)　　潭柘(zhè)寺　　一椽(chuán)

落寞(mò)　　　着(zhuó)衣　　　平仄(zè)　　　歧(qí)韵
颓(tuí)废　　　廿(niàn)四桥　　折(shé)去　　　点缀(zhuì)

(二) 难解词释义

1. 混混沌沌：形容糊里糊涂，无知无识的样子。
2. 歧韵：不一样的情趣、风韵。
3. 颓废：意志消沉，精神萎靡。
4. 萧索：缺乏生机，不热闹。

三、文本细读

(一) 课文主旨

文章紧扣故都之秋的"清""静""悲凉"的特点，通过描绘故都北平的秋色，赞美了故都的自然风物，抒发了向往、眷恋故都之秋的真情，流露出深远的忧思和独特的审美意趣。

(二) 课文赏析

1. 找出文章的文眼(中心句，总领句)。

可是啊，北国的秋，却特别地来得清，来得静，来得悲凉。

2. 作者笔下故都的秋特点是什么？作者描绘了哪几幅故都的秋景图？

作者笔下故都之秋的特点是"清""静""悲凉"。"清"与"静"相近，都以描述景物的客观特点为主，而"悲凉"则以描述作者对故都之秋的主观感受为主。作者选取了故都之秋的富有特征的景物，依次描写了清晨静观，落蕊轻扫，秋蝉残鸣，都市闲人，秋日胜果等五幅秋景图。

3. 本文是写景散文，为什么插入对写秋诗文的议论？

作者于自然气息之外再添一重文化气息，创造出一种文化氛围，与"故都"题旨暗合。从行文章法上看，这里宕开文笔，纵横议论，显出深厚的文化底蕴和开阔的思路。

4. 本文的"形"是什么？"神"是什么？"形"和"神"的结合点是什么？

本文的"形"是故都的自然风物，具体说就是那五幅秋色图。"神"是赞美故都的自然风物，抒发向往、眷恋故都之秋的真情，流露出深远的忧思和孤独感，结合点是"清""静""悲凉"。

神的一滴

湖是自然风景中最美、最有表情的姿容。它是大地的眼睛,望着它的人可以测出自己天性的深浅。湖边的树木宛若睫毛一样,而四周森林蓊郁的群山和山崖是它的浓密突出的眉毛。

我第一次划船在瓦尔登湖上游弋的时候,它的四周完全被浓密而高大的松树和橡树围着,有些山凹中,葡萄藤爬过了湖边的树,盘成一弯凉亭,船只可以在下面惬意地通过。湖岸边的山太峻峭,山上的树木又太高,所以从西端望下来,这里像一个圆形剧场,水上可以演出山林舞台剧。我年纪轻一点的时候,就在那儿消磨了好些光阴,像和风一样地在湖上漂浮。一个夏天的上午,我先把船划到湖心,而后背靠在座位上,似梦非梦地漂流着,直到船撞在沙滩上,惊醒的我才欠起身来,看看命运已把我推送到哪一个岸边来了。在那种日子里,慵懒是最诱惑人的事情,我就这样偷闲地度过了许多个上午。我宁愿把一天中最宝贵的光阴这样虚掷,我是富有的,虽然与金钱无关,因为我拥有阳光照耀的时辰以及夏令的日月,我挥霍着它们。可是,自从我离开这洒满古典生态阳光的湖岸之后,伐木人竟大砍大伐起来了。从此要有许多年不可能在林间的甬道上徜徉了,不可能在这样的森林中遇见湖水了。我的缪斯女神如果沉默了,她是情有可原的——森林已被砍伐,怎能希望鸟儿歌唱?

现在,湖底的树干,古老的独木舟,黑魆魆的四周的林木,都没有了,村民本来是连这个湖在什么地方都不知道的,如今却想到用一根管子来把这些湖水引到村中去给他们洗碗洗碟子了。这是和恒河之水一样地圣洁的水!而他们却想转动一个开关,拔起一个塞子就利用瓦尔登的湖水了!这恶魔似的铁马,那震耳欲聋的机器喧嚣声已经传遍全乡镇了,它已经用肮脏的工业脚步使湖水混浊了,正是它,把瓦尔登湖岸上的树木和风景吞噬了。

虽然伐木人已经把湖岸这一段和那一段的树木先后砍光了,爱尔兰人也已经在那儿建造了他们的陋室,铁路线已经侵入了它的边境,冰藏商人已经豪取过它的冰,然而,它仍然顽强地生存着,还是我在青春时代所见的湖水——它虽然有那么多的涟漪,却并没有一条永久性的皱纹。它永远年轻,我还可以站在那儿,看到一只飞燕坦然掠下,从水面衔走一条小虫,正和从前一样。今天晚上,这感情又来袭击我了,仿佛二十多年来我并没有每天都和它在一起厮守一样,——啊,这是瓦尔登湖,还是我许多年之前发现的那个充满着神秘和活力的林中湖泊。这儿,去年冬天被砍伐了一片森林,而另一片林子已经拔地而起,在湖边蓬勃华丽地生长着。还是同样水漉漉的欢乐,内在的喜悦,创造者的喜悦,是的,这可能就是我的喜悦。

这湖当然是一个大勇者的作品,没有一丝一毫的虚伪!他用他的手围起了这一泓湖水,在他的思想中愈来愈深化,愈来愈清澈,并把它传给了康科德河,我从康科德河的水面上又看到了同样的倒影,我几乎要惊呼:瓦尔登湖,是你吗?!

这不是我的梦,
用于装饰一行诗;
我不能更接近上帝和天堂
甚于我之生活在瓦尔登。
我是它的圆石岸,
飘拂而过的风;
在我掌中的一握,
是它的水,它的沙,
而它的最深邃僻隐处
高高躺在我的思想中。

火车从来不停下来欣赏湖光山色,然而我想,那些司机和那些买了月票的旅客,常看到它,他们多少是会留心这些风景的。每天他们至少有一次机会与庄严、纯洁的瓦尔登湖相遇。对它,就算只有一瞥,也已经可以洗净现代繁华大街上的污浊和引擎上的油腻了。有人建议过,这湖可以称为"神的一滴"。

一、文学常识

(一)作者简介

亨利·代维·梭罗(1817—1862),19世纪美国最具世界影响力的作家、哲学家,自然主义的代表人物。作品有《郊游》《瓦尔登湖》等。梭罗的文字明白晓畅,简练准确,朴实自然。

(二)背景

19世纪,随着资本主义社会生产力的高速发展,人们开始越来越多地感受到物质文明给人们带来的"先进"。商品化时代可以最大程度地满足人们日益增长的物质需求,任何精神信念在这强大的资本主义发展的大潮中变得苍白无力、不堪一击。1845年,28岁的梭罗,这位先验主义思想家独自一人住进了离康城不远的湖畔林中。《瓦尔登湖》记录了梭罗隐居瓦尔登湖畔,与大自然水乳交融,在田园生活中感知自然,重塑自我的历程。这本书的主旨是崇尚简朴生活,热爱大自然的风光,内容丰富,意义深远,语言生动,意境深邃,就像是个智慧的老人,闪现哲理灵光,又有高山流水那样的境界。虽然梭罗在瓦尔登湖只生活了两年,但是后人已经把他和瓦尔登湖紧密地联系在一起。1985年在《美国遗产》杂志上列了"十本构成美国人性格的书",梭罗的著作《瓦尔登湖》位居榜首。如今瓦尔登湖已经成为梭罗追随者们的圣土。

二、字词积累

(一)难读字正音

睫(jié)毛　　惬(qiè)意　　甬(yǒng)道　　徜(cháng)徉(yáng)

一瞥(piē)	游弋(yì)	缪(miù)斯	黑魆魆(xū)
吞噬(shì)	涟(lián)漪(yī)	引擎(qíng)	慵(yōng)懒
深邃(suì)	一泓(hóng)	虚掷(zhì)	挥霍(huò)

(二) 难解词释义

1. 游弋：泛指在水中游动。
2. 峻峭：形容山高而陡。
3. 慵懒：困倦，懒散。
4. 涟漪：细小的波纹。
5. 深邃：从上到下或从外到里的距离大。
6. 吞噬：吞食。
7. 挥霍：任意花钱。
8. 徜徉：闲游，安闲自在地步行。
9. 拔地而起：形容从地面上突兀而起，非常陡峭、高耸。拔，陡然耸立。拔地，在地面上陡然耸立。

三、文本细读

(一) 课文主旨

本文通过对瓦尔登湖美丽风光的细致描绘，流露出作者对大自然的热爱以及远离尘嚣各种俗事后心灵获得自由的愉悦心情，表达了他对自然遭受工业文明侵害和破坏的痛惜之情，同时力图提醒人类思考人和自然应怎样和谐相处。

(二) 课文赏析

1. 课文开头的第一段对瓦尔登湖的描写有何作用？

第一段总写瓦尔登湖，尤其是开头一句，是对全文的一个重要概括，极富哲理，奠定了全文的对于湖光山色礼赞的感情基调。作者先是普泛地赞叹湖，然后引入对具体的瓦尔登湖的描述。作者运用奇异生动的比喻句，把瓦尔登湖比作大地的眼睛，湖边的树木是它的睫毛，森林蓊郁的群山和山崖是它的浓密突出的眉毛，几个比喻将湖人格化了，既描述了瓦尔登湖清澈、明亮、纯洁的特征，又引起读者无限美好的想象。

2. 写景是《瓦尔登湖》一文的重要内容。本文写景有什么特点？

首先是善于运用比喻的修辞手法。作者把湖比作风景中"最美、最有表情的姿容"，说它是"大地的眼睛"。把湖边的树木说成"宛若睫毛一样"，四周森林蓊郁的"群山"和"山崖"是湖的"浓密突出"的眉毛。这些比喻形象细致地描摹出湖畔景物的生态情态。

其次，善于变换取景镜头，运用远景、近景、动景、静景、全景、特写等不同方式，多角度展现了瓦尔登湖的丰富多彩和旖旎迷人。本文写景之所以非常自然、逼真、传神，在于作者并非为写景而写景，而是出于对大自然的热爱。

第四册

第五单元

小说单元　世相百态看人生

　　本单元为小说单元,小说是信息容量最大的一种叙事文学样式,它是语言的艺术,小说语言最能体现作家的创作风格。不同的作家,其作品在用字和修辞等方面会形成与众不同的特点。社会生活复杂性,决定了作家塑造的人物形象具有多重性,表达的思想具有多元性。

林黛玉进贾府

  且说黛玉自那日弃舟登岸时，便有荣国府打发了轿子并拉行李的车辆久候了。这林黛玉常听得母亲说过，他外祖母家与别家不同。他近日所见的这几个三等仆妇，吃穿用度，已是不凡了，何况今至其家。因此步步留心，时时在意，不肯轻易多说一句话，多行一步路，惟恐被人耻笑了他去。自上了轿，进入城中，从纱窗向外瞧了一瞧，其街市之繁华，人烟之阜盛，自与别处不同。又行了半日，忽见街北蹲着两个大石狮子，三间兽头大门，门前列坐着十来个华冠丽服之人。正门却不开，只有东西两角门有人出入。正门之上有一匾，匾上大书"敕造宁国府"五个大字。黛玉想道："这必是外祖之长房了"。想着，又往西行，不多远，照样也是三间大门，方是荣国府了。却不进正门，只进了西边角门。那轿夫抬进去，走了一射之地，将转弯时，便歇下退出去了。后面的婆子们已都下了轿，赶上前来。另换了三四个衣帽周全十七八岁的小厮上来，复抬起轿子。众婆子步下围随至一垂花门前落下。众小厮退出，众婆子上来打起轿帘，扶黛玉下轿。林黛玉扶着婆子的手，进了垂花门，两边是抄手游廊，当中是穿堂，当地放着一个紫檀架子大理石的大插屏。转过插屏，小小的三间厅，厅后就是后面的正房大院。正面五间上房，皆雕梁画栋，两边穿山游廊厢房，挂着各色鹦鹉、画眉等鸟雀。台矶之上，坐着几个穿红着绿的丫头，一见他们来了，便忙都笑迎上来，说："刚才老太太还念呢，可巧就来了。"于是三四人争着打起帘笼，一面听得人回话："林姑娘来了。"黛玉方进入房时，只见两个人搀着一位鬓发如银的老母迎上来，黛玉便知是他外祖母。方欲拜见时，早被他外祖母一把搂入怀中，"心肝儿肉"叫着大哭起来。当下地下侍立之人，无不掩面涕泣，黛玉也哭个不住。一时众人慢慢解劝住了，黛玉方拜见了外祖母。——此即冷子兴所云之史氏太君，贾赦贾政之母也。当下贾母一一指与黛玉："这是你大舅母；这是你二舅母；这是你先珠大哥的媳妇珠大嫂子。"黛玉一一拜见过。贾母又说："请姑娘们来。今日远客才来，可以不必上学去了。"众人答应了一声，便去了两个。

  不一时，只见三个奶嬷嬷并五六个丫鬟，簇拥着三个姊妹来了。第一个肌肤微丰，合中身材，腮凝新荔，鼻腻鹅脂，温柔沉默，观之可亲。第二个削肩细腰，长挑身材，鸭蛋脸面，俊眼修眉，顾盼神飞，文彩精华，见之忘俗。第三个身量未足，形容尚小。其钗环裙袄，三人皆是一样的妆饰。黛玉忙起身迎上来见礼，互相厮认过，大家归了坐。丫鬟们斟上茶来。不过说些黛玉之母如何得病，如何请医服药，如何送死发丧。不免贾母又伤感起来，因说："我这些儿女，所疼者独有你母，今日一旦先舍我而去，连面也不能一见，今见了你，我怎不伤心！"说着，搂了黛玉在怀，又呜咽起来。众人忙都宽慰解释，方略略止住。众人见黛玉年貌虽小，其举止言谈不俗，身体面庞虽怯弱不胜，却有一段自然的风流态度，便知他有不足之症。因问："常服何药，如何不急为疗治？"黛玉道："我自来是如此，从会吃饮食时便吃药，到今日未断，请了多少名医修方配药，皆不见效。那一年我三岁时，听得说来了一个癞头和尚，说要化我去出家,我父母固是不从。他又说:'既舍不得他,只怕他的病一生也不能好的了。若要好时,除非从此以后总不许见哭声;除了父母之外,凡有外姓亲友之人,一概不见,方可平安了此一世。'疯疯癫癫,说了这些不经之谈,也没人理他。如今还是吃人参养荣丸。"贾母道:"正好,我这里正配丸药呢。叫他们多配一料就是了。"

一语未了,只听后院中有人笑声,说:"我来迟了,不曾迎接远客!"黛玉纳罕道:"这些人个个皆敛声屏气,恭肃严整如此,这来者系谁,这样放诞无礼?"心下想时,只见一群媳妇丫鬟围拥着一个人从后房门进来。这个人打扮与众姑娘不同,彩绣辉煌,恍若神妃仙子:头上戴着金丝八宝攒珠髻,绾着朝阳五凤挂珠钗;项上带着赤金盘螭璎珞圈;裙边系着豆绿宫绦,双衡比目玫瑰佩;身上穿着缕金百蝶穿花大红洋缎窄裉袄,外罩五彩刻丝石青银鼠褂;下着翡翠撒花洋绉裙。一双丹凤三角眼,两弯柳叶吊梢眉,身量苗条,体格风骚,粉面含春威不露,丹唇未启笑先闻。黛玉连忙起身接见。贾母笑道:"你不认得他。他是我们这里有名的一个泼皮破落户儿,南省俗谓作'辣子',你只叫他'凤辣子'就是了。"黛玉正不知以何称呼,只见众姊妹都忙告诉他道:"这是琏嫂子。"黛玉虽不识,也曾听见母亲说过,大舅贾赦之子贾琏,娶的就是二舅母王氏之内侄女,自幼假充男儿教养的,学名王熙凤。黛玉忙陪笑见礼,以"嫂"呼之。

这熙凤携着黛玉的手,上下细细打量了一回,仍送至贾母身边坐下,因笑道:"天下真有这样标致的人物,我今儿才算见了!况且这通身的气派,竟不像老祖宗的外孙女儿,竟是个嫡亲的孙女,怨不得老祖宗天天口头心头一时不忘。只可怜我这妹妹这样命苦,怎么姑妈偏就去世了!"说着,便用帕试泪。贾母笑道:"我才好了,你倒来招我。你妹妹远路才来,身子又弱,也才劝住了,快再休提前话。"这熙凤听了,忙转悲为喜道:"正是呢!我一见了妹妹,一心都在他身上了,又是喜欢,又是伤心,竟忘记了老祖宗。该打,该打!"又忙携黛玉之手,问:"妹妹几岁了?可也上过学?现吃什么药?在这里不要想家,想要什么吃的、什么玩的,只管告诉我;丫头老婆们不好了,也只管告诉我。"一面又问婆子们:"林姑娘的行李东西可搬进来了?带了几个人来?你们赶早打扫两间下房,让他们去歇歇。"说话时,已摆了茶果上来。熙凤亲为捧茶捧果。又见二舅母问他:"月钱放过了不曾?"熙凤道:"月钱已放完了。才刚带着人到后楼上找缎子,找了这半日,也并没有见昨日太太说的那样的,想是太太记错了?"王夫人道:"有没有,什么要紧。"因又说道:"该随手拿出两个来给你这妹妹去裁衣裳,等晚上想着叫人再去拿罢,可别忘了。"熙凤道:"这倒是我先料着了,知道妹妹不过这两日到的,我已预备下了,等太太回去过了目好送来。"王夫人一笑,点头不语。

当下茶果已撤,贾母命两个老嬷嬷带了黛玉去见两个母舅。时贾赦之妻邢氏忙亦起身,笑回道:"我带了外甥女过去,倒也便宜。"贾母笑道:"正是呢,你也去罢,不必过来了。"邢夫人答应了一声"是"字,遂带了黛玉与王夫人作辞,大家送至穿堂前。出了垂花门,早有众小厮们拉过一辆翠幄青绸车来,邢夫人携了黛玉,坐在上面,众婆子们放下车帘,方命小厮们抬起,拉至宽处,方驾上驯骡,亦出了西角门,往东过荣府正门,便入一黑油大门中,至仪门前方下来。众小厮退出,方打起车帘,邢夫人搀着黛玉的手,进入院中。黛玉度其房屋院宇,必是荣府中花园隔断过来的。进入三层仪门,果见正房、厢庑、游廊,悉皆小巧别致,不似方才那边轩峻壮丽;且院中随处之树木山石皆好。一时进入正室,早有许多盛妆丽服之姬妾丫鬟迎着。

邢夫人让黛玉坐了,一面命人到外面书房去请贾赦。一时人来回话说:"老爷说了:'连日身上不好,见了姑娘彼此倒伤心,暂且不忍相见。劝姑娘不要伤心想家,跟着老太太和舅母,即同家里一样。姊妹们虽拙,大家一处伴着,亦可以解些烦闷。或有委屈之处,只管说得,不要外道才是。'"黛玉忙站起来,一一听了。再坐一刻,便告辞。邢夫人苦留吃过晚饭去,黛玉笑回道:"舅母爱惜赐饭,原不应辞,只是还要过去拜见二舅舅,恐领了赐去不恭,异日再领,未为不可。望舅母容谅。"邢夫人听说,笑道:"这倒是了。"遂令两三个嬷嬷用方才的车好生送了姑娘过去。于是黛玉告辞。邢夫人送至仪门前,又嘱咐了众人几句,眼看着车去了方回来。

一时黛玉进了荣府,下了车。众嬷嬷引着,便往东转弯,穿过一个东西的穿堂,向南大厅之后,仪门内大院落,上面五间大正房,两边厢房鹿顶耳房钻山,四通八达,轩昂壮丽,比贾母处不同。黛玉便知这方是正经正内室,一条大甬路,直接出大门的。进入堂屋中,抬头迎面先看见一个赤金九龙青地大匾,匾上写着斗大的三个大字,是"荣禧堂",后有一行小字:"某年月日,书赐荣国公贾源",又有"万几宸翰之宝"。大紫檀雕螭案上,设着三尺来高青绿古铜鼎,悬着待漏随朝墨龙大画,一边是金螭彝,一边是玻璃盒(hǎi)。地下两溜十六张楠木交椅,又有一副对联,乃乌木联牌,镶着鏨银的字迹,道是:

座上珠玑昭日月,堂前黼黻焕烟霞。

下面一行小字,道是:"同乡世教弟勋袭东安郡王穆莳拜手书。"原来王夫人时常居坐宴息,亦不在这正室,只在这正室东边的三间耳房内。于是老嬷嬷引黛玉进东房门来。临窗大炕上铺着猩红洋罽(jì),正面设着大红金钱蟒靠背,石青金钱蟒引枕,秋香色金钱蟒大条褥。两边设一对梅花式洋漆小几。左边几上文王鼎匙箸香盒;右边几上汝窑美人觚(gū)——觚内插着时鲜花卉,并茗碗痰盒等物。地下面西一溜四张椅上,都搭着银红撒花椅搭,底下四副脚踏。椅之两边,也有一对高几,几上茗碗瓶花俱备。其余陈设,自不必细说。老嬷嬷们让黛玉炕上坐,炕沿上却有两个锦褥对设,黛玉度其位次,便不上炕,只向东边椅子上坐了。本房内的丫鬟忙捧上茶来。黛玉一面吃茶,一面打谅这些丫鬟们,妆饰衣裙,举止行动,果亦与别家不同。

茶未吃了,只见一个穿红绫袄青缎掐牙背心的丫鬟走来笑说道:"太太说,请林姑娘到那边坐罢。"老嬷嬷听了,于是又引黛玉出来,到了东廊三间小正房内。正房炕上横设一张炕桌,桌上磊着书籍茶具,靠东壁面西设着半旧的青缎背引枕。王夫人却坐在西边下首,亦是半旧的青缎靠背坐褥。见黛玉来了,便往东让。黛玉心中料定这是贾政之位。因见挨炕一溜三张椅子上,也搭着半旧的弹墨椅袱,黛玉便向椅上坐了。王夫人再四携他上炕,他方挨王夫人坐了。王夫人因说:"你舅舅今日斋戒去了,再见罢。只是有一句话嘱咐你:你三个姊妹倒都极好,以后一处念书认字学针线,或是偶一顽笑,都有尽让的。但我不放心的最是一件:我有一个孽根祸胎,是家里的'混世魔王',今日庙里还愿去了,尚未回来,晚间你看见便知了。你只以后不要睬他,你这些姊妹都不敢沾惹他的。"黛玉亦常听得母亲说过,二舅母生的有个表兄,乃衔玉而诞,顽劣异常,极恶读书,最喜在内帏厮混;外祖母又极溺爱,无人敢管。今见王夫人如此说,便知说的是这表兄了。因陪笑道:"舅母说的,可是衔玉所生的这位哥哥？在家时亦曾听见母亲常说，这位哥哥比我大一岁，小名就唤宝玉，虽极憨顽，说在姊妹情中极好的。况我来了，自然只和姊妹同处，兄弟们自是别院另室的，岂得去沾惹之理？"王夫人笑道："你不知道原故：他与别人不同，自幼因老太太疼爱，原系同姊妹们一处娇养惯了的。若姊妹们有日不理他，他倒还安静些，纵然他没趣，不过出了二门，背地里拿着他两个小幺儿出气，咕唧一会子就完了。若这一日姊妹们和他多说一句话，他心里一乐，便生出多少事来。所以嘱咐你别睬他。他嘴里一时甜言蜜语，一时有天无日，一时又疯疯傻傻，只休信他。"黛玉一一的都答应着。

忽见一个丫鬟来回："老太太那里传晚饭了。"王夫人忙携黛玉从后房门由后廊往西，出了角门，是一条南北宽夹道。南边是倒座三间小小的抱厦厅，北边立着一个粉油大影壁，后有一半大门，小小一所房室。王夫人笑指向黛玉道："这是你凤姐姐的屋子，回来你好往这里找他来，少什么东西，你只管和他说就是了。"这院门上也有四五个才总角的小厮，都垂手侍立。王夫人遂携黛玉穿过一个东西穿堂，便是贾母的后院了。于是，进入后房门，已有多人在此伺候，见王夫人来了，方安设桌椅。贾珠之妻李氏捧饭，熙凤安箸，王夫人进羹。贾母正面榻上独坐，两边四张空椅，熙凤忙拉了黛玉在左边第一张椅上坐了，黛玉十分推让。贾母笑道："你舅母你嫂子们不在这里吃饭。你是客，原应如此坐的。"黛玉方告了座，坐了。贾母命王夫人坐了。迎春姊妹三个告了座方上来。迎春便坐右手第一，探春左第二，惜春右第二。旁边丫鬟执着拂尘、漱盂、巾帕。李、凤二人立于案旁布让。外间伺候之媳妇丫鬟虽多，却连一声咳嗽不闻。寂然饭毕，各有丫鬟用小茶盘捧上茶来。当日林如海教女以惜福养身，云饭后务待饭粒咽尽，过一时再吃茶，方不伤脾胃。今黛玉见了这里许多事情不合家中之式，不得不随的，少不得一一改过来，因而接了茶。早见人又捧过漱盂来，黛玉也照样漱了口。盥手毕，又捧上茶来，这方是吃的茶。贾母便说："你们去罢，让我们自在说话儿。"王夫人听了，忙起身，又说了两句闲话，方引凤、李二人去了。贾母因问黛玉念何书。黛玉道：只刚念了《四书》。"黛玉又问姊妹们读何书。贾母道："读的是什么书，不过是认得两个字，不是睁眼的瞎子罢了！"

一语未了，只听外面一阵脚步响，丫鬟进来笑道："宝玉来了！"黛玉心中正疑惑着："这个宝玉，不知是怎生个惫懒人物，懵懂顽童？"——倒不见那蠢物也罢了。心中想着，忽见丫鬟话未报完，已进来了一位年轻的公子：头上戴着束发嵌宝紫金冠，齐眉勒着二龙抢珠金抹额；穿一件二色金百蝶穿花大红箭袖，束着五彩丝攒花结长穗宫绦，外罩石青起花八团倭缎排穗褂；登着青缎粉底小朝靴。面若中秋之月，色如春晓之花，鬓若刀裁，眉如墨画，面如桃瓣，目若秋波。虽怒时而若笑，即瞋视而有情。项上金螭璎珞，又有一根五色丝绦，系着一块美玉。黛玉一见，便吃一大惊，心下想道："好生奇怪，倒像在那里见过一般，何等眼熟到如此！"只见这宝玉向贾母请了安，贾母便命："去见你娘来。"宝玉即转身去了。一时回来，再看已换了冠带：头上周围一转的短发，都结成小辫，红丝结束，共攒至顶中胎发，总编一根大辫，黑亮如漆，从顶至梢，一串四颗大珠，用金八宝坠角；身上穿着银红撒花半旧大袄，仍旧带着项圈、宝玉、寄名锁、护身符等物；下面半露松花撒花绫裤腿，锦边弹墨袜，厚底大红鞋。越显得面如敷粉，唇若施脂；转盼多情，语言常笑。天然一段风骚，全在眉梢；平生万种情思，悉堆眼角。看其外貌最是极好，却难知其底细。后人有《西江月》二词，批宝玉极恰，其词曰：

无故寻愁觅恨,有时似傻如狂。纵然生得好皮囊,腹内原来草莽。
　　潦倒不通世务,愚顽怕读文章。行为偏僻性乖张,那管世人诽谤。
又曰:
　　富贵不知乐业,贫穷难耐凄凉。可怜辜负好韶光,于国于家无望。
　　天下无能第一,古今不肖无双。寄言纨绔与膏粱:莫效此儿形状!

　　贾母因笑道:"外客未见,就脱了衣裳,还不去见你妹妹!"宝玉早已看见多了一个姊妹,便料定是林姑妈之女,忙来作揖。厮见毕归坐,细看形容,与众各别:
　　两弯似蹙非蹙罥烟眉,一双似喜非喜含情目。态生两靥之愁,娇袭一身之病。泪光点点,娇喘微微。闲静时如姣花照水,行动处似弱柳扶风。心较比干多一窍,病如西子胜三分。

　　宝玉看罢,因笑道:"这个妹妹我曾见过的。"贾母笑道:"可又是胡说,你又何曾见过他?"宝玉笑道:"虽然未曾见过他,然我看着面善,心里就算是旧相识,今日只作远别重逢,亦未为不可。"贾母笑道:"更好,更好,若如此,更相和睦了。"

　　宝玉便走近黛玉身边坐下,又细细打量一番,因问:"妹妹可曾读书?"黛玉道:"不曾读,只上了一年学,些须认得几个字。"宝玉又道:"妹妹尊名是那两个字?"黛玉便说了名。宝玉又问表字。黛玉道:"无字。"宝玉笑道:"我送妹妹一妙字,莫若'颦颦'二字极妙。"探春便问何出。宝玉道:"《古今人物通考》上说:'西方有石名黛,可代画眉之墨。'况这林妹妹眉尖若蹙,用取这两个字,岂不两妙!"探春笑道:"只恐又是你的杜撰。"宝玉笑道:"除《四书》外,杜撰的太多,偏只我是杜撰不成?"又问黛玉:"可也有玉没有?"众人不解其语,黛玉便忖度着因他有玉,故问我有也无,因答道:"我没有那个。想来那玉是一件罕物,岂能人人有的。"宝玉听了,登时发作起痴狂病来,摘下那玉,就狠命摔去,骂道:"什么罕物,连人之高低不择,还说'通灵'不'通灵'呢!我也不要这劳什子了!"吓的众人一拥争去拾玉。贾母急的搂了宝玉道:"孽障!你生气,要打骂人容易,何苦摔那命根子!"宝玉满面泪痕泣道:"家里姐姐妹妹都没有,单我有,我说没趣;如今来了这们一个神仙似的妹妹也没有,可知这不是个好东西。"贾母忙哄他道:"你这妹妹原有这个来的,因你姑妈去世时,舍不得你妹妹,无法处,遂将他的玉带了去了:一则全殉葬之礼,尽你妹妹之孝心;二则你姑妈之灵,亦可权作见了女儿之意。因此他只说没有这个,不便自己夸张之意。你如今怎比得他?还不好生慎重带上,仔细你娘知道了。"说着,便向丫鬟手中接来,亲与他带上。宝玉听如此说,想一想大有情理,也就不生别论了。

　　当下,奶娘来请问黛玉之房舍。贾母说:"今将宝玉挪出来,同我在套间暖阁儿里,把你林姑娘暂安置碧纱橱里。等过了残冬,春天再与他们收拾房屋,另作一番安置罢。"宝玉道:"好祖宗,我就在碧纱厨外的床上很妥当,何必又出来闹的老祖宗不得安静。"贾母想了一想说:"也罢了。"每人一个奶娘并一个丫头照管,余者在外间上夜听唤。一面早有熙凤命人送了一顶藕合色花帐,并几件锦被缎褥之类。黛玉只带了两个人来:一个是自幼奶娘王嬷嬷,一个是十岁的小丫头,亦是自幼随身的,名唤作雪雁。贾母见雪雁甚小,一团孩气,王嬷嬷又极老,料黛玉皆不遂心省力的,便将自己身边的一个二等丫头,名唤鹦哥者与了黛玉。外亦如迎春等例,每人除自幼乳母外,另有四个教引嬷嬷,除贴身掌管钗钏盥沐两个丫鬟外,另有五六个洒扫房屋来往使役的小丫鬟。当下,王嬷嬷与鹦哥陪侍黛玉在碧纱橱内。宝玉之乳母李嬷嬷,并大丫鬟名唤袭人者,陪侍在外面大床上。

一、文学常识

作者简介

曹雪芹(约1715—1764),清代小说家,著名文学家。名霑(zhān),字梦阮,号雪芹,又号芹溪、芹圃。

二、字词积累

(一)难读字正音

杜(dù)撰(zhuàn)	宸(chén)翰(hàn)	纨(wán)绔(kù)	黼(fǔ)黻(fú)
钗(chāi)钏(chuàn)	璎(yīng)珞(luò)	厢庑(wǔ)	敕(chì)造
翠幄(wò)	阜(fù)盛	錾(zàn)银	觲(wěi)
忖(cǔn)度(duó)	覬(jì)	裉(kèn)	收敛(liǎn)
攒(cuán)	绦(tāo)	盥(guàn)	罥(juàn)
瞋(chēn)	懵(měng)	嫡(dí)	孽(niè)
憨(hān)	幺(yāo)	羹(gēng)	靥(yè)
螭(chī)	绾(wǎn)	觚(gū)	屏(píng)风
思忖(cǔn)	钗(chāi)环	放诞(dàn)	

(二)难解词释义

1. 攒:凑聚。

2. 绾:旋绕打结。

3. 觚:古代一种盛酒的器具。

4. 放诞:行为放纵,不守规矩。

5. 瞋视:发怒时睁大眼睛看。

6. 乖张:偏执,不驯顺,与众不同。

7. 不经之谈:荒诞的、没有根据的话。经,正常。

8. 敛声屏气:有意识地收住声音,抑制呼吸,形容人安静。敛,收拢;屏,抑制呼吸。

9. 厮认:互相认识。厮,互相。

10. 纳罕:感到奇怪。

11. 轩峻:高大的意思。

祝　　福

　　旧历的年底毕竟最像年底，村镇上不必说，就在天空中也显出将到新年的气象来。灰白色的沉重的晚云中间时时发出闪光，接着一声钝响，是送灶的爆竹；近处燃放的可就更强烈了，震耳的大音还没有息，空气里已经散满了幽微的火药香。我是正在这一夜回到我的故乡鲁镇的。虽说故乡，然而已没有家，所以只得暂寓在鲁四老爷的宅子里。他是我的本家，比我长一辈，应该称之曰"四叔"，是一个讲理学的老监生。他比先前并没有什么大改变，单是老了些，但也还未留胡子，一见面是寒暄，寒暄之后说我"胖了"，说我"胖了"之后即大骂其新党。但我知道，这并非借题在骂我：因为他所骂的还是康有为。但是，谈话是总不投机的了，于是不多久，我便一个人剩在书房里。

　　第二天我起得很迟，午饭之后，出去看了几个本家和朋友；第三天也照样。他们也都没有什么大改变，单是老了些；家中却一律忙，都在准备着"祝福"。这是鲁镇年终的大典，致敬尽礼，迎接福神，拜求来年一年中的好运气的。杀鸡，宰鹅，买猪肉，用心细细的洗，女人的臂膊都在水里浸得通红，有的还带着绞丝银镯子。煮熟之后，横七竖八的插些筷子在这类东西上，可就称为"福礼"了，五更天陈列起来，并且点上香烛，恭请福神们来享用，拜的却只限于男人，拜完自然仍然是放爆竹。年年如此，家家如此，——只要买得起福礼和爆竹之类的——今年自然也如此。天色愈阴暗了，下午竟下起雪来，雪花大的有梅花那么大，满天飞舞，夹着烟霭和忙碌的气色，将鲁镇乱成一团糟。我回到四叔的书房里时，瓦楞上已经雪白，房里也映得较光明，极分明的显出壁上挂着的朱拓的大"寿"字，陈抟老祖写的，一边的对联已经脱落，松松的卷了放在长桌上，一边的还在，道是"事理通达心气和平"。我又无聊赖的到窗下的案头去一翻，只见一堆似乎未必完全的《康熙字典》，一部《近思录集注》和一部《四书衬》。无论如何，我明天决计要走了。

　　况且，一直到昨天遇见祥林嫂的事，也就使我不能安住。那是下午，我到镇的东头访过一个朋友，走出来，就在河边遇见她；而且见她瞪着的眼睛的视线，就知道明明是向我走来的。我这回在鲁镇所见的人们中，改变之大，可以说无过于她的了：五年前的花白的头发，即今已经全白，全不像四十上下的人；脸上瘦削不堪，黄中带黑，而且消尽了先前悲哀的神色，仿佛是木刻似的；只有那眼珠间或一轮，还可以表示她是一个活物。她一手提着竹篮。内中一个破碗，空的；一手拄着一支比她更长的竹竿，下端开了裂：她分明已经纯乎是一个乞丐了。

　　我就站住，豫备她来讨钱。

　　"你回来了？"她先这样问。

　　"是的。"

　　"这正好。你是识字的，又是出门人，见识得多。我正要问你一件事——"她那没有精采的眼睛忽然发光了。

我万料不到她却说出这样的话来，诧异的站着。

"就是——"她走近两步，放低了声音，极秘密似的切切的说，"一个人死了之后，究竟有没有魂灵的？"

我很悚然，一见她的眼盯着我的，背上也就遭了芒刺一般，比在学校里遇到不及豫防的临时考，教师又偏是站在身旁的时候，惶急得多了。对于魂灵的有无，我自己是向来毫不介意的；但在此刻，怎样回答她好呢？我在极短期的踌躇中，想，这里的人照例相信鬼，"然而她，却疑惑了，——或者不如说希望：希望其有，又希望其无……，人何必增添末路的人的苦恼，为她起见，不如说有罢。

"也许有罢，——我想。"我于是吞吞吐吐的说。

"那么，也就有地狱了？"

"啊！地狱？"我很吃惊，只得支吾着，"地狱？——论理，就该也有。——然而也未必，……谁来管这等事……。"

"那么，死掉的一家的人，都能见面的？"

"唉唉，见面不见面呢？……"这时我已知道自己也还是完全一个愚人，什么踌躇，什么计画，都挡不住三句问，我即刻胆怯起来了，便想全翻过先前的话来，"那是，……实在，我说不清……。其实，究竟有没有魂灵，我也说不清。"

我乘她不再紧接的问，迈开步便走，匆匆的逃回四叔的家中，心里很觉得不安逸。自己想，我这答话怕于她有些危险。她大约因为在别人的祝福时候，感到自身的寂寞了，然而会不会含有别的什么意思的呢？——或者是有了什么豫感了？倘有别的意思，又因此发生别的事，则我的答话委实该负若干的责任……。但随后也就自笑，觉得偶尔的事，本没有什么深意义，而我偏要细细推敲，正无怪教育家要说是生着神经病；而况明明说过"说不清"，已经推翻了答话的全局，即使发生什么事，于我也毫无关系了。

"说不清"是一句极有用的话。不更事的勇敢的少年，往往敢于给人解决疑问，选定医生，万一结果不佳，大抵反成了怨府，然而一用这说不清来作结束，便事事逍遥自在了。我在这时，更感到这一句话的必要，即使和讨饭的女人说话，也是万不可省的。

但是我总觉得不安，过了一夜，也仍然时时记忆起来，仿佛怀着什么不祥的豫感，在阴沉的雪天里，在无聊的书房里，这不安愈加强烈了。不如走罢，明天进城去。福兴楼的清炖鱼翅，一元一大盘，价廉物美，现在不知增价了否？往日同游的朋友，虽然已经云散，然而鱼翅是不可不吃的，即使只有我一个……。无论如何，我明天决计要走了。

我因为常见些但愿不如所料，以为未必竟如所料的事，却每每恰如所料的起来，所以很恐怕这事也一律。果然，特别的情形开始了。傍晚，我竟听到有些人聚在内室里谈话，仿佛议论什么事似的，但不一会，说话声也就止了，只有四叔且走而且高声的说：

"不早不迟，偏偏要在这时候——这就可见是一个谬种！"

我先是诧异，接着是很不安，似乎这话于我有关系。试望门外，谁也没有。好容易待到晚饭前他们的短工来冲茶，我才得了打听消息的机会。

"刚才，四老爷和谁生气呢？"我问。

"还不是和祥林嫂?"那短工简捷的说。

"祥林嫂?怎么了?"我又赶紧的问。

"死了。"

"死了?"我的心突然紧缩,几乎跳起来,脸上大约也变了色,但他始终没有抬头,所以全不觉。我也就镇定了自己,接着问:

"什么时候死的?"

"什么时候?——昨天夜里,或者就是今天罢。——我说不清。"

"怎么死的?"

"怎么死的?——还不是穷死的?"他淡然的回答,仍然没有抬头向我看,出去了。

然而我的惊惶却不过暂时的事,随着就觉得要来的事,已经过去,并不必仰仗我自己的"说不清"和他之所谓"穷死的"的宽慰,心地已经渐渐轻松;不过偶然之间,还似乎有些负疚。晚饭摆出来了,四叔俨然的陪着。我也还想打听些关于祥林嫂的消息,但知道他虽然读过"鬼神者二气之良能也",而忌讳仍然极多,当临近祝福时候,是万不可提起死亡疾病之类的话的,倘不得已,就该用一种替代的隐语,可惜我又不知道,因此屡次想问,而终于中止了。我从他俨然的脸色上,又忽而疑他正以为我不早不迟,偏要在这时候来打搅他,也是一个谬种,便立刻告诉他明天要离开鲁镇,进城去,趁早放宽了他的心。他也不很留。这样闷闷的吃完了一餐饭。

冬季日短,又是雪天,夜色早已笼罩了全市镇。人们都在灯下匆忙,但窗外很寂静。雪花落在积得厚厚的雪褥上面,听去似乎瑟瑟有声,使人更加感得沉寂。我独坐在发出黄光的菜油灯下,想,这百无聊赖的祥林嫂,被人们弃在尘芥堆中的,看得厌倦了的陈旧的玩物,先前还将形骸露在尘芥里,从活得有趣的人们看来,恐怕要怪讶她何以还要存在,现在总算被无常打扫得干干净净了。魂灵的有无,我不知道;然而在现世,则无聊生者不生,即使厌见者不见,为人为己,也还都不错。我静听着窗外似乎瑟瑟作响的雪花声,一面想,反而渐渐的舒畅起来。

然而先前所见所闻的她的半生事迹的断片,至此也联成一片了。

她不是鲁镇人。有一年的冬初,四叔家里要换女工,做中人的卫老婆子带她进来了,头上扎着白头绳,乌裙,蓝夹袄,月白背心,年纪大约二十六七,脸色青黄,但两颊却还是红的。卫老婆子叫她祥林嫂,说是自己母家的邻舍,死了当家人,所以出来做工了。四叔皱了皱眉,四婶已经知道了他的意思,是在讨厌她是一个寡妇。但是她模样还周正,手脚都壮大,又只是顺着眼,不开一句口,很像一个安分耐劳的人,便不管四叔的皱眉,将她留下了。试工期内,她整天的做,似乎闲着就无聊,又有力,简直抵得过一个男子,所以第三天就定局,每月工钱五百文。

大家都叫她祥林嫂;没问她姓什么,但中人是卫家山人,既说是邻居,那大概也就姓卫了。她不很爱说话,别人问了才回答,答的也不多。直到十几天之后,这才陆续的知道她家里还有严厉的婆婆,一个小叔子,十多岁,能打柴了;她是春天没了丈夫的;他本来也打柴为生,比她小十岁:大家所知道的就只是这一点。

日子很快的过去了,她的做工却丝毫没有懈,食物不论,力气是不惜的。人们都说鲁四老爷家里雇着了女工,实在比勤快的男人还勤快。到年底,扫尘,洗地,杀鸡,宰鹅,彻夜的煮福礼,全是一人担当,竟没有添短工。然而她反满足,口角边渐渐的有了笑影,脸上也白胖了。

新年才过,她从河边淘米回来时,忽而失了色,说刚才远远地看见几个男人在对岸徘徊,很像夫家的堂伯,恐怕是正在寻她而来的。四婶很惊疑,打听底细,她又不说。四叔一知道,就皱一皱眉,道:

"这不好。恐怕她是逃出来的。"

她诚然是逃出来的,不多久,这推想就证实了。

此后大约十几天,大家正已渐渐忘却了先前的事,卫老婆子忽而带了一个三十多岁的女人进来了,说那是祥林嫂的婆婆。那女人虽是山里人模样,然而应酬很从容,说话也能干,寒暄之后,就赔罪,说她特来叫她的儿媳回家去,因为开春事务忙,而家中只有老的和小的,人手不够了。

"既是她的婆婆要她回去,那有什么话可说呢。"四叔说。

于是算清了工钱,一共一千七百五十文,她全存在主人家,一文也还没有用,便都交给她的婆婆。那女人又取了衣服,道过谢,出去了。其时已经是正午。

"阿呀,米呢?祥林嫂不是去淘米的么?……"好一会,四婶这才惊叫起来。她大约有些饿,记得午饭了。

于是大家分头寻淘箩。她先到厨下,次到堂前,后到卧房,全不见淘箩的影子。四叔踱出门外,也不见,一直到河边,才见平平正正的放在岸上,旁边还有一株菜。

看见的人报告说,河里面上午就泊了一只白篷船,篷是全盖起来的,不知道什么人在里面,但事前也没有人去理会他。待到祥林嫂出来淘米,刚刚要跪下去,那船里便突然跳出两个男人来,像是山里人,一个抱住她,一个帮着,拖进船去了。祥林嫂还哭喊了几声,此后便再没有什么声息,大约给用什么堵住了罢。接着就走上两个女人来,一个不认识,一个就是卫婆子。窥探舱里,不很分明,她像是捆了躺在船板上。

"可恶!然而……。"四叔说。

这一天是四婶自己煮中饭;他们的儿子阿牛烧火。

午饭之后,卫老婆子又来了。

"可恶!"四叔说。

"你是什么意思?亏你还会再来见我们。"四婶洗着碗,一见面就愤愤的说,"你自己荐她来,又合伙劫她去,闹得沸反盈天的,大家看了成个什么样子?你拿我们家里开玩笑么?"

"阿呀阿呀,我真上当。我这回,就是为此特地来说说清楚的。她来求我荐地方,我那里料得到是瞒着她的婆婆的呢。对不起,四老爷,四太太。总是我老发昏不小心,对不起主顾。幸而府上是向来宽洪大量,不肯和小人计较的。这回我一定荐一个好的来折罪……。"

"然而……。"四叔说。

于是祥林嫂事件便告终结,不久也就忘却了。

只有四婶,因为后来雇用的女工,大抵非懒即馋,或者馋而且懒,左右不如意,所以也还提起祥林嫂。每当这些时候,她往往自言自语的说,"她现在不知道怎么样了?"意思是希望她再来。但到第二年的新正，她也就绝了望。

新正将尽，卫老婆子来拜年了，已经喝得醉醺醺的，自说因为回了一趟卫家山的娘家，住下几天，所以来得迟了。她们问答之间，自然就谈到祥林嫂。

"她么？"卫老婆子高兴的说，"现在是交了好运了。她婆婆来抓她回去的时候，是早已许给了贺家墺的贺老六的，所以回家之后不几天，也就装在花轿里抬去了。"

"阿呀，这样的婆婆！……"四婶惊奇的说。

"阿呀，我的太太！你真是大户人家的太太的话。我们山里人，小户人家，这算得什么？她有小叔子，也得娶老婆。不嫁了她，那有这一注钱来做聘礼？他的婆婆倒是精明强干的女人呵，很有打算，所以就将她嫁到山里去。倘许给本村人，财礼就不多；唯独肯嫁进深山野墺里去的女人少，所以她就到手了八十千。现在第二个儿子的媳妇也娶进了，财礼花了五十，除去办喜事的费用，还剩十多千。吓，你看，这多么好打算？……"

"祥林嫂竟肯依？……"

"这有什么依不依。——闹是谁也总要闹一闹的，只要用绳子一捆，塞在花轿里，抬到男家，捺上花冠，拜堂，关上房门，就完事了。可是祥林嫂真出格，听说那时实在闹得利害，大家还都说大约因为在念书人家做过事，所以与众不同呢。太太，我们见得多了：回头人出嫁，哭喊的也有，说要寻死觅活的也有，抬到男家闹得拜不成天地的也有，连花烛都砸了的也有。祥林嫂可是异乎寻常，他们说她一路只是嚎，骂，抬到贺家墺，喉咙已经全哑了。拉出轿来，两个男人和她的小叔子使劲的捺住她也还拜不成天地。他们一不小心，一松手，阿呀，阿弥陀佛，她就一头撞在香案角上，头上碰了一个大窟窿，鲜血直流，用了两把香灰，包上两块红布还止不住血呢。直到七手八脚的将她和男人反关在新房里，还是骂，阿呀呀，这真是……。"她摇一摇头，顺下眼睛，不说了。

"后来怎么样呢？"四婶还问。

"听说第二天也没有起来。"她抬起眼来说。

"后来呢？"

"后来？——起来了。她到年底就生了一个孩子，男的，新年就两岁了。我在娘家这几天，就有人到贺家墺去，回来说看见他们娘儿俩，母亲也胖，儿子也胖；上头又没有婆婆，男人所有的是力气，会做活；房子是自家的。——唉唉，她真是交了好运了。"

从此之后，四婶也就不再提起祥林嫂。

但有一年的秋季，大约是得到祥林嫂好运的消息之后的又过了两个新年，她竟又站在四叔家的堂前了。桌上放着一个荸荠式的圆篮，檐下一个小铺盖。她仍然头上扎着白头绳，乌裙，蓝夹袄，月白背心，脸色青黄，只是两颊上已经消失了血色，顺着眼，眼角上带些泪痕，眼光也没有先前那样精神了。而且仍然是卫老婆子领着，显出慈悲模样，絮絮的对四婶说：

"……这实在是叫作'天有不测风云'，她的男人是坚实人，谁知道年纪轻轻，就会断送在伤寒上？本来已经好了的，吃了一碗冷饭，复发了。幸亏有儿子；她又能做，打柴摘茶养蚕都来得，本来还可以守着，谁知道那孩子又会给狼衔去的呢？春天快完了，村上倒反来了狼，谁料到？现在她只剩了一个光身了。大伯来收屋，又赶她。她真是走投无路了，只好来求老主人。好在她现在已经再没有什么牵挂，太太家里又凑巧要换人，所以我就领她来。——我想，熟门熟路，比生手实在好得多……。"

"我真傻，真的，"祥林嫂抬起她没有神采的眼睛来，接着说。"我单知道下雪的时候野兽在山坳里没有食吃，会到村里来；我不知道春天也会有。我一清早起来就开了门，拿小篮盛了一篮豆，叫我们的阿毛坐在门槛上剥豆去。他是很听话的，我的话句句听；他出去了。我就在屋后劈柴，淘米，米下了锅，要蒸豆。我叫阿毛，没有应，出去一看，只见豆撒得一地，没有我们的阿毛了。他是不到别家去玩的；各处去一问，果然没有。我急了，央人出去寻。直到下半天，寻来寻去寻到山坳里，看见刺柴上挂着一只他的小鞋。大家都说，糟了，怕是遭了狼了。再进去；他果然躺在草窠里，肚里的五脏已经都给吃空了，手上还紧紧的捏着那只小篮呢。……"她接着但是呜咽，说不出成句的话来。

四婶起初还踌躇，待到听完她自己的话，眼圈就有些红了。她想了一想，便教拿圆篮和铺盖到下房去。卫老婆子仿佛卸了一肩重担似的嘘一口气，祥林嫂比初来时候神气舒畅些，不待指引，自己驯熟的安放了铺盖。她从此又在鲁镇做女工了，大家仍然叫她祥林嫂。

然而这一回，她的境遇却改变得非常大。上工之后的两三天，主人们就觉得她手脚已没有先前一样灵活，记性也坏得多，死尸似的脸上又整日没有笑影，四婶的口气上，已颇有些不满了。当她初到的时候，四叔虽然照例皱过眉，但鉴于向来雇用女工之难，也就并不大反对，只是暗暗地告诫四婶说，这种人虽然似乎很可怜，但是败坏风俗的，用她帮忙还可以，祭祀时候可用不着她沾手，一切饭菜，只好自己做，否则，不干不净，祖宗是不吃的。

四叔家里最重大的事件是祭祀，祥林嫂先前最忙的时候也就是祭祀，这回她却清闲了。桌子放在堂中央，系上桌帏，她还记得照旧的去分配酒杯和筷子。

"祥林嫂，你放着罢！我来摆。"四婶慌忙的说。

她讪讪的缩了手，又去取烛台。

"祥林嫂，你放着罢！我来拿。"四婶又慌忙的说。

她转了几个圆圈，终于没有事情做，只得疑惑的走开。她在这一天可做的事是不过坐在灶下烧火。

镇上的人们也仍然叫她祥林嫂，但音调和先前很不同；也还和她讲话，但笑容却冷冷的了。她全不理会那些事，只是直着眼睛，和大家讲她自己日夜不忘的故事：

"我真傻，真的，"她说，"我单知道雪天是野兽在深山里没有食吃，会到村里来；我不知道春天也会有。我一大早起来就开了门，拿小篮盛了一篮豆，叫我们的阿毛坐在门槛上剥豆去。他是很听话的孩子，我的话句句听；他就出去了。我就在屋后劈柴，淘米，米下了锅，打算蒸豆。我叫，'阿毛！'没有应。出去一看，只见豆撒得满地，没有我们的阿毛了。各处去一问，都没有。我急了，央人去寻去。直到下半天，几个人寻到山坳里，看见刺柴上挂着一只他的小鞋。大家都说，完了，怕是遭了狼了；再进去；果然，他躺在草窠里，肚里的五脏已经都给吃空了，可怜他手里还紧紧的捏着那只小篮呢。……"她于是淌下眼泪来，声音也呜咽了。

这故事倒颇有效，男人听到这里，往往敛起笑容，没趣的走了开去；女人们却不独宽恕了她似的，脸上立刻改换了鄙薄的神气，还要陪出许多眼泪来。有些老女人没有在街头听到她的话，便特意寻来，要听她这一段悲惨的故事。直到她说到呜咽，她们也就一齐流下那停在眼角上的眼泪，叹息一番，满足的去了，一面还纷纷的评论着。

她就只是反复的向人说她悲惨的故事,常常引住了三五个人来听她。但不久,大家也都听得纯熟了,便是最慈悲的念佛的老太太们,眼里也再不见有一点泪的痕迹。后来全镇的人们几乎都能背诵她的话,一听到就烦厌得头痛。

"我真傻,真的,"她开首说。

"是的,你是单知道雪天野兽在深山里没有食吃,才会到村里来的。"他们立即打断她的话,走开去了。

她张着口怔怔的站着,直着眼睛看他们,接着也就走了,似乎自己也觉得没趣。但她还妄想,希图从别的事,如小篮,豆,别人的孩子上,引出她的阿毛的故事来。倘一看见两三岁的小孩子,她就说:

"唉唉,我们的阿毛如果还在,也就有这么大了……"

孩子看见她的眼光就吃惊,牵着母亲的衣襟催她走。于是又只剩下她一个,终于没趣的也走了,后来大家又都知道了她的脾气,只要有孩子在眼前,便似笑非笑的先问她,道:

"祥林嫂,你们的阿毛如果还在,不是也就有这么大了么?"

她未必知道她的悲哀经大家咀嚼赏鉴了许多天,早已成为渣滓,只值得烦厌和唾弃;但从人们的笑影上,也仿佛觉得这又冷又尖,自己再没有开口的必要了。她单是一瞥他们,并不回答一句话。

鲁镇永远是过新年,腊月二十以后就火起来了。四叔家里这回须雇男短工,还是忙不过来,另叫柳妈做帮手,杀鸡,宰鹅;然而柳妈是善女人,吃素,不杀生的,只肯洗器皿。祥林嫂除烧火之外,没有别的事,却闲着了,坐着只看柳妈洗器皿。微雪点点的下来了。

"唉唉,我真傻,"祥林嫂看了天空,叹息着,独语似的说。

"祥林嫂,你又来了。"柳妈不耐烦的看着她的脸,说。"我问你:你额角上的伤痕,不就是那时撞坏的么?"

"唔唔。"她含胡的回答。

"我问你:你那时怎么后来竟依了呢?"

"我么?……",

"你呀。我想:这总是你自己愿意了,不然……。"

"阿阿,你不知道他力气多么大呀。"

"我不信。我不信你这么大的力气,真会拗他不过。你后来一定是自己肯了,倒推说他力气大。"

"阿阿,你……你倒自己试试着。"她笑了。

柳妈的打皱的脸也笑起来,使她蹙缩得像一个核桃,干枯的小眼睛一看祥林嫂的额角,又钉住她的眼。祥林嫂似很局促了,立刻敛了笑容,旋转眼光,自去看雪花。

"祥林嫂,你实在不合算。"柳妈诡秘的说。"再一强,或者索性撞一个死,就好了。现在呢,你和你的第二个男人过活不到两年,倒落了一件大罪名。你想,你将来到阴司去,那两个死鬼的男人还要争,你给了谁好呢?阎罗大王只好把你锯开来,分给他们。我想,这真是……。"

她脸上就显出恐怖的神色来,这是在山村里所未曾知道的。

"我想,你不如及早抵当。你到土地庙里去捐一条门槛,当作你的替身,给千人踏,万人跨,赎了这一世的罪名,免得死了去受苦。"

她当时并不回答什么话,但大约非常苦闷了,第二天早上起来的时候,两眼上便都围着大黑圈。早饭之后,她便到镇的西头的土地庙里去求捐门槛,庙祝起初执意不允许,直到她急得流泪,才勉强答应了。价目是大钱十二千。她久已不和人们交口,因为阿毛的故事是早被大家厌弃了的;但自从和柳妈谈了天,似乎又即传扬开去,许多人都发生了新趣味,又来逗她说话了。至于题目,那自然是换了一个新样,专在她额上的伤疤。

"祥林嫂,我问你:你那时怎么竟肯了?"一个说。

"唉,可惜,白撞了这一下。"一个看着她的疤,应和道。

她大约从他们的笑容和声调上,也知道是在嘲笑她,所以总是瞪着眼睛,不说一句话,后来连头也不回了。她整日紧闭了嘴唇,头上带着大家以为耻辱的记号的那伤痕,默默的跑街,扫地,洗菜,淘米。快够一年,她才从四婶手里支取了历来积存的工钱,换算了十二元鹰洋,请假到镇的西头去。但不到一顿饭时候,她便回来,神气很舒畅,眼光也分外有神,高兴似的对四婶说,自己已经在土地庙捐了门槛了。

冬至的祭祖时节,她做得更出力,看四婶装好祭品,和阿牛将桌子抬到堂屋中央,她便坦然的去拿酒杯和筷子。

"你放着罢,祥林嫂!"四婶慌忙大声说。

她像是受了炮烙似的缩手,脸色同时变作灰黑,也不再去取烛台,只是失神的站着。直到四叔上香的时候,教她走开,她才走开。这一回她的变化非常大,第二天,不但眼睛窈陷下去,连精神也更不济了。而且很胆怯,不独怕暗夜,怕黑影,即使看见人,虽是自己的主人,也总惴惴的,有如在白天出穴游行的小鼠,否则呆坐着,直是一个木偶人。不半年,头发也花白起来了,记性尤其坏,甚而至于常常忘却了去淘米。

"祥林嫂怎么这样了?倒不如那时不留她。"四婶有时当面就这样说,似乎是警告她。

然而她总如此,全不见有伶俐起来的希望。他们于是想打发她走了,教她回到卫老婆子那里去。但当我还在鲁镇的时候,不过单是这样说;看现在的情状,可见后来终于实行了。然而她是从四叔家出去就成了乞丐的呢,还是先到卫老婆子家然后再成乞丐的呢?那我可不知道。

我给那些因为在近旁而极响的爆竹声惊醒,看见豆一般大的黄色的灯火光,接着又听得毕毕剥剥的鞭炮,是四叔家正在"祝福"了;知道已是五更将近时候。我在蒙胧中,又隐约听到远处的爆竹声联绵不断,似乎合成一天音响的浓云,夹着团团飞舞的雪花,拥抱了全市镇。我在这繁响的拥抱中,也懒散而且舒适,从白天以至初夜的疑虑,全给祝福的空气一扫而空了,只觉得天地圣众歆享了牲醴和香烟,都醉醺醺的在空中蹒跚,豫备给鲁镇的人们以无限的幸福。

一九二四年二月七日

一、文学常识

作者简介

(鲁迅,前面已有,此处从略)

二、字词积累

(一) 难读字正音

窠(kē)臼　　　　　倾巢(cháo)　　　　惊惶(huáng)
寒暄(xuān)　　　　煊(xuān)赫一时　　惴(zhuì)惴不安
祥瑞(ruì)　　　　　湍(tuān)湍急　　　少不更(gēng)事
监(jiàn)生　　　　　朱拓(tà)　　　　　间(jiàn)或一轮
炮(páo)烙　　　　　呜咽(yè)　　　　　拗(ǎo)断

(二) 难解词释义

1. 讪讪:难为情的样子。
2. 俨然:十分庄重的样子。
3. 惴惴:忧惧不安的样子。
4. 窈陷:深陷。窈,幽深。
5. 朱拓:用红色的颜料从碑刻上印下文字或图形。
6. 沸反盈天:形容人声喧嚣杂乱。沸反,像沸水一样翻腾。盈,满。
7. 不更事:经历世事不多,即缺乏社会经验,不懂世故人情。更,经历。
8. 祝福:旧社会我国江南一带的迷信习俗,在过旧历年时用酒和香火供奉,酬谢祖先和天神,祈求来年的幸福。祝福仪式通常在腊月二十四以后的五六天之内举行。
9. 送灶:旧社会把农历十二月二十三(或二十四)作为灶神升天"奏事"的日子,在这天祭送灶神,叫送灶。这是一种迷信习俗。
10. 诡秘:诡诈神秘,使人难以捉摸。
11. 寒暄:问寒问暖。指见面时谈些天气冷暖之类的应酬话。暄,太阳的温暖。
12. 间或:偶然,有时候。
13. 悚然:恐惧的样子
14. 宽洪大量:形容待人宽厚,气量很大。
15. 怔怔:这里是因吃惊而失神呆住的样子。